たたかう講談師

二代目松林伯円の幕末・明治

2代目松林伯円の肖像画　今村恒美画（昭和60年）南泉寺所蔵

6代目宝井馬琴が、伯円の肖像に関する資料を集めて日本画家今村恒美に依頼した肖像画。肖像写真や絵の少ない伯円の面影をよみがえらせた。伯円忌のたびに掲げられていた関係で、現在南泉寺で保管されている。

たたかう講談師

二代目松林伯円の幕末・明治

目次

序　消えた伯円

講談はいつごろまで日本人の日常のなかにあったのだろう。

かつて講談は、庶民が笑い、泣き、怒り、よろこびながら聞いた大衆のための娯楽であり、しかも、教育にも益する万能の芸だった。橋本治はいう。


物を知らない人間に「どうだこれならわかるだろう」といわんばかりにトントンと畳みこんでいくのが講談。リズムに乗せられると、なんとなくわかった気になる。わかった気になって「なァるほど」と思ってみると、ちゃんと知らなかったエピソードをいつの間にか知っている。すなわち勉強になっているという、なんと講談はその昔〝教養〟なるものを身につけさせてくれるメディアだったのである。（「講談とはなにか」『パンセⅢ　文学たちよ！』河出書房新社、一九九〇年）

明治以降、講談とよばれることが多くなったが、かつては講釈といった。そして、講釈といった方がおそらく講談の本質をとらえている。講釈の通常の語義は、書物の内容や語句の意味などを説明すること。物事の道理や心得などを説いて聞かせることで、講談の目的のひとつは、「講釈」を行うことだった。講釈を行うから、講談師は「先生」とよばれる。

高座に釈台《しゃくだい》という文机大の机を置き、張扇《はりおうぎ》という音が高く鳴るように工夫された手製の扇を持った芸人が座り、要所要所で、その張扇で釈台を叩いて調子をとりながら、物語を「読む」。講談の場合、芸人が内容を暗唱して、本をみていなくとも「読む」という。

先生が観客に読んで聞かせるものは、なんでもよい。といえば語弊があるが、分類としては、軍記物（『平家物語』や『太平記』等のいにしえの合戦をあつかったもの）、時代物（武士をあつかったもの）、世話物（町人、庶民をあつかったもの）があり、明治からは、新聞記事や、文学作品、外国小説の翻案なども加わり、読み物の素材はほぼ無限に増えた。本当になんでもいいかといえば、素材はそうかもしれないが、若干の傾向があり、「講談のテーマとは「立派な人はこう立派でした」の一言に尽きる」（「講談とはなにか」『パンセⅢ　文学たちよ!』）という。

講談は幕末くらいから世話物を多く扱って、娯楽の要素が強くなった。それでも、「講釈」としての伝統を残し、明治以降も、日本人の道徳の涵養《かんよう》を役目としてきた。自由民権運動の活動家にして政治講談を読んだ講談師、伊藤痴遊《いとうちゆう》は、

> 殊に講談が、軍物語や御家騒動、さては俠客の達引《たてひき》に就て、能く我国民性の一端を、明確に説き去り、之れに依つて文字なき人を教導し、意地と我慢を処世の要訣《ようけつ》として、特種の国家観念を養ひ来つた一事は、社会教育の上乗なるものとして、深く其功績を認む可きである。
>
> （『痴遊随筆　それからそれ』一誠社、大正十四年）

という。近世から近代、講談は民衆への歴史の知識伝搬と、道徳の規定と流布の役割を果たしてきた

のである。日本人としての国民性を育んだともいえる。ただ、物語をおもしろく聞いているうちに、一定の美徳の方向、正義の定義、よいと感じるもの、悪いと判断するもの、好悪の感覚が身についてゆく。どうしてこんなことができたかといえば、もとからの講談の性質にもよるが、明治の講談師たちが、芸のなかに教育をひそませようと努力したからでもある。

幕末から明治中期、講談は爆発的に流行した。講談にはすべてがあった。いうなれば、痛快な娯楽映画も、泣かせてくれる人情物も、教養番組も、さらには新時代の最新の情報もあった。

しかし、明治三十年代には、講談の人気にかげりがさしていた。講談の世話物とほぼおなじ物語を三味線の伴奏にのせて歌う浪花節の流行に押され、客の生活の近代化が進み、余暇を失った都会人は、もはや昼から、しかもいく日もつづけて、講釈場で講演（口演とも記されるが、明治期の使用頻度が高い講演を用いる）を聞いていることはできなくなった。また、明治後半から大正にかけて民衆に教育が浸透し、語られる歴史的事象が史実に正確ではないとして講談を軽視する傾向があらわれた。やがて、活動写真ほか、多彩な娯楽が庶民に提供されるようになった。効率よく、手ごろで扇情的な楽しみをいくらでも手にすることができるようになると、人々は、講談を忘れた。

それでも講談の物語は、日本人の精神に沁み、講談自体がはやらなくなっても、大衆小説や時代劇にかたちをかえて、その物語は、ながく日本人のかたわらにあった。さらに、物語が消え果ててもその名残りの香味は、かすか、舌先に残っているに違いない。

幕末から、明治、日露戦争までを生きて、講談の全盛時代を築いたひとりが、二代目松林伯円《しょうりんはくえん》だ。

名人上手が多かった明治の世で、講談のうち一番にあげられるのがこの伯円だ。「先ず第一に指を折るのが松林伯円、芸もよければ作も多く、弟子も宜いのが大勢いたので、断然斯界の覇権を握っていた」（今村信雄「講談盛衰記」『講談研究』田邊南鶴、昭和四十年）という。

その多いという「作」も凡作ではなかった。彼は生涯に七十作以上の新作講談を創作した。

伯円が創作した講談はおもしろい。幕末、伯円はどろぼうを主人公にした作品を次々に発表し、世に「どろぼう伯円」とよばれてもてはやされた。彼が高座にあげたどろぼう、悪漢たちは、末路は裁きをうけて処刑される。だからといって勧善懲悪といいきってしまうのはためらわれるくらい魅力的だ。現代人が「講談」という言葉から連想するような、忠孝、勧善懲悪は、もちろん要素として含まれるが、要素のひとつでしかない。悪党には悪党の悲哀があり、善人にも陰影がある。

作品の影響力は強く、多くが歌舞伎の脚本に取り入れられて舞台にかけられ、彼の作品を原作とした小説や時代劇、映画、芝居は十指に余る。松林伯円の名は忘れられても、その作品は、未だに生命を保っている偉大な「作家」なのである。幕末から明治にかけて、これほどの「作家」はいったい幾人いるだろう。

昭和の大衆文学作家、川口松太郎《かわぐちまつたろう》はいう。

松林伯円は小猿七之助や鼠小僧などの講談を作った名人で、単なる芸人ではなく、立派な創作家だった。伯円が現代に生きていたら、大衆作家としても我れ我れなど足元にも及べなかったであろう。河竹黙阿弥が伯円の創作講談を脚色上演した芝居は残らず当りを取って、現代でも歌舞伎はその恩恵をこうむっている。（中略）が、時代の波は仕方のないもので、伯円の創作力を記憶するものなぞ今は無くなってしまった。創作講談は世話物ばかりで、主人公に泥棒の多いところから泥棒伯円ともいわれ、全盛期の人気はどんな芸人も及ばなかった。

（「紅梅振袖」『人情馬鹿物語』光文社、二〇一八年）

もちろんその芸も優れていた。伯円の弟子のひとり悟道軒円玉《ごどうけんえんぎょく》は、老境にある伯円が『西京土産噂高倉』を読むのを聞いて、六十代の伯円の声が、ちゃんと年若い悪女お政の声に聞こえ、老人のしおから声が、どうしてこんなに色っぽく聞こえるのかといぶかしんだ。円玉は師の芸をこう偲んでいる。

伯円の読む世話物が傑出してゐたのは第一に少しも下卑て聴こえない事であつたらう。世話物特有の八さん熊さん、果ては泥棒のやうなものが出て来ても非常に上品にきかれ而も頗るイヽキだつた。（中略）読む調子がいゝ上に高尚で、しかも江戸情緒にみちてイヽキであつた

（「講談中興の名人　松林伯円」『国本』十五巻十号、昭和十年十月）

イキ。江戸っ子の最上級の誉め言葉だ。

師の芸を回顧するというより、あこがれのヒーローについて語る少年のような昂揚。円玉の感動が伝わる。師の芸を見聞きした記憶は、歿後、何年経っても、震えるように老いた弟子の胸を熱くする。

賛辞と人気と栄誉をほしいままにした伯円だが、けして、はじめから天賦の才があったわけではな

かった。むしろ、もともとは訥弁《とつべん》で、声はしゃがれており、芸覚えの要領が悪い方で、名人といわれるほどの芸を身につけるには、文字通り血のにじむ努力を経なければならなかった。天性にあたえられたもので最大限の芸を発揮できるよう、必死の工夫をこらしたのである。岡鬼太郎《おかおにたろう》は回想する。

松林伯円、彼の声は濁ってゐた。其処に彼の寂があり味があつた。釈台を控への行儀よく、体で仕科《しこなし》をなさず、呼吸と調子で人物を活躍させたが、声柄から流石に不自由を感ずる子供の言葉は、成るべく避けて、親なり附人なりの口を借り、巧みに其の趣を聴かせるやうに工夫してゐた。
読み方は、「御座います」と云ふべき処を、「あります」と云う工合に、率直に、今の口語体以前に於いて、早くもハイカラ口調を創め出してゐたが、其癖、大体は七五調の耳触りよく、言々自ら文を成して、速記に掛けると、それが速記とは思へぬ程に整つてゐた当時斯うした整然たる読み方の人は、此の伯円と、邑井一《むらいはじめ》の両人であつた。

（岡鬼太郎「近世名人評伝三　泥棒伯円」『新演芸』九巻五号、大正十三年五月一日）

明治以降、文明開化が世のなかの正義となると、伯円は、率先して髷を落として散切り頭、洋服に身を包み、釈台をテーブルに、座布団を倚子にかえて観客の前に立ち、読み物も、得意のどろぼう物を避け、際物読みとも見まがわれる時事ネタをどんどん高座にあげて大衆をよろこばせた。
伯円は、幕末からすでに世の人気と賞賛を集められる最高の技倆を手にした名人であった。こんなふうにきわどく芸風を改めずとも一派の隆盛を保つことを得たはずだ。だが、もし伯円が時代を読まなければ、このとき講談は、時代の、一般大衆の代弁者として明治の世に輝くことはなかっただろう。

講談は、同時代を生きる全ての人の願いに従ってうまれる。木村毅《きむらつよし》は、講談の速記本が上流の人士にも、客待ちをする車夫や理髪店の待合い席に置かれて労働者たちにも読まれ、また知的階級の人たちが高尚な学問のかたわらに手にとっているということを指摘していう。「講談は（中略）決して一人の創作と言ふことが出来ない。神（自然）と噂ずきな大衆との合作である。大衆の嗜好の交響楽である。その中には実にみんなの好みが織りこまれてゐる」（『新版　大衆文学案内』八紘社、昭和十四年）。

伯円は、あえて、幕末、明治を生きた等身大の人間となった。『講談五百年』（佐野孝、鶴書房、昭和十八年）にいう。「伯円は、江戸最後の講釈師であり、明治最初の講談師であつた。彼は旧幕時代から明治にかけて、その時代と共に生き、その時代を代表した希有の名人であつた」。江戸人として徳川時代を愛惜すると同時に、明治の御代の到来をよろこび、文明開化を謳歌し、西洋文化を礼賛し、明治政府の民衆教化政策にも積極的に協力した。自由民権運動に酔い、明治憲法発布を祝った。実に「軽薄」な大衆のひとりとなって時代を代弁しつづけた。ひとえにただ、講談を生きた芸とし、日本人の教養と精神の発達に役立たせるために。

しかし現在、幕末、明治、時代の流行の最先端にたち、民衆の圧倒的な人気を席巻した松林伯円の名は、まったく忘却されている。

伯円は、はじめて高座にあがった十七、八歳のころから、死ぬまで毎日几帳面に日記をつけつづけ、つみあげると背丈ほどになった。この日記は、伯円歿後、三代目伯円をついだ弟子の松林《しょうりん》右円《うえん》が経営していた席亭、八丁堀の住吉亭に保管された。現存すれば、伯円の交際、行動、人物の好悪、日々の感興まで明かになったに違いない。もちろんそれだけでなく、近代の演芸・文化史にとって、鶯亭金升《おうていきんしょう》の「むだがき」や依田学海《よだがっかい》の「学海日録」に並ぶ貴重な資料となったことは言を俟たない。が、じつに惜しいことに大正十二年の関東大震災で一冊残らず焼けてしまった。

この失われた日記のほかに、伯円はみずからの自叙伝を記すことはなかった。少壮時代の芸歴を語ったインタビュー記事はある。だが、それは芸人らしい矜持を保って適度に剽《ひょう》げて、深刻さが遠ざけられている。歿後、三遊亭円朝《さんゆうていえんちょう》のようにだれかに詳細な伝記をものされることもなく、弟子たちも、ぽつり、ぽつりと師の思い出を語っただけで、時間の風化に任せてしまった。この弟子たちの回想のほか、伯円のこしかたを偲ぶことができるのは、伯円が講演中に語った速記本に残された往時の記憶と、当時の新聞の報道を加えるくらいだ。

近年の研究は、吉澤英明の『二代目松林伯円年譜稿』（眠牛舎、平成九年）がある。当時のあらゆる新聞雑誌を調査して伯円の事績を抜き出した非常な労作だが、詳細であるがゆえに伯円の人生を一連の物語としては捉えづらい。ほか、包括的な講談研究の一部か、河竹黙阿弥《かわたけもくあみ》や三遊亭円朝、仮名垣魯文《かながきろぶん》との比較研究があるが、伯円を真正面からとらえようとしているものは少ない。そして、なぜか黙阿弥や円朝研究者による伯円評は辛い。奇妙な冷たささえ感じる。それが高座において自信過剰で、一面傲岸に受け取られた伯円の性格によるものか、立場として敵役にうってつけなのか、玄人《くろうと》受けしないということか、そのすべてなのかわからないが。

伯円とはどのような人物だったのだろう。どうして講談師を志し、何を願って芸を磨き、死の数年前まで高座にあがりつづけたのか。細切れになった記録をつむぎなおして、幕末、明治を生きた忘れられた名人の、ほのかな面影だけでも浮かびあがらせたい。死と忘却は生けるものすべてに等しくおとずれる。だが、できるならば、伯円の生涯を、彼が生きた時代の余香とともに、しばし地上にとどめておきたい。

伯円の評伝は本来、講談の味わいがわかる通人や演芸に精通した研究者、あるいは実際に講談をなりわいとする人の手によって編まれるべきだ。だが、伯円が歿した明治三十八（一九〇五）年から百十数年間、だれひとり評伝執筆に筆を染める人がいなかった。だから、僭越を承知のうえで書いた。いつか、本当にふさわしい人の手によって、伯円の生涯が語られることを祈りつつ。

さあ、高座がはじまる。

幕末、明治、講談華やかなりしころ。ひとりの名人がおりました。

その名も二代目松林伯円。

第1章

講釈師になりたし

講釈少年あらわる

世に名人上手とよばれる人は数あれど、だれもが天賦の才と環境に恵まれてうまれたわけではない。障害や挫折なく、順調に斯道《しどう》を歩んで頂点を極めたものは、むしろまれである。多くのものが、努力と情熱、創意と工夫とによって、万難を排し、険しい道をよじ登って道を究めたのである。講談中興の祖といわれ、江戸末期から明治にかけて、名人の名をほしいままにし、万民の人気をさらった二代目松林伯円《しょうりんはくえん》もまたそのひとり。

うまれ落ちた瞬間から、芸能の空気を吸って、三度の飯と一緒に文化の素養を喫した人もいる。が、伯円の生家は芸事に縁の薄い地方の小藩に仕える武士の家だった。伯円の父は、下館藩《しもだて》の郡奉行《こおりぶぎょう》をつとめる手島助之進《てじますけのしん》といった。下館藩は、常陸国西北部（現在の茨城県筑西市）、享保十七（一七三二）年より譜代大名石川氏が領する二万石の藩である。助之進は出羽秋田の大島家から手島家に婿養子に入った人である。秋田出身の明治の軍人で、陸軍大将、子爵までのぼり詰めた大島久直《おおしまひさなお》は、顔をあわせても互いに身内とは意識しないほどの浅い縁ではあるが、遠い血縁があったという。

手島助之進がついていた郡奉行とは、郡村の管理・支配の代行職である。郡村内の徴税、訴訟、戸口、宗門を直接に司る。地位としては、郡代の下役で代官の上役、藩内では中堅どころの役職だった。

天保五（一八三四）年、小藩の中間管理職の四男坊にうまれた手島達弥《てじまたつや》のちの二代目松林伯円が、いかなる運命をたどって日本随一の講談師となったか。まずはその物語からはじめよう。


伯円の父が仕えていた下館藩は、旧来、木綿、綿花の産地として知られる豊かな地のはずであった。しかし、伯円がうまれたころ、下館藩の財政は豊かどころではなく、大飢饉、火災、引きつづく天災人災によってもはや破綻寸前であった。『下館町郷土史』（下館町役場、昭和十五年）によると、石川氏が移封してきた享保時代には一万人まで伸びていた人口が天保のころには六千人以下まで減少、それにあわせて税収も激減し、藩の負債は約三万九千両におよんだ。

そこで、天保八（一八三七）年、下館藩は、当時小田原藩に請われて「仕法」、つまり財政改革を行い、次々に成果をあげていた二宮尊徳《にのみやそんとく》に救いを求めた。二宮は、下館藩への助力を引き受けた。

郡奉行であった手島助之進にも、藩経済立て直しのため、さまざまな役割が付されたことだろう。しかし、二宮指導の改革の成果をみることなく、天保九（一八三八）年、父は職を辞し、浪々の身となった。辞職の理由が気になる。この時代の武士でより高い評価、よりよい待遇を求めてリクルートする人があろうとは思えない。まして、助之進は、婿養子に入った人である。気まぐれで家名を汚すまねはしまい。領民支配の直接的担い手の郡奉行であった伯円の父は、藩財政逼迫の何らかの影響を引き受けての辞職であったのかもしれない。数え五歳であった伯円は、うまれ故郷と、郡奉行をしていたころの父の思い出はない。

その後、手島一家は江戸にでた。職を辞したあとの助之進がどのような人生を送ったのかわからないが、困窮していたわけではなさそうだ。晩年は、深川木場に住み、趣味の釣りを楽しみながら、のんびり裕福に暮らした。墓は茨城県筑西市（旧下館市）の専称寺にある。

伯円の兄弟姉妹はどうなったのだろう。伯円は四男であるから、当然ながら兄が三人いたことになる。ほかにも何人かの姉妹がいたらしい。兄たちについては若干の情報がある。ひとりは盲目で琴の指南をしていたといい、もうひとりは奉行所の同心の家に養子に行って小出道之助《こいでみちのすけ》と名乗った。もうひとりは幕臣の家にもらわれてお茶坊主になり、高橋祐仙《たかはしゆうせん》といった。彼は、明治になると高橋平輔《へいすけ》と名乗って小学校をつくった。

四男達弥は、九歳までは親の手元で育てられたが、ついに養子にやられることになった。伯円の記憶によると「其後江州彦根の城主、其頃大老役を勤められたる、伊井《ママ》掃除頭《かもんのかみ》の藩士、向谷源治《こうたにげんじ》の養子となつて、貰はれて行きました」（「松林伯円経歴談」『文芸倶楽部』第五巻第二号、明治三十二年一月）という。

彦根藩に残された「侍中由緒帳」（彦根城博物館所蔵）によると、向谷家は二十俵三人扶持、御歩行《おかち》（藩からサラリーを与えられる扶持取家臣で、軍役の際には騎馬を許されない身分）の家だった。文政九（一八二六）年に、摂津国島上郡大沢村の郷士であった初代向谷建三が井伊家に召し抱えられ、伯円で二代目という井伊家の家臣としては比較的新しい。

伯円はまず長谷川文太夫という人の二男として引き取られ、そののち天保十三（一八四二）年八月に向谷家に養子入りしている。しかし、伯円の養父となったのは、向谷源治ではない。向谷達弥の名で藩に提出された書類では、養父の名は「建次」（建三の誤記か）である。しかも、この向谷建次は、向谷家が達弥を養子にむかえることを藩に願いでた、天保十三年八月十六日、まさに同日に病死したことになっている。伯円はいわゆる末期養子《まつご》で向谷家に入り、ふた月後の十月十七日に家を継いだ。数え九歳である。

では、向谷源治とは何者か。「侍中由緒帳」にこの人物の名前は記されていない。ただ、初代向谷建三と、二代向谷達弥の間に貼紙があり、「向谷要造」の名が記されている。初代の親戚筋であろうか。代数のカウントに加えられていないので、家督を継いだわけではないが、ひところ向谷家を取り仕切っていた。その要造の息子のひとりを源吾といった。伯円が養父と認識していた源治は、この源吾の兄弟にあたる人物で、向谷家の後見をしていたのではないだろうか。

伯円の記憶によると向谷家は画筆でもって井伊家に仕えていた。源治は石谿《せっけい》という画号を持っていた。しかし「侍中由緒帳」には、絵師云々に関する記述は一切ない。画は、向谷家伝統のなりわい（あるいは副業）だったのだろう。

家を継いだ九歳の伯円、向谷達弥少年は、「四君子《しくんし》」つまり蘭、竹、菊、梅の画から、徐々にレベルをあげてみっちり仕込まれた。図画が好きであったら問題のないことであったが、伯円は画を描くことにまったく興味を持つことができなかった。それでも否応なしに画の修業を強いられる。十三歳くらいになると「画を習ふことが可厭《いや》で嫌で堪らない、画を見るとゾッとする程嫌であッた」（「松林伯円経歴談」『文芸倶楽部』第五巻第二号）という。

現実逃避か、伯円は、本を読むことが好きになり、とくに、ストーリー性に富んだ絵草紙をむさぼり読んだ。そして、物語を読むことが好きな少年は、いつしか、その物語を声にして語るひとつの芸に魅了された。

学問は致しませんけれども幼年の頃より馬琴物、又は京伝其の他は種彦、三馬、一九其外《そのほか》種々様々の貸本学問をいたして年々に出でまする艸双紙は荒方掻見《あらかたかいま》みまして之を弄びまして終には己《おの》れも書《かい》て見やう、喋舌《しゃべっ》て見やうといふ事になつて講談師と相成りました

（『関白秀次公』金桜堂、明治三十年）

本が好きとはいえ、手堅い学問が好きなわけではなかった。伯円は、のちに漢語表現の難解な箇所になるとしばしば読み間違うことがあったという。ただ、空っぽな日常に、滑稽、あるいは奇想天外な物語を飢えを満たすように詰めこんだ。

そんな稗史《はいし》、物語に満たされた少年の心を、いつ、どのようなきっかけで講談が奪ったのかはわからない。しかし、一度耳にした講談は、十三歳の少年の心のすべてを占めてしまった。

彦根藩江戸詰の家中の子弟は、桜田門外の上屋敷に通って学問や武芸の訓練を受けていた。伯円は、起居していた八丁堀の井伊家下屋敷から、上屋敷に通うあいだに抜けだして、方々の席亭に立ち寄った。木戸銭はだいたい三十六文（四百円から五百円）だった。伯円は小遣いを蓄えて通ったというが、二十俵三人扶持（ざっと年収二百万円以下）という向谷家の財政状況を考えて、度々寄席に行ける小遣いがあったとは思えない。ただで寄席に潜り込める、こどもだからこそのつてがあったのだろうか。

当時、江戸の寄席では、初代正流斎南窓《しょうりゅうさいなんそう》、初代一龍斎貞山《いちりゅうさいていざん》、そして、江戸の三名誉と讃えられた二代目伊東燕凌《いとうえんりょう》、初代石川一夢《いしかわいちむ》、桃林亭東玉《とうりんていとうぎょく》が芸を競っていた。ちょうど、講談は、従来の固い軍談に加え、庶民の世情をあつかった世話物をとりいれて娯楽としても流行しはじめていた。聞けば聞くほど、講談へのあこがれで胸がふくらんだ。そのうち、聞くだけでは満足できず自分でもやってみたくてたまらなくなった。

最初の客はおなじ彦根藩下屋敷に暮らすこどもたちだった。伯円は家中のこどもたちを集め、みてきた講釈師をまねて扇を持って「源平盛衰記」や「荒木又右衛門」などを読んで聞かせた。

そうしているうちに、次第におとなたちの間でも、講釈少年向谷達弥の評判は高くなっていった。おそらくはつたない芸で、評判となったわけは、こどもが講釈師のまねをなかなかうまくやるのが面白いという理由だろう。だが、少年にとって、好きなことを存分にやって、それで大人たちの評価を得るというのが、どれほど大きなよろこびをもたらしたか想像にかたくない。

画の技術は伸び悩み、講談のまねごとの評判ばかり高くなる。そのうちに、戯れにも「絵はあきらめて講釈師をさせたらどうだ」といってくる人さえあらわれた。

だが、伯円にすんなり芸の道を歩ませてやるほど、当時の武家社会は甘くなかった。家の方針にあわない逸脱はしだいに小言、叱責ではすまなくなってゆく。

伯円が十六歳になったとき、向谷家は徹底的な報復行為を加えることになる。

「大変講釈にのみ身を入れるもんですから、従ツて養父には疎まれ、親戚には悪様《あしざま》に罵しられ、此様《こん》な養子は、到底向谷家を襲がせることは出来ないと、擯斥《ひんせき》を蒙りつゝも、何《ど》うやら斯《こ》うやら、十六歳になるまでは、辛抱して居りましたが、一方の画は益々評判の悪るいに引換えて、一方の講釈の方は、益々評判よく、家中の輿論で、アノ向谷の達さんは、一層の事武士を廃め絵師を棄てゝ、講釈師になつた方が宜からうと云ふ、彦根藩中での取沙汰でありましたから、益々養父の気に入りませんで、此様者は養子にして置く訳には往かぬ」(「松林伯円経歴談」『文芸倶楽部』第五巻第二号)と、とうとう廃嫡《はいちゃく》にされてしまった。

「廃嫡」というが、形式上の向谷家の当主は伯円である。だから伯円に養子をむかえ、隠居させることにしたのだ。伯円の記憶によると養子は尾張藩家老成瀬家の家臣で湯細弥惣《ゆぼそやそう》といった。

「侍中由緒帳」では、旗本金森内記《かなもりないき》の家来で小山清輔の二男。先代建三の妻の甥で、名を要造と記されている。時に養父伯円十六歳、養子弥惣は二十八歳で、ちょうどひとまわり年上の息子ができた。

それにしても、おとなにもなりきらない若者にとって、隠居というのは残酷な仕打ちであった。ただ何もせずにのんべんだらりと生きてゆけるというわけではない。何もしなくてよいのではなく、何もできないのだ。病気を理由に隠居した以上、今後、何かしらの役職につくこともできない。もちろん他家に養子に行くこともできない。何もできず、何者にもなれず、結婚さえもできず、ただ、裕福でもない家のやっかいになって、むろん家の方針にそむいて隠居させられたのだから、娯楽や気晴らしの機会どころか、家族から愛情や敬意といった優しい感情さえ与えられようもなく、死ぬまで遠慮しながらぼんやり過ごさなければならない。文字通り「まア言ツて見れば生涯の廃人」(「松林伯円経歴談」『文芸倶楽部』第五巻第二号)である。

ただし、隠居後も継続して教育だけは受けさせてもらえた。剣術、手習、素読等、ほかの子弟とおなじように藩の学問所の師について習った。が、伯円はどれにも身を入れることはできなかった。原因の一つはもちろん講談に心を奪われていたこともあるが、心落ち着けて机に向かえるような家庭環境ではなかったせいもある。

「養父」には、苛酷というほどではないが、ちくちくといじめられた。九歳で養子に入ってから、情緒的な心のつながりのない形式ばかりの「親」に邪険にされ、自分よりひとまわりも歳上の「息子」に白眼視されて、満足な愛情も与えられず、家庭内に味方もなく、座らされた針のむしろで落ち着いて学問のできるこどもなどいない。

しかし、伯円は、状況に甘んじて泣いてすごす殊勝なタイプの少年ではなかった。それでは若隠居、向谷達弥はいかにやっかいものの地位からの脱却に挑んだか。十七歳になった少年は考えた。

「何うも此儘《このまま》何時までも向谷の厄介になつて居るのも気の毒だし、又此儘一生涯何も為すところなくして、碌々《ろくろく》と身を送るのも全く情けないことであるから、何うにか一つ工風《くふう》を廻《めぐ》らさねばならないが」（「松林伯円経歴談」『文芸倶楽部』第五巻第二号）

つらつら思いながら過ごしていると、ある日、大きなチャンスが舞い込んでくる。井伊玄蕃頭《いいげんばのかみ》の未亡人俊操院《しゅんそういん》の御殿に余興として召されたのだ。この玄蕃頭というのは、彦根藩十三代藩主井伊直中《なおなか》の十一男、井伊直元《なおもと》のこと。十四代藩主の座を継いだ長兄直亮《なおあき》に子がなかったため、兄の養嗣子となったが、弘化《こうか》三年、家を継ぐ前に三十八歳で病死してしまった。ちなみにのちの大老井伊直弼《なおすけ》は直中の十四男で、直元の同母弟である。

俊操院は、嫁いでわずか三、四年で夫を亡くし、二十一歳の若さで髪を下ろした。夫が藩主になる前に亡くなったため、藩主夫人としては遇されず、藩主の未亡人には与えられていた種々の特権もなく、ただ鬱々と日々を送っていた。生前の直元付きであった家臣たちもそんな未亡人を気の毒に思っていた。

そんな折、耳に入ったのが、家中で評判の講釈少年向谷達弥の噂であった。先例がなく、表向きに女芸人などは入れられないが、家臣であれば招くに手軽な相手だと思ったのだろう。しかし、伯円は当時十八歳の青年。成人した男子を藩主一族の後室の御殿に入れることはできない。そこで、招いた者は考えた。考えてこう告げた。

「足下は向谷家の家督人であッては、男子たるべきものは、十五歳以上と相成《あいな》れば、御後室の御殿へ連れて往かれんが、既に隠居である、殊に三十近い倅《せが》れまで持ッて居ると云ふから、足下は最早《もう》お爺《じい》さんだ、老爺《おやじ》であッて見れば、御前へ出て御講釈を申上げても宜しからう」（「松林伯円経歴談」『文芸倶楽部』第五巻第二号）

男子であっても人畜無害なこどもや老人ならば、後宮に入れることもできる。こうして十代の伯円は、壮年の息子を持つ老人として未亡人の御前で講釈をすることになった。

好きな道で人生挽回の機会が与えられたのだ。もしここで俊操院のお気に召せば、俊操院のみならず、いずれ殿様の御前で講釈する機会も開けてくるかもしれない。ここから大好きな講釈の道で世にでるには、なんとしても俊操院に認められなければならない。このつかんだ蜘蛛の糸のようなチャンスをぜひとも成功させなければならない。

まず初っ端で心を奪う方策を考え、考えて、伯円は五十六文の鬘《かつら》を買った。狂言茶番にかぶる白髪頭の大森鬘である。それを当日、風呂敷に包んで持って行き、御前にでる直前にかぶった。白髪頭の向谷達弥老人のできあがりである。御殿中が「ヒックリ返えるやうな騒ぎ」（「松林伯円経歴談」『文芸倶楽部』第五巻第二号）となった。

若くして夫を亡くし、楽しみのない日々を送っていた俊操院はよほど面白かったのだろう。読んだのは、色気も笑いもない「大久保彦左衛門」であったが、五十六文の白髪の鬘が功を奏して、伯円の講釈は大成功をおさめた。伯円はその日のご褒美に金二百疋（二分・一両の半分）を賜り、その後もたびたび未亡人の御前に召された。

伯円は、この大成功を「養父」源治に自慢した。が、はじめから向谷家の人間が講談などすること自体、不快に思っていた源治は「でかした」とはいってくれなかっただろう。結局、「養父」の源治とも「養子」の弥惣とも何ひとつ意見が合うことはなかった。

さて、ここまで、本人が取材にこたえて述べたことをもとに伯円の少年時代をたどってきたが、出版前提のインタビューで人がすべて真実を語るとは限らない。当然記憶違いもあろう。そもそも伯円が隠居させられたのは本当に講談に耽り、家業の修業を怠りすぎたがためなのだろうか。だいたい、伯円の証言とは隠居の年齢が違う。「侍中由緒帳」によると藩から達弥隠居の許可がおりたのは弘化三（一八四六）年十一月二十二日のことである。天保十三年に養子に入り、家督相続してからわずか四年、数え十三歳のときのことだ。十三歳で可能性を見限るのはあまりに性急に思えるし、九歳から十三歳の少年では、講談にのめりこんだといっても幼すぎる。こう考えると、伯円が講談に打ち込みはじめたのは、隠居をさせられたのちのことではないかと思えてくる。だとしたらここまでの伯円の物語はこう構成しなおす必要がある。

こどものうちに理由もわからず隠居させられ、二十俵三人扶持の貧しい家計をおびやかすやっかいものの境遇におかれた向谷達弥少年ことのちの松林伯円は、だれかが借りた貸本を又借りして、読んでいた草双紙の物語に耽溺するほか憂さ晴らしの楽しみもなかった。

その日も、いつものように無駄飯食らいと養家の人々のまなざしに背中をそしられながら、冷たい家庭をでた。桜田門外の彦根藩上屋敷の学問所に通うためである。その帰り、呼び出しの口上が耳に入ったのか、ビラが目についたのか、ふと、興味をひかれて寄席に足を踏み入れた。伯円が立ち寄ったこの日の昼席の真を打っていたのは、江戸の三代名誉のひとりといわれていた桃林亭東玉だった。パンと張扇の音が小気味よく響き、一瞬でざわついていた観客の注意がきゅうっと高座のうえに集中した。次の瞬間、少年は、暗い日常に射し込む一筋の光をみつけた。それからは、伯円にとって、講談がすべてになった。命を賭けても、魂を捧げても惜しくはなかった。方々の寄席にもぐりこんで夢中になって聞き、やがて、家中の子らを集めて、聞いたことを真似て演じてみるようになった。講釈少年向谷達弥の誕生である。

のちに伯円は、悲惨だった少年時代の記憶をほんの少し改竄し、意味をもたせた。「養子先をしくじったのは、自分が家業の修業をさぼって講釈にのめり込み過ぎたからだ」。こう思い込んでしまえば、こしかたの理不尽に与えられた苦労のすべてが、いまの芸の道に至るための試練だったことになり、若干は浮かばれる。

伯円は、多感な少年時代の五年間、この境遇に堪えた。運命は閉ざされたまま、容易に開きそうもなかった。しかし、このとき、幸いにも伯円をひきとってくれる人があらわれた。

本物の壁

嘉永《かえい》四（一八五一）年、十八歳の伯円は、向谷家をでて、若林市左衛門義籌《わかばやしいちさえもんよしかず》の家に世話になることになった。隠居させられた年齢から考えて、伯円が若林家に引き取られたのはもう少しはやいのではと思われるが、以降、伯円の記憶通りの年齢で述べていきたい。若林家は、父手島助之進の姉が嫁いでいたから伯円にとっては伯母の家だ。養子あつかいで、伯父の名の一字をもらって、名を向谷達弥から若林義行《わかばやしよしゆき》に改めた。駒次郎《こまじろう》ともいうが、こちらは通称であろう。ちなみに、明治になって、伯円が戸籍に登録した名は若林義行である。おそらく、実父の手島助之進が、養子にだした四男がおかれた状況を知って、姉に息子を救ってくれるよう頼んだのだろう。浪人の実家に出戻るより、居候でも高禄の旗本の家族になったほうがよほど運が開ける可能性がひろがる。

若林家の内実は不明だが、伯円ひとり家族に加わるくらい、たいした問題ではなかった。若林家は二千石の大身《たいしん》の旗本だった。この禄は、代々世襲されてきたものではなく、市左衛門が一身でつかみ取ったものだった。市左衛門はもともと百俵五人扶持の小身者であったが、佐渡奉行をつとめたのち、作事奉行《さくじぶぎょう》に就任（竹内秀雄校訂『続泰平年表』第一巻、続群書類従完成会、一九八二年）、己の力ひとつで出世街道をのぼってきた能吏である。

中込重明《なかごみしげあき》の研究（「松林伯円と筒井政憲」『明治文芸と薔薇　話芸への通路』右文書院、二〇〇四年）によると、伯円を引き取ったとき、市左衛門は高齢で隠居の身であり、若林家は、妾腹の息子、三郎五郎が継いでいた。だから、若林夫妻が伯円を引き取ったのは、相続は関係なく、ただその境遇を憐れに思って、自分の家を足がかりに、どこか適当な養子先でも探してやろうと考えていたのだろう。

伯円にとっては、二十俵三人扶持の陪臣《ばいしん》の隠居から打って変わり、いまや天下の御直参、旗本若林家二千石のご家族である。かつて向谷の家族に馬鹿にされ、さげすまれ、豊かでもない家計の穀潰しとして肩身の狭い思いをしていた身にとっては、じつにいい気分であっただろう。

若林夫妻は、楽隠居の無聊《ぶりょう》のなぐさみに、この薄幸の若者に愛情を注いでくれた。伯円は、金銭、立場の自由を得て、いっそう講釈にのめり込んだ。が、伯母にしてみれば、かわいい甥が芸人の真似をしているなど耐え難いことだった。

ある日、伯母は、浅草に参詣した帰り、芸人が境内で野天《のてん》講釈をやっているのを駕籠のうちからみた。身分のけじめが厳しかった時代。現実の身上がどうであれ、身分制度上は、芸人は河原乞食といわれて卑しめられていた。路上で声を張りあげる芸人をみて、いつもならば何とも思わなかったのかも知れないが、甥がおなじように太陽にさらされ、埃にまみれて通行人に頭を下げている姿と重なった。先行きを心配する伯母に、伯円はぬけぬけと「（前略）後々には高位高官の人、将軍様又た恐れ多きことながら、一天万乗の天子様の前でも申上げる身分になツて見ます」

（「松林伯円経歴談」『文芸倶楽部』第五巻第二号）と語り、さらにかさねて「私の精神では、是非共《ぜひとも》将軍家は勿論、今少し飛越えて天子様の御聴《おきき》に達するやうな身分になりたいと、充分決心するところがあッたのであります」（「松林伯円経歴談」『文芸倶楽部』第五巻第二号）といってのけた。大言壮語。伯母にすればあいた口がふさがらなかっただろう。あとから考えれば、このときの伯円の芸は耳学問の素人の余技の域をでず、けしてうまいものではなかった。だが、命をかけて一念を貫くものが発した言葉なら、絶対にかなわないというものでもない。伯円の講釈への思いはのっぴきならないものだった。

あきらめた伯母はいった。

「達弥《たつ》も講釈などしなければ、何うか御旗本の養子にでも往ツて、妾《わたし》も肩身広く世間へ顔出《かおだし》が出来たものを、好きとは云へ講釈をなどやるとは仕方がないものだ、けれども最早《もう》止めろとは云はぬから、やるなら何処までも貫らぬくが好い、就ては当分まア此所に居て世話をしてくれ」（「松林伯円経歴談」『文芸倶楽部』第五巻第二号）

こうして、「保護者」の許可をもらった伯円は素人講釈師として活動をはじめた。出入り先は「先《ま》つ番町では久世《くぜ》三四郎、確か五千石、三河台の滝川播磨守《はりまのかみ》、夫れから小さいところでは、四番町の小澤勘兵衛……（中略）それから新潟奉行の河村瀬平、奥後祐筆の宮重市之進、牛込御門内の板倉家、三万石」（「松林伯円経歴談」『文芸倶楽部』第五巻第二号）。高級旗本、大名家ばかり。招かれれば井伊家の俊操院のもとにももはや気兼ねなく出入りした。もちろんこうした家に、芸人としてむかえられていたのではあるまい。伯円は二千石の旗本の家族。良家の子弟で、御隠居様などのお話し相手として屋敷に出入りされても苦しからず。気散じに巷に繰りだすことなどできない重い身分の人々のなぐさみに、これほど都合のよい人間はいなかった。

当時、若林の屋敷は、二番町にあった。番町は上級旗本の居住地である。東隣に筒井《つつい》政憲《まさのり》、南隣に一軒挟んで久世三四郎の屋敷があったという。この近隣の高禄旗本の隠居たちは、伯円のよき話し相手、よき講談の「客」となってくれた。彼らは、この若者を歓迎し、講談を聞いてやるとともに、講談のネタになりそうな昔話を語って聞かせた。

とくに、麻布龍土《りゅうど》の組屋敷に住む大番組中原氏の隠居は伯円を愛した。のちになっても伯円は近くで高座があると、帰りに寄って泊めてもらった。つれづれをかこっている老人にとって昔話をよろこんで聞いてゆく若者の来訪はよろこばしいものであったろう。

その中原氏の隠居から聞いた話に、享保年間におこった下野の絹商人佐野治郎左衛門が、なじんでいた吉原の中万字屋《なかまんじや》の花魁に裏切られたと思い込み、所有していた村正の刀を持って、遊郭に乗り込み、女を斬って発狂し、次々に人を惨殺したという、俗にいう吉原百人切とよく似た事件があった。麻布に屋敷をかまえる五百石の旗本浅井宗三郎が、やはり敵娼《あいかた》にそでにされ、侮辱されたと信じ、品川の遊郭松坂屋で、差し料の村正で八人を惨殺した事件があったというのだ。中原老人は、このふたりがともに村正を用いたと伝えられていることから、村正の刀が祟ったということもあるのではないかと、この物語をあわせて講談にすることをすすめた。

伯円は旗本浅井宗三郎のほうを講談にした。『品川八人斬』（別名『袖ヶ浦血染の錦』『袖ヶ浦全盛鑑』）という講談がそれである。ちなみに先の吉原百人切事件は、河竹黙阿弥の弟子、三代目河竹新七が『籠釣瓶花街酔醒《かごつるべさとのえいざめ》』（明治二十一年、千歳座初演）として脚本化し、現在でも演じられている。

このころ、伯円は、お屋敷に出入りするだけではあきたらず、伯父伯母にないしょで寄席にもでていた。羽織袴に大小を差して若林家の門をくぐり、大小、袴を席亭にあずけて高座にあがった。

当時、山の手の席亭では、講談でも落語でも、それなりの実力があれば素人でも高座にあがることができた。才能を発揮したものは、そのまま本職の芸人になることもあった。たとえば、初代一立斎文車《いちりゅうさいぶんしゃ》は豆腐屋を本業として持ち、趣味で山の手の席亭で世話物を読んだ。その芸があまりに巧みなのでほどなく本職の講談師となったが、師についたこともなく、すべて耳学問で、世話物だけを読んだ。だが、そのような人はまれで、伯円も数ある素人として受け入れられていたにすぎない。それでも、伯円の心は高座にのぼるたびに高揚した。ああ、本物になりたい。心から願った。そして、今の幸福な境遇を棄てても、本物の講釈師になろうと決意した。

そして、ついに嘉永六（一八五三）年、二十歳の春。伯円は、若林の伯父伯母、兄姉ら親類が、講釈師になるならば縁を切るとまでいうのを振り切って、初代伊東潮花《いとうちょうか》に弟子入りを申し出た。

伊東潮花は、芸人というより学者に向いた格調高い人物だった。「盲人木村検校の子、医術の心得もあり、博学多芸の才人で、特に記録物に詳しく、諸家に出入りして蜂須賀侯には殊の外目をかけられた。洵《まこと》に立派な人物で、燕晋《えんしん》の後継者たるに相応《ふさわ》しい気骨もあり、講談の品格を重んじた「先生」であつた」（佐野孝『講談五百年』鶴書房、昭和十八年）という。潮花の一派はただ面白く読むのではなく、史実をきちんと伝えることを重視していた。当時、あまたいた名人のなかから、潮花を師と仰いだことで、伯円がどのような講談師を目指していたかがわかる。

伯円から弟子入りを申し入れられた潮花は断った。潮花はべつに伯円に講談師としての見込みを感じていたわけではない。これまで、芸のことなど教えてやることがあったとしても高禄の旗本の子弟の道楽と思って、客としてつきあってきたにすぎない。旗本二千石の子弟といえば、居候に等しい身の上とはいえ、当時の庶民にとっては雲上の人である。運に恵まれれば、能力次第でこの後どういう出世ができるかわからない。潮花にしてみれば、そうした家にある幸運を棄てて、あえて苦労の多い芸人の道を選ぶなどあまりに愚かしいことだった。潮花はいった。

「武家に生れて、此様な家業をなさるにも及ばないだらうに……潮花《わし》も腹からの講釈師でもない、木村検校と云ふ検校である、立派に親父の業をついて行かれる身てありながら、遂《つ》い講釈が好きて、遂々《とうとう》此様な物になツて了ツたが、今更後悔しても先きへは立たず、残念に思ツて居るんだから、御前さんにも一応意見するんです」（「松林伯円経歴談」『文芸倶楽部』第五巻第二号）

しかし潮花の忠告も、伯円の決意を変えることはなかった。食いさがる伯円に、潮花もとうとう折れた。

「そんならもう今日からは私の門人だから、客あしらいをする訳には行かぬ、外《ほか》の弟子共と一同《いっしょ》になつて遣つて貰はなければならない」（「松林伯円」『文芸倶楽部』四巻第一号、明治三十一年一月）

と、弟子入りを認めてくれた。

こうして伯円は、花郷《かきょう》という名を与えられて、潮花の教えをうけることになった。こどものころから周囲に反対されながらも、素人の芸人としてはどちらかといえば成功を博していた伯円の本当の下積みがはじまった。伯円はこれまでの武家姿から、縄の帯、ぼろぼろの着物をきて修業した。

弟子入りしたての新人には、客に講談を聞いてもらう機会はほとんどなかった。

寄席で客が入る前のわずかないとま、ひとり師匠に与えられた本を読む。空板《からいた》という。「外の弟子共と一同」といわれた伯円もおなじく、空板からはじめねばならなかった。

客の来ない内に、それも垂簾《みす》のうちで、張扇をたゝいて講《や》るのです、それさへ凡そ四十分位で、二人も客が来ますと、すぐに下座《おろ》されてしまふのです、それでも講らせて呉れるのは未だしも可《い》いので、すこし師匠の所で手伝した為に遅れて行きますと、花郷さんお気の毒だがもうお客が来たから、今日は講らなくつても宜いと謂はれて、すご〳〵引込んだことも度々でした、此時などはつく〴〵厭になつてしまいました。（「松林伯円」『文芸倶楽部』四巻第一号）

伯円が師から最初に与えられた本は『小牧合戦』だった。『小牧合戦』は現在でも弟子入りしたての講談師がまず勉強する読み物である。講談の修業が軍記物の空板からはじまるのは、わけのないことではなかった。空板の目的は読み方の練習だけではなかった。

石谷華堤《いしがやかてい》（空板生を名乗った）の「講談師社会」（『文芸倶楽部』九巻十六号、明治三十六年十二月）によると、講談師の弟子入りはほとんどが十五歳以下の少年であったという。数えであるから、ちょうど変声期の少し前の年ごろである。空板は、そのころに、のどを一度潰して、声をつくる声定めの役割を持っていた。これを通過しないと、「素人離れが為《し》ないばかりか後日看板主と成つて後座に座つた時二席三席立読みの長談《ながちょうば》に掛ると声が涸れて息が続かなくなる虞《おそれ》がある」という。

十五歳の伯円には、のどを潰すまで講談の稽古をする自由はなかった。そして、伯円が伊東潮花に弟子入りしたのは、本人の記憶から計算すると、すでに二十歳の青年になってからだった（ただし、隠居の年齢等の記憶違いを考えるとそれより数歳は若かったのではと推測される）。講談師に重要なこの階梯を踏んでいないことで、のどに重大な問題を残し、世にでてからも、しばしばのどを痛めて休養を必要とした。延広真治《のぶひろしんじ》も「松林伯円と三遊亭円朝」（『名古屋大学語国語国文学』三十四号、一九七四年）の注記で、たびたびの伯円の体調不良と、修業時代に足りなかった発声の基礎との関係をほのめかしている。

のどの強度については取り返しがつかなかったにしても、その他の技術を学ぶには遅すぎるということはない。学者肌の潮花は弟子たちに芸の基礎を厳しくたたき込んだ。晩年伯円は、自分の芸歴を語るとりとめのない話のなかで、「読物は先代の伊東潮花に最初から仕込まれたのであるから、自慢ぢやアないが確乎《しつかり》して居る積りです」（小野田翠雨「松林伯円の談話」『文芸倶楽部』第六巻第三編、明治三十三年二月一日）といっている。晩年まで潮花を尊敬し、技術を仕込まれたことに誇りがあった。

それでも、まわりの弟子たちよりずっとおとなで、武家育ちであった伯円には、相当に厳しい日々であっただろう。当時の師弟関係は、師の家の下働きからはじまる。

弟子入りして、先づ一年は、飯炊きをしたり、廊下や格子の拭掃除、それから二年目に、空板叩きになつて、当分は戦記ばかりを、怒鳴つて居た。

声の調子が定まつてから、何か端物を教へられ、余程進歩の速いものでも、三年位かゝつて、漸く二ツ目になる。それから五年位経つて、中座よみに昇進して、師匠のつなぎをする位のものだ。

真打になれるか、なれぬかは、それから極まる。

（伊藤痴遊『痴遊随筆　それからそれ』一誠社、大正十四年）

という辛抱が第一の世界だ。入門したての伯円の仕事もまた、芸の修業よりまず雑用だった。

まずやらされたのは、師の送り迎えであった。どんな雨の日にも風の日にも、夜には小田原提灯を持って師匠の送り迎えをしなければならなかった。さらに、

師匠の宅《うち》へは大概一日置位に、席へ出ます前に御機嫌伺に行きますと、女房《おかみ》さんが台所の方で、オー花郷さん好《よ》い所へ来てくれた、一寸《ちょっと》これを川へ行つて洗つて来て御呉《おく》れ、と縄でからげた七八足の古下駄を出された時がありました。詮方《しかた》がありませんから、ぶつ〳〵云ひながらも新橋の川へ行きまして、せつせと洗つて日当りの好い処へ干して置ひて、そいつの乾くのを待つて居た事がありましたが、それが恰度《ちょうど》冬の時分で、寒いの寒くないのではない、辛さが身に沁みわたつて涙が溢れました、が、此れが修業だと思ひましたよ。

（「松林伯円」『文芸倶楽部』四巻第一号）

貧乏や下積み、十代前半の少年ならばしのべても、おとなになってはしのびがたいこともある。それに、いくら本人が「修業」と思って辛抱したとしても、周囲が伯円を嫌った。兄弟子たちとはもちろん折り合いが悪かった。伯円は、農民、商人に頭をさげる必要のない武士の家で育った。武家育ちのプライドの高さに加えて、伯円は、昔から愛想のないこどもだった。みずからもいっている。「私は元来世辞が嫌らひであツて、小供《こども》の内から、愛敬がありません（中略）小供の内より何となく卒気ない性質《たち》でありました」（「松林伯円経歴談」『文芸倶楽部』五巻二号）。養家の親にも愛

想をいえない人間が、先輩とはいえ、商家出の鼻垂れどものご機嫌を取り結べるはずもない。

そんなことより、なににもまして、潮花からみて、当時の伯円には才能の片鱗も感じられなかった。生来の訥弁《とつべん》で、しかも不器用で、いくら教えても上達せず、教え甲斐もなかった。

ついにある夜、潮花は伯円をよびつけて告げた。

「お前は訥弁であるから講談師にはなれない、今の内に商人《あきんど》にでもなつたら宜らう」（「能弁より訥弁」『娯楽世界』第三巻十一号、大正四年十一月）

破門宣告であった。

武士の身分を捨て、身内と縁を切って潮花に弟子入りして、苦労してようやく夢の実現のとばぐちにたどりついた矢先、師に才能を否定されて、道が閉ざされてしまった。

潮花はすぐれた講談師であり、かつ易学（四書五経のひとつで古代中国の占いの書でもある『易経』の解釈学）にも通じていたというが、先見の明ということに関しては鈍かった。花郷（伯円）を追い出し、花林《かりん》というもうひとりの弟子も見限ったが、じつはこのふたりがもっとも出世株で、ひとりは二代目伯円となり、もうひとりは三代目一龍斎貞山《いちりゅうさいていざん》となった。

だが、まだ花咲く気配さえない伯円には、潮花に追いだされて行く場所もなかった。

若林家には、反対をふりきって芸人の道に踏み込んだだけでなく、大小をあずけて高座にあがっていたことも発覚し、それのみか、挫折して帰るなど、大の男にできることではない。行くところがなくなった伯円は、知人友人がいる番町のあちらこちらの武家屋敷に赴いてはやっかいになった。宿無し、ごろつきである。

そんなある日、用足しにでかけたところ、声をかけてくる人があった。講談師の先達、東流《とうりゅう》斎琴調《さいきんちょう》である。

琴調は、伯円を近くの茶屋へ連れて行って寿司など食わせてやりながら近況を尋ね、潮花のところを追いだされたと聞いて、

「何うだい花郷さん、潮花さんとこの縁が切れたならば、私《わし》の様なものゝところへでも、来ては下さらんか、然うすれば、御前に琴調の名を譲ツて、私は大坂に居る大師匠に申入れて、私が馬琴になるが……」（「松林伯円経歴談」『文芸倶楽部』五巻第二号）

と申し出た。潮花の易学ではまったくみえなかった、いまだ咲かぬ伯円の才能を琴調は見抜いていた。

琴調の師、東流斎馬琴は、「男は男、女は女と、老幼おのおのその音調を換えて読み、身振りまで加え」（野村無名庵『本朝話人伝』中央公論社、昭和五十八年）て、それまでは棒読み調であった講談を娯楽芸として発展させた人物だ。馬琴という名は、もちろん、大流行作家であった『南総里見八犬伝』の著者、曲亭馬琴にあやかった。晩年は大坂に赴いて、同地でも活躍したが、突然の病を得てその地で客死した。琴調は、馬琴の長女ことの女婿にあたる。

琴調に弟子入りをすすめられた伯円は「斯うと云ツて目的《めあて》がなかツた」ので、琴調の世話になることにした。こうして、伯円は、琴調の弟子となって調林《ちょうりん》の名をもらった。

いうまでもないことだが、ほかの芸事とおなじように、講談にも序列があり、下から前座、二つ目、三つ目、真打とあがってゆく。潮花の新米の弟子で、満足に前座も叩かせてもらっていなかった伯円が、師を琴調に変えたからといって急な出世ができるはずもない。しかも、当時の伯円の芸風はぼうっとした変な調子であったため、周囲の人や客は、調林とよばずに、チョン林とばかにしていた。チョンというのは、講談社会で悪い、まずいという意味の符牒である。はじめての伯円の舌代は、前座を半年もつづけてからようやくもらえた四十八文。千円に満たない金だった。

ところが、このあたりから、伯円の芸が急激に上達した。人々が目を見張るうち、順調に自力をつけ、わずか一年足らずで、神田今川橋にある松本という席亭ではじめて看板をあげられることになった。とはいえ、松本は客入りの悪い寄席で、あまりよい芸人が出演しない。伯円の出演がきまったのも、年のうちもっとも興行成績の悪い六月の夜席（昼席より夜席のほうが格が低いとされていた）で、ほかに、出演者をみつけることができなかったからだ。

当時（明治期もほぼおなじ）、講談師の報酬は、客が支払った木戸銭のうち、何割が席亭の、何割が芸人の取り分と取り決められ、客が入らねば当然、収入も減った。さらに真打は、自分の分け前から、前座などへの出演料も支払わねばならず、時には持ちだしになることもあった。だから、ほかで稼ぐことができる芸人は人気のない席亭に出演したがらなかったのである。

それでも伯円は、はじめて一枚看板（「ナンバーワン。昔の寄席の入口には高く招き行灯がかかげられていたが、そこへ大てい三、四人の花形の名がかかれるのに、特別にお客をよぶバリューのある芸人のときは、たったひとりの名のみが筆太に行灯へもポスターへもかかれた」正岡容『明治東京風俗語事典』筑摩書房、二〇〇一年）をあげるというので張り切っていた。席亭は、講演者が決まると、人が集まるところにびらを貼る。伯円は、席亭がどんなまきびらをしたのか気になり、そこらじゅうの髪結い床や湯屋に行ってみた。が、自分のびらが貼られているところはどこにもなかった。伯円はがっかりして、席亭を責めた。松本の亭主はいった。調林などというだれも知らない名前のびらをまいても客はこない。まかなければ、どんな芸人がでたのかと気になって来てくれる客もいるだろうというのである。まかないところがこちらの手際《てぎわ》だといい、「こゝで一番確かりおやんなセー」とハッパをかけられた。そこで、名前で客をよべない調林は考えた。既存の読み物を演じていたのでは容易に客を得ることはできないだろう。

そこで、自分で新しい講談をこしらえてみることにした。こうして、できたのが「鬼神お松」である。伯円の講談では、お松は、松吉という深川の芸者で、弁天小僧伝吉を旦那にしたために、知らず知らず悪事に手を染め、やがて、「南部津軽国境の金角山牡丹の窟」（伯円がつくった架空の場所）にこもって、盗賊の女首領となる。千秋楽の場面は謎めいて印象的である。ある日、お松は、気晴らしに元の芸者姿になって、船涼みに両国から船に乗る。船中で、すだれをあげて向こうをみる、すると、向こうの船の男と目があう。お松はあわててすだれを下ろす。ここで物語は終わる。男はだれなのか、男と出会ったことでお松の運命はどう動くのか、気になるところだが、つづきは存在しない。結末は聞き手の想像にゆだねられる（他の演者によると男はお松の元部下で、この出会いをきっかけにお松は捕縛されることになる）。

この物語が伯円の運命を動かした。まさに出世作となったのだ。

松本の近くに染川という、ここで講演させてもらえれば一流という格式の高い一流の席亭があった。伯円が松本で「鬼神お松」を読んで、客を集めはじめていたとき、その染川に、名人の誉れ高い伊東燕陵《いとうえんりょう》が出演していた。新参の伯円が、少しずつその客をうばい、ついにはその大物を食ってしまった。円玉は「鬼神お松」についていう。

> 是は明和の頃の出来事で深川が全盛の時代、仲町の羽織衆（芸者）日の出家の松吉後《のち》に鬼神のお松是を主人公としてそれに弁天小僧伝吉と云ふ侠客が絡みまして色気もあり強い処もあり、愁嘆場もございまするし却々《なかなか》面白く出来て居りまして先師伯円が是を始めて読み一躍して後座読みになつたといふ、松林派の読物では十八番物と申しても宜しい品物
>
> （『講談雑誌』第二巻第三号、大正五年三月）

伯円の躍進の記念する輝かしい演目として、弟子たちに演じられつづけた。

「讀賣新聞」（明治二十九年六月十五日付）の記事では、伯円がはじめて一枚看板をあげた席亭を染川としているが、当時の伯円の立場と格を考えれば、空板生（石谷華堤）の「枯松葉」（『文芸倶楽

部』第十一巻四号）に記された、染川とおなじく神田今川橋にあった松本のほうがふさわしいだろう。

こうして、伯円は運命とのたたかいに勝利して、本物の講談師となった。

このころか、もう少しあとになってからのことかもしれないが、成功者となった伯円がしたこと。それは絹の布団で眠ることだった。一定の目的を達成したり、求めていた富を得たりすると、勝ち取った成功のあかしを形で求める人がいる。それは車であったり、腕時計であったり、住居であったりと人さまざまだ。伯円にとってのそれは絹の布団だった。伯円は、その後、絹の布団を着て眠ることにこだわり、生涯それを貫いた。自分が成功者であるという誇りが、その絹の布団であったのだろう。

二代目松林伯円を襲名

訥弁かつ不器用で、一度は師匠から見放され、新しい師のもとでは、周囲からチョン林とばかにされた才なき新米講談師は、それでも講談の世界にかじりついた。高座にのぼる回数は少なくとも、芸向上の機会はいくらでもあった。伯円は、耳で、肌で、懸命に先輩たちの芸を学んだ。

凡て此時分には、前講たるものは、師匠は固《もと》より、他門から来る先生方のでも、昔の夜の四ツ打出しまで、ちやんと楽屋で聞いて居たものです、そうして其呼吸を呑み込むで、自分が此次《こんど》講談《やる》ときには、一番彼様《ああ》いふ風にやつて見やうか、こゝの処は斯様《こう》いふ風にやらなければならないとか、身を入れて聞いて居る、また師匠がたの方でも、やつぱり四ツ打出すまで、一々弟子共の講《や》るのを聞いて居て、あゝではない、斯うしなければならぬと、云ひ聞かせて呉れるのですから、ほんとの修業になつたのです。それですから、昔たゝき込んだものは、早くいふと長もちがする。

（「松林伯円」『文芸倶楽部』第四巻第一号、明治三十一年一月）

こうした師たちのなかでも、伯円がとくに尊敬していたのが初代松林亭伯円だ。伯円が調林の名で前座をつとめていたころ、初代伯円は、八代目市川団十郎《いちかわだんじゅうろう》と比べられるほど絶大な人気を誇っていた。大変な世話物の名手で、伯円は、初代伯円の席があれば、楽屋に控えてとくに集中して聞いた。

初代松林亭伯円。本名を堀川源次郎《ほりかわげんじろう》（助次郎とも）といい、講談席の席亭の堀川亭にうまれた。かつては江戸軍談神田派の開祖、神田伯龍《かんだはくりゅう》に弟子入りして伯海《はくかい》を名乗っていた。

伯海は男前で気がきいて、芸もキビキビして人気があったが、残念ながら身持ちが悪く、私生活について師匠からいくども意見されたが耳を貸さなかった。

ある日、伯海は己の実力を過信して、何かと煩わしい江戸を捨て、一旗揚げてやろうと上方に旅立つことにした。伯海は、お梅という水茶屋つとめの美人に惚れられて縁を結んでおり、哀願されて大坂にともなったが、大坂に行っても素行は修まらず、客は離れ、やがてお梅さえ伯海を見限ってひとりで江戸に帰ってしまった。くやしさまぎれに芸に打ち込むうち、元々才能はあったのだから、めきめきと力をつけ、それから五年、大坂でそれなりに名をなした。が、故郷忘れ難く、江戸に舞い戻ってみると、師匠はすでに亡く、弟弟子の神田伯山《はくざん》が、神田派の頭として羽振りをきかせており、もう彼の居場所はなくなっていた。

気を落とす伯海に手を差しのべたのは、当代一の名人、桃林亭東玉《とうりんていとうぎょく》だった。東玉も一度、江戸を捨てて京阪で活動していたことがあった。東玉はもともと桃玉《とうぎょく》と名乗っていた。東玉の名は、二条太閤が彼の技量を東の玉と愛で、東玉の名を授けた。水戸の徳川斉昭《とくがわなりあき》の御前で読んだ際に賜った名だという説もある。客となった上方の人たちがつけてくれたのだともいう。いずれにしても東の宝と人に讃えられた栄えある名である。

その名人東玉が、伯海を助けてくれるという。伯海の後座に出演して客をよんでやろうというのだ。出演料は一席一両。物価の変動を無視した荒い換算だが、一両をざっと四千文として、木戸銭をひとり前三十六文とすると、東玉の出演料だけで百十名以上の客を集めねばならない。加えて、こうして入った木戸銭のうちだいたい三割程度は席亭におさめ、前座などに支払う費用はすべて真打の持ちである。一席一両というのがいかに法外な額かわかる。

だが伯海は東玉の申し出を飲んだ。そして、東玉の出演料を払うためにも必死に芸を披露した。すると、そうするうち、当初、あきらかに東玉目当てであった客の様子が変わってきた。東玉だけでなく伯海の講演を聞きに来ているのだ。無事大入りで千秋楽をむかえ、東玉に礼に行くと、東玉は唐突にせっかくだから嫁を紹介したいという。当人がいるからとさっそく引き合わされた。会ってみると、なんと自分を見限って捨てたはずのお梅だった。お梅は、伯海の身持ちの悪さを心配し、目を覚まして欲しいと、あえて身を引いたのだった。気持ちが通じ合ったふたりは晴れて再び夫婦となった。東玉は、伯海が今まで出演料として支払っていた金に手を付けずすっかり貯めていて、百両あまりになっていたそれをぽんと祝儀にくれた。はじめからそのつもりで受け取っていた金だった。

『本朝話人伝』に記されたこの物語は「東玉と伯円」という一席物の講談にもなっている。

こんな粋な交流が現実にあったかは別として、伯海こと初代伯円が東玉を師と敬っていたことは事実だ。初代伯円は、結局かなえられなかったが、東玉への弟子入りを望んで、再三、東玉のうち一字をいただいた芸名をくれるように頼んでいた。いずれは東玉を継げる芸人になるのが夢だった。初代伯円が名乗った亭号、松林亭は、東玉の桃林亭に音をあやかったものだ。

しかし、この話のうち初代の女房、お梅のくだりはまったくの創作である。初代伯円の妻は、京の医者の養女でお春といった。ふたりは、初代伯円が京都で興行したときに出会って恋に落ち、江戸で所帯を持った。お春は教養の高い女性で、初代伯円とともに京から江戸へ下った際には、美しい文で旅日記を綴ったりした。その日記は残念ながら、安政の大地震の際に失われてしまったという。

このお春、じつはただの医者の養女というだけでなく、複雑なうまれをしていた。

お春の実父は仙石騒動の首魁といわれた男、仙石左京久寿《せんごくさきょうひさとし》である。出石藩《いずし》（現在兵庫県豊岡市）五万八千石（仙石騒動で三万石に減封）の筆頭家老であった。仙石左京は、質実剛健、頭脳明晰の人で、藩政改革に取り組んだ。しかし、政争に敗れ、御家騒動を引き起こした大罪人とされ、天保六（一八三五）年、江戸鈴ケ森の刑場で獄門に処された。長子の小太郎は島流しの途中病死した。お春は左京の妾腹の娘で京都の医者の養女となっており、事件の連座を免れた。が、正妻とその娘はともに出石藩を追放され、娘は「地獄」にまで身を落としたという。ある日、客の男が大金を忘れていった。私娼をしていても、根は曲がっておらず、女は、金を男に届けた。客は大坂の富商の息子で、女の正直さに惚れて妻にむかえたという。一見シンデレラストーリーだが、大名家の筆頭家老の令嬢が、娼婦のなかでも下級の私娼をしなければ生きてゆけなかったということ自体が恐ろしい。一歩間違えば、お春もおなじ運命に陥っていたかもしれない。しかも、連帯責任を旨とする日本社会は、一族から処刑されるような大罪人をだした家の家族も容赦なく共同体から排斥する。お春は、己のささやかな生活、初代伯円との幸福をまもるために非常に心を砕き、こどもには恵まれなかったが、夫婦睦まじく幸せに暮らしていた。

ところが安政元（一八五四）年、初代伯円は卒中で倒れた。後遺症がひどく、身体の自由がかなくなって再起は難しいだろうと診断された。落ち目になると世間は冷たいもので、あまたいた弟子たちは去って行き、さんざんもうけさせてもらった席亭たちも手のひらを返したように寄りつかなくなった。人の出入りが途絶えてすっかりさみしくなった初代の家に、伯円だけは変わらずに足を運んでいた。打算があってというならば、病もうが、老いようが、以前のように語ることができなかろうが、変わらず内面で輝きつづけている芸の神髄を得ようとしていたということだろうか。老いようが、といったが、このとき初代伯円はまだ四十代前半（三十代の説もある）の壮年だった。

しかし、伯円ひとりせっせと通ったところで、暮らしの零落ぶりはいかんともしがたい。名人伯円を窮死させるわけにはいかないと考えたひいき連が立ちあがった。神田今川橋の染川亭の主人吉兵衛、神田蛎殻町《かきがらちょう》入山の子分で道中師の親方伊三郎、麴町隼人町の大工の棟梁又兵衛、勇み肌の顔役三人が集まって話し合った。保険も社会保障もない時代、働けなくなったものが生きていくには、だれか養い手が必要だった。

　そこで白羽の矢が立ったのが調林だった。この調林を芸養子にして、二代目伯円を継がせ、初代夫婦を養わせたらどうだ、というのである。

　伯円が初代伯円を深く尊敬しているから、ということだけではなく、顔役たちがみるに、彼ならばこれから立派な芸人となり、夫婦を養っていけるだろうと、彼の可能性に対する信頼があっていいだしたことだった。

　初代伯円も、病に倒れてからも、変わらず自分を敬って、熱心に勉強にやってくる伯円をかわいく思っていた。席亭主からこの申し出を聞くと、手を合わせ、涙を流して感謝したという。夫がよろこぶ様子をみて、お春もよろこんで同意した。

　そうと決まればまず、現在の師匠琴調《きんちょう》の許可を得ねばならない。さっそく琴調の家に行って、

「お前の弟子の調林さんを呉れないか」（「松林伯円経歴談」『文芸倶楽部』第五巻第二号）と談判した。

「調林《あれ》は琴調《わたし》の弟子であるけれども、アー見えても然るべき武家で、お前さん方には上げる訳には往きません」

　と、琴調は不同意だった。だが、席亭主たちから初代伯円の養子にしてもらおうと思うという詳しい説明を聞くと、

「イヤアノ調林は見所があるから、私《わし》の養子にしやうと思ツたが、琴調《わし》より伯円の方が名が大きい」

と度量広く承諾した。

師匠の承諾を得て、席亭主らはさっそく当の伯円に話をしようとむかえに行こうとしたが、行方定まらぬ宿無しであるからどこを探してよいかわからない。番町あたりの旗本屋敷のどこかと見当をつけたが、おいそれと探しに行ける場所でもない。しかたなく、席亭主らは琴調とともに、伯円が出演予定の夜席にでてくるのを待ち受けることにした。

話を聞いた伯円は、

「先生貴方が御承知なら何うでもして下さい」(「松林伯円経歴談」『文芸倶楽部』第五巻第二号)

といった。望むところであったか、荷が重いと思ったか、このときの伯円の気持ちはうかがい知れないが、諸手をあげて喜ぶには琴調への恩が深すぎた。潮花のもとを追われて、琴調に拾ってもらえなかったなら、講談師としてやっていけたかも怪しい。琴調は、

「イヤ伯円になつても私《わし》の弟子だよ、それは断つて置く、其代り私もお前に尽くすが、お前も好位置《よくゐ》なつてから私を忘れては聴かないぞ」(「松林伯円経歴談」『文芸倶楽部』第五巻第二号)

といって、弟子の背を押してやった。この経緯からも知れる好人物の琴調だが、晩年は幸福とはいえなかった。

琴調は、のちに二代目東流斎馬琴を襲名したが、「傑れた講談師であつたが、既に婦女子の人気が講談師の評判を決定するといつた寄席の空気であり古格を守る講談が迎へられず、芸人の芸のみが喝采された当時にあつては、講談の真を生かさうとする彼の如きは極めて不遇の位置にお

かれてゐたので、彼が死んでも、葬式を出す費用もない始末であった」（佐野孝『講談五百年』）という。伯円はのちに、琴調との約束を守って、晩年の琴調夫妻を家に引き取って世話をしたという。

若く、実績も足らない伯円の二代目襲名を危ぶむ声は大きかった。「井の端の茶碗」（あぶないの意）だというのだ。そのとき、石川一口《いしかわいっこう》（のちの二代目石川一夢）が世論と伯円の背を押した。

話は決まって、安政元年、二十一歳の伯円は、黒斜子《くろななこ》の紋付、仙台平の袴をつけて正装し、初代伯円の芸養子となって、二代目松林伯円を襲名した。

二十二歳の正月、今度こそ、染川の昼席で看板をあげ、大場の真打となった。染川の昼席というのは一年間のとおしで、格式だけでなく真の実力が問われた。しかも真打は、一度の講演で時代物、世話物、軍記物をそれぞれ一席ずつ、三席をこなさねばならないというハードなものだった。体力もともかく、それだけの数のネタを持っていて、かつそれだけの期間、客を離さないだけの魅力と技術が求められた。

伯円は、ネタを得るため、江戸の戯作、曲亭馬琴や種彦、京伝などの人情本から、近松の浄瑠璃本など、あらゆる書物を読んだ。

だが、伯円が、二代目の名跡を継いだことを、快く思わない者たちがいた。伯円が調子よく二代目の座を奪ったと思う連中はたくさんいた。

調林では引立たない、ソコは才物の駒次郎、中気の伯円を世話してやると約束して、旨くこの大物の名目を受け継いでしまった。

（「松林伯円の一生」『明治百話』篠田鉱造、岩波書店、一九九六年）

という風に思ったのだ。

嫉妬ばかりではなく、伯円の態度にも、人をくったような憎体なところがあったのだろう。今川橋の松本で調林の名で一枚看板をあげたときでさえ、同業者のうらみをうけて襲撃されたことがあった。その日、伯円は、四つ時（夜の十時から十一時）、高座を終え、羽織袴に脇差の侍姿で外にでた。そこを襲われた。腕にまったく覚えのない伯円は戦おうとはせず、一目散に逃げた。夢中で逃げて、気がつけば、土地勘のないところにいた。そこで、そこにいた夜鳴きそば屋に「こゝは何処だへ」と尋ねれば、そば屋はあきれて「旦那、こゝは江戸の新橋でさ」（「講釈師物語　十六」「讀賣新聞」明治二十九年六月十六日付）とこたえた。伯円は苦笑した。

一枚看板をあげただけで襲われるくらいだから、二十一歳の伯円が二代目松林伯円の名跡を継いだときの憎悪はすさまじかった。

ふたたび待ち伏せされて、今度は逃げきれず、下駄で額を割られた。伯円の目の上には、一生消えない傷跡が残った。

このときの襲撃者のひとりに、二代目一立斎文車《いちりゅうさいぶんしゃ》という講談師がいた。文車の初代は本業は豆腐屋で、趣味として高座にあがっていたが、とりわけ師につかずに真打になったので、一立斎の亭号を名乗った。ひとりで講談師になったので一立斎である。初代同様、二代目文車も特定の師についたことはなく、初代と師弟関係はなかったが、一立斎を名乗った。二代目は魚屋のせがれで、きちんと学問をしたことはなく文字も読めなかったが、非常に勘が良く、耳学問だけで講演に足る大概の知識を吸収してしまった。

この文車は、伯円がどろぼう伯円といわれて一世を風靡したとき、巾着切《きんちゃくきり》文車といわれて人気を分かった。なぜ巾着切というかといえば、「伯円の芸は如何なる大盗賊も容易に映し出すことが出来るが、文車のは到底巾着切り以上を活躍させることが出来ぬ」（空板生「枯松葉」『文芸倶楽部』十一巻四号、明治三十八年一月）からだという。本格の修業をしなかったから芸の範囲は狭かったのかもしれないが、文車の「巾着切り」も至芸であった。

こんな話がある。

京橋の橋上で声高に、

「オイ今夜はどっちにしような」

「実は乃公《おれ》も迷っているのだ」

「巾着切りか。泥棒か」

「巾着切りの方が面白かろうぜ」

「やはり泥棒の方がよかろう」

（野村無名庵『本朝話人伝』）

声高にこんな相談をしていたふたりの男がいた。剣呑に聞こえるが、べつにスリか住居に押し入っての窃盗、今日はどちらの犯罪を犯そうかという相談ではない。このとき、たまたま、京橋をはさんで、一方の寄席、都川亭と、対岸の清竹亭で、伯円と文車の講演が同時にあったので、講釈好きの客が、橋の上でどちらを聞きに行くか迷っている、という、さもないおちだが、当時のふたりの人気が偲ばれる。

文車はことあるごとに伯円に対抗し、喧嘩を売ったが、そのうちに友情が芽生えた。

文車はなかなかの男前で、「色の白い目のクルッとしたいきな男」（野村無名庵『本朝話人伝』）であった。服装から持ち物まで気がきいていた。散髪が行われる以前にいが栗頭にして、高座衣装も、羽織は着ず、腹かけをしていて、張扇は用いず、その腹かけから拍子木を取りだして使った。芸も垢抜けていた。まくらから本題にはいる運び方が巧みで、まくらを語っているかと思うと、境目なくいつのまにか本題にはいっていたという。常連の客が、今日こそ本題にはいるタイミングをつかんでやろうと集中して聞いたが、何度聞いてもやはりわからなかったという。

こんな風であったから、客の女とも、商売女ともしばしば浮名を流した。

あるとき、品川の遊郭に、文車にひどく入れあげている花魁がいると評判になった。すると伯円は品川まで行って、わざわざ文車の敵娼《あいかた》をよび、文車のどこが良くってそんなに惚れたのか聞いた。女はこたえた。「楊子の遣ひ方が宜いからさ」（辰巳老人「名人文車は粋な男」『娯楽世界』第三巻第六号、大正四年六月）。

文車は、明治十四（一八八一）年十一月八日、四十九歳で亡くなった。晩年は、人気を保ち得ず、やや不遇であった。伯円は世話物だけでなく、時代物を読ませても名人だったが、文車は、趣味で講談師になった初代とおなじく、世話物だけを読んで、時代物が読めなかった。その芸の幅の狭さが、生涯の人気を保ち得なかった原因となった。

伯円は彼の芸を高く評価していて、「彼は近世の名人ではあつたが、惜いことに客を取る呼吸を誤っていた」（空板生「枯松葉」『文芸倶楽部』第十一巻第四号）という。つまり、読み物に客がのってくると、文車は自分も煽られてどんどん読んでしまう。それで三十日間は売り物になるものを二十日間で読み切ってしまい、残りの十日はだれて客が離れてしまう。伯円ならば、客がのってくれば、三十日で終わらせる予定でいたものを五十日に引きのばす。文車はそのあたりの呼吸を心得ていなかった。いや、いなかっただけだというのである。

襲名を終えた年、伯円は引っ越しを決めた。ひとつには、養父からひきついだ若輩者の身の丈にあわない神田富松町の家を保てなくなったから。そしてもうひとつには、養父の療養のためである。医者に相談すると、完治する病ではないが、どこか水辺で釣りでもしてのんびり暮らせばよろしかろうというから、伯円は口もきけない状態であった養父に、水辺の地名をいくつか記した紙をみせて選ばせた。王子、目黒、深川、木場、築地、小梅。大伯円が小梅を選んだから、本所小梅の庚申塚というところに隠居所を構えた。

庚申塚というからにはどこかに庚申塚が祀られていたに違いないが、場所はわからない。近辺を探したがそれらしきものはみつからなかった。「東京市本所区全図」（明治四十年）に、曳舟川《ひきふねがわ》にかかる庚申橋という橋の名が記されている（現在の墨田区向島三丁目と四丁目の境界あたりか）から、そのあたりの川べりの家であったのだろう。

小梅は、歌川広重《うたがわひろしげ》の「江戸高名会亭尽《えどこうめいかいていづくし》」に描かれた風光明媚の土地である。曳舟川は川幅が狭く、水流も動力としてじゅうぶんではなかったので、左右の陸地から牛や人力で舟を曳いて物流の用をなした。伯円の家の目の前にこの曳舟川が流れ、入り潮のときにはタボハゼが釣れた。釣りが好きだったのだろう。釣りができる健康状態ではなかったが、大伯円もよろこんでいた。曳舟川は、昭和のはじめにいちはやく暗渠となって、今は曳舟川通りの名を残すのみである。

江戸のころ、田舎の風情がある小梅のあたりは、金持ちの隠れた別荘や寮が点在していた。落語「文七元結」のモデルとなった桜井文七《さくらいぶんしち》の寮があったのもここ小梅である。伯円の持ちネタ、講談「座光寺源三郎」の舞台でもある。座光寺源三郎《ざこうじげんざぶろう》の物語の伯円の速記は、明治二十六年九月から翌二十七年五月にかけて雑誌『百花園』（金蘭社）に連載された「おこよ源三郎　鳥追情史」と、嵩山堂版『座光寺源三郎』（明治三十一年）がある。

座光寺源三郎は二千石の大身の旗本であったが、ひょんなことから、非人頭喜六の娘、お古代《こよ》に惚れて男女の仲となり、女の身元を偽って強引に妻にむかえた。しかし、このことが幕府に露見し、源三郎は妻のお古代ともども死罪、家は改易。喜六夫婦は打ち首。事件に関わったもののほとんどが死罪となって終わる悲劇なのだが、お古代の実家、非人頭喜六が大名家にも勝るとも劣らない立派な邸宅を構えていたという設定なのが本所小梅の庚申塚であった。また、あとに述べる『雲霧』の盗賊雲霧仁左衛門の別荘があったとするのも小梅である。

明治初年の向島小梅は、郊外の保養地の風情を濃厚に残していた。そんな小梅に、明治五（一八七二）年、十歳の森林太郎、のちの鷗外は、短いあいだだが、家族とともに暮らした。

わたくしは幼い時向島小梅村に住んでいた。初の家は今須崎町になり、後の家は今小梅町になっている。

（『渋江抽斎』岩波書店、一九九九年）

江戸にでた鷗外一家は、まず、現在、須崎町にあたる場所に家を借り、数年後に三百坪の家を購入した。鷗外は小梅の家について、

僕のお父様はお邸に近い処に、小さい地面附の家を買って、少しばかりの畠にいろいろな物を作って楽んでおられる。田圃を隔てて引舟の通が見える。

（『キタ・セクスアリス』岩波書店、一九五〇年）

と語っている。鷗外の家は、現在の本所高校のかたわら（向島三丁目三十七・三十八番地）にあった。「森鷗外住居跡」の案内の看板がたっており、「茅葺の家の門から玄関までの間には大きな芭蕉があり、鷗外が毛筆で写生したという庭は笠松や梅、楓などが植えられた情緒的で凝った造りでした」と記してある。

矢田挿雲《やだそううん》『江戸から東京へ』（中央公論社、昭和五十年）によると、文久《ぶんきゅう》元（一八六一）年ごろの小梅の寮といえば「ずいぶん洒落たものであった」という。

「小梅の寮に行ってまいりました」

ということは派手な程度において、今日の成金夫人が、

「大磯の別荘へ行ってまいった」

ことと相伯仲し、もしそれ距離の観念においては、今日の箱根よりも、なお遠く思われたろう。

（矢田挿雲『江戸から東京へ』四巻）

「今日」というのは、『江戸から東京へ』が書かれた大正末期から昭和初期の時代をさす。昭和二（一九二七）年には小田急線が開通し、新宿、小田原間を二時間弱で結ぶようになったが、小田原から箱根までは自動車を雇っていかねばならなかった。

落ち着いて風情のある小梅は、病気をやしなう隠居所としては最適であっただろうが、神田、京橋あたりの席亭を中心に稼ぐ伯円には、毎日通うには、はなはだ不便な場所であった。伯円はなかば出稼ぎ状態になりながらも、時間に余裕ができれば小梅に帰って養父をなぐさめた。


明けて安政二（一八五五）年。伯円、二十二歳。

正月の初席から、昼夜掛け持ちで、猛烈に働いていた。

二代目を襲名してすぐに図らずも大きな名前を得てしまった実績の少ない伯円は、名を売るために必死だった。

ひとの噂を集めるために、ずいぶん奇抜なこともやった。染川亭千秋楽のある日、「弁慶安宅の勧進帳より引抜き鍋島猫退治」と書かれたビラを撒いた。もちろんめちゃくちゃな演題である。何をやるのかと集まった観客がみたのは、まず、凧を体に貼りつけて富樫左衛門の素袍《すおう》にみせた珍妙な格好をした伯円が高座にあらわれ、安宅問答《あたかもんどう》を読みはじめる。すると、背に木戸銭いくらと書いた行灯を背負った弁慶役の弟子があらわれ、しばらく問答をしたのち、着物をぬぐと、下に猫の着ぐるみを着ており、猫じゃを踊りだす。富樫の役をしていた伯円は、そのうちに、後ろ鉢巻、襷十字の鍋島の化け猫を退治をした伊東左右太に早変わりして、おもちゃの刀で立ち回り、化け猫退治を果たし、これでおしまい。客はただあっけにとられるのみ。

高座にぬいぐるみや着ぐるみをもちこんで滑稽をやらかした講談師は伯円だけではない。桃川《ももかわ》如燕《じょえん》は、鍋島の化け猫「百猫伝《ひゃくびょうでん》」が大の得意であった。あるとき、客を脅かそうと、高座の上に縄を張って、猫のぬいぐるみを風呂敷に包んで吊し、ちょうどよい場面で落として客を驚かせようとしたが、風呂敷がはずれず、風呂敷ごと猫のぬいぐるみが落ちた。つぎは、風呂敷ははずしたが、中途半端なところで縄が切れて、猫が宙づりになった。最後に弟子に猫の着ぐるみを着せて登場させ、おどろおどろしい雰囲気を醸しかけたが、今度は弟子がくしゃみをして客席は笑いの渦。結局、席亭からもう「猫」をださないようにと禁止された。

このころ、質は違うが、円朝も芝居噺を売り物にして人気をさらっていた。高座にも娯楽性の高い芝居仕立てが求められた時代ではあった。

伯円は、今はともかく、金が必要だった。ずいぶん借金もした。稼いだ金はすべて養母のお春のところに持って行った。養父をよい医者に診せ、よい薬をのませるためだ。この孝行には、下心がなかったわけではない。「一日たりとも早く全快さして、大伯円、小伯円、打揃つて席へ出たら、定めてお客も来るだらう、嘻しいことであらう、然うなれば直く此儘で一大家になれる、大先生になれる、然うすれば今まで交際《つきあ》つて居た親類縁者の顔も見返すことも出来やう」(「松林伯円経歴談」『文芸倶楽部』第五巻二号)そう思っていた。だがこの下心も、養父を敬愛していればこそ。晴れの日を養父とむかえたいと思えばこそだった。

「ニコ〳〵笑はれるのが楽みて、勉強して寄席《せき》へ通ツて居りました」(「松林伯円経歴談」『文芸倶楽部』第五巻第二号)という。大伯円は、病気のため身体が不自由とはいえ、芸を聞く耳や、善し悪しを判断する能力が衰えたわけではない。伯円は健康なころと変わらず大伯円を尊敬していて、稽古をつけてもらっていた。うまく読めば養父がにこにこ笑ってくれる。成功の噂を聞けばよろこんでくれる。大伯円と小伯円は、芸を通じて、情緒的な感情のつながりを持って思い合う本物の家族となった。伯円にとって初代は誇らしい大切な父であり師であった。家庭というものとは違うかもしれないが、幼年時、養子にだされて以来、養家にうとまれ、最初の師に追いだされ、行き場のない人生を送ってきた伯円にとっては、やっと得た暖かな炉端であっただろう。

伯円が大伯円から譲り受けたもののひとつにさきにも述べた『雲霧』（別名『享保白波五人男』）というどろぼう講談がある。

『雲霧』は、大仕事を終えた大盗、雲霧仁左衛門《くもきりにざえもん》が配下のものにそれぞれ稼ぎを分配し、盗賊をやめてまっとうな商売をはじめるように命じ、解散するところからはじまる。それから七年、一番の子分、木鼠吉五郎は呉服屋を経営して繁盛している。幹部のひとり、おさらば小僧伝次も搗《つき》米屋《こめや》をしてまっとうに働いている。仁左衛門自身は、吉原の女郎屋、桔梗屋の主人におさまっている。しかし、洲走熊五郎、因果小僧六之助は、分配金を遊びと博打に使い果たし、悪事をもくろんでいる。このふたりの暴走が、仁左衛門らをまきこみ、ついには、雲霧一味のあとを追いつづけた名奉行大岡越前によって捕らえられ、鈴ヶ森の刑場で磔獄門に処される。

本話《これ》は即ち小生《わたくし》が本家本元で専売特許物と申しても宜しかろう歟《か》と存じます其理由《わけ》は抑今《そもそも》を去る三十四年前故人に相成升《まし》た初代松林亭伯円（是は私の師父で御座います）が第一の得意と致した世話講談で有まして江戸と申した往時《むかし》初代伯円が此雲霧の講談を差し出し升《ます》時には八町四方の寄席を悉《ことごと》く潰して終つたと云ふ位一時大喝采を得た話で御座います夫れを私が親子の間ゆゑ師父の病中に口移しを受けまして二十年来師父の口真似を致し諸方の席に於て読古し升《まし》た

（『雲霧』鈴木金輔、明治二十三年）

「口移し」とは、相手が語るのを聞いて、そのとおりに口真似し、口から口に覚えることである。じっさいは『雲霧』を演じる際、伯円が参考にしていたのは初代の高座だけではなかった。「斬る伯円に斬られ一夢」（円玉「『私』の思ひ出話」「国民新聞」昭和四年五月一日付）といって、初代伯円は斬るところ、初代一夢は斬られるところの呼吸が絶妙といわれていた。伯円は、「自分の調子から考へて人を斬る処は初代伯円を真似ずに却つて此一夢の斬られる方の呼吸を学び、得意の享保白浪五人男の中鈴ケ森で雲霧仁左衛門が因果小僧六之助を殺す処など、雲霧の斬る方は何とも云はずに、いきなり六之助がバツタリ前へ倒れ、左の手で右の肩口を押へて「アツ頭ア」と斬られた方を演出したのは、即ち一夢の行き方でした」（円玉「『私』の思ひ出話」「国民新聞」昭和四年五月一日付）という。さまざまな高座を参考にし、みずからあみだした手法を用いて演じていたのである。

だが、明治二十三年、この『雲霧』が速記本として刊行されるとき、伯円は、師父から受け継ぎ、数十年間守りつづけた「天下一品の白波講談で御座います」と晴れやかに宣言して物語をはじめている。作品も天下一品なら、伯円の伎倆も一品で、のちに銀座亭の女将は、伯円が『雲霧』を読んだとき、伯円の妙技に聞き惚れて、中入り前に茶をいれねばならなかったのに、何度も茶をいれそこなったという。

伯円が得た団欒は、たった一年で天災によって破壊されることになる。

安政二年十月二日、江戸の町を大地震が襲った。世にいう安政の大地震である。

地震発生時、伯円は京橋三十間堀の重松の夜席で講演の最中であった。そろそろ終盤というときに、ドーン、ドーンとすさまじい地鳴りがし、稲光が走った。その瞬間、ものすごい揺れがきた。

あっと思ったときには、壁が崩れて、頭上に落ちてきた。伯円はとっさに釈台の下に頭を隠した。しばらくして、弟子たちが声をかけてきた。体に落ちかかっていた瓦礫を払いのけて頭をだして見渡すと、重松は半壊していた。

心配なのは養父母の安否である。こういう場合、金がなくてはどうしようもない。瓦礫のなかから帳場にあずけた財布を捜していると、無事であった重松の主が、事情を察し、その日の上がりの天保銭をつないであったのを数えもせず、ぽんと渡してくれた。

伯円は、羽織、縮緬の二重の着物に、博多帯という高座用の上等ななりをしていたが、羽織をたたんで懐に入れ、尻端折りし、浅黄の手拭いでほおかむりして、火を吐き、瓦礫と化した街に飛びだした。

京橋三十間堀から向島小梅までおおよそ七キロ。伯円は、大通りから日本橋まで駆け抜けた。町は大火に包まれ真昼のように明るかった。逃げ惑う人々や、炎や瓦礫に道をふさがれ、あちこちさまよいながら、明け方近くになって、ようやく小梅の庚申塚にたどりついた。知らぬうちにあちこち傷を負って血まみれになっていた。

だが、目指す家は完全に倒壊していた。そして、瓦礫の前からお春の「お父《とっ》さん、お父さん」とよぶ細い声がする。伯円の姿をみたお春は、「二代目さんか」とよびかけ、「其処は通れないから、大廻りに廻ツて来て下さい」という。伯円が塀を乗り越えて家のところにたどりつくと、お春が呆然と立っている。

そして、伯円が駆けつけても、養父はもうにこにこ笑ってむかえてくれはしなかった。

初代伯円は梁に首を挟まれて死んでいた。お春は、取り乱すこともなく、地震にかこつけて体の自由がきかない夫に手をかけたと世間に思われるのが悔しくてそのままにして伯円が駆けつけてくれるのを待っていたという。奇妙な用心深さ。実父仙石左京を刑場で失い、心をすり減らして生きてきたがゆえの反応だろう。という主旨のことを、長谷川伸《はせがわしん》は『よこはま白話』（北辰堂、一九五四年）で述べているが、だいたい、そのままにしていたも何も、女ひとりの力では梁に挟まれた男の亡骸をどうすることもできはしなかっただろう。むしろ、自分だけ生き残って、梁の下敷きになった夫を救いだすことができない焦りと罪悪感が、芸養子の顔をみた瞬間に、いいわけじみたことをいわせたと考えたほうが自然だ。

ふたりは、どうにか梁の下から大伯円を引っ張りだし、むごい亡骸に取りすがって時を過ごした。

夜明けが近づいていた。どうしようもなく、崩れた家の近くでたき火をして朝を待った。日が昇ると、伯円は、お春をその場に残して養父をいれる棺桶を探しに行った。ところが、町にでてみると、棺桶どころか樽という樽はどこも売り切れている。ようやく入手できたのは油樽だった。それも六百文もした。かついで戻ると、着物が油だらけになったが、そんなことにかまっている余裕はなかった。はやく養父の亡骸を弔って、寄席のなかでも染川は倒壊をまぬがれたというから、養母をそこに避難させねばならなかった。

ちょうどそのとき、初代伯円の弟子だった円海という十六歳ばかりの少年が、大きな切溜《きりだめ》（漆を塗った木製の箱）を持ってあらわれた。体の不自由な師を心配してやってきたのだろう。円海は、お春と伯円に切溜を差しだした。

「兎も角も御新造之を召し上がツて下さい、若先生お上りください、まア第一にお師匠さんに上てください」（「松林伯円経歴談」『文芸倶楽部』第五巻第二号）

なかには握り飯が詰め込んであった。

この握り飯が、極度の緊張のなかにあったふたりの心を日常にもどした。お春は、「お師匠さんは握飯ところではない、アレ彼処に……」（「松林伯円経歴談」『文芸倶楽部』第五巻第二号）といって泣き崩れた。師匠の亡骸に対面して円海も泣きだした。

泣きながら、伯円とお春は円海が持ってきた握り飯を食べた。

うまかった。

「今まで生れて此方二人共此様な甘味《うまい》物は食べたことはあるまいと思ひました」（「松林伯円経歴談」『文芸倶楽部』第五巻二号）というくらい、ただうまかった。

腹ごしらえを終えた伯円は、円海とともに養父の亡骸を近くの曳舟川へ担いで行って体を清め、瓦礫から掘りだした伯円の古い浴衣に着替えさせた。それから油樽におさめたが、どうしても首が入らない。初代伯円は目を剥いたすさまじい形相をしていた。伯円は、養父の亡骸に、

「お父《とっ》さんや何うも仕方がありません、因縁ですから……今に御法事を立派に致しますから、何うか往生して下さい」（「松林伯円経歴談」『文芸倶楽部』第五巻第二号）

と告げて目をつぶらせ、桶からはみでた頭にほおかぶりをさせた。

伯円と円海は、油桶にそのあたりにあった木でこしらえた天秤棒をわたして担ぎあげた。焼き場に運ばれる夫を、お春は念仏をとなえて送った。

そののちお春は、元柳橋で野田という待合を経営した。「野田のお春さん」（『文芸倶楽部』第十一巻第四号、明治三十八年三月一日）といえば、よく知られた女であったという。伯円は最後まで息子としてお春に仕え、大切に世話をしたということだ。

第2章

どろぼう伯円

三幅対のどろぼう　小団次・黙阿弥・伯円

師父を亡くしたのち、伯円はどうしたか。

地震で寄席の建物の多くは損壊し、人々も暮らしの立て直しに追われて娯楽どころではなかった。伯円は、講談のネタを探してしばらく駿河の国を旅した。

そうしているうちに、江戸の町は復興の建築ラッシュによる好景気をむかえた。商人、職人らの懐が暖まれば、娯楽に費やす余裕も金もでき、当然、寄席の客も増える。商売のチャンスである。伯円は江戸に駆け戻った。面白いほど儲かった。

しかし。

それから三年ほどたった安政五（一八五八）年の九月半ばの夜、伯円は、大川にかかる永代橋の欄干に手をかけ、冷たい秋風に吹かれていた。

復興のための好景気は儚かった。なんといっても時勢が悪かった。もともと嘉永六（一八五三）年の黒船来航からこの方、世情は不安定だった。安政五年、大老井伊《いい》直弼《なおすけ》による尊王攘夷派の粛清、いわゆる安政の大獄がはじまり、さらに、コレラが流行した。夜ともなると人々は厄を避けて閉じこもり、好景気の夢はたちまちしぼんで、江戸市中は人気も絶えて寂寥としていた。

加えて八月八日、十三代将軍徳川家定《とくがわいえさだ》の喪が発せられた。五十日間の鳴物停止の令がくだり、寄席亭も芝居小屋もどこも営業を停止した。

わずかな好景気のあいだに稼いだ金はまったく身につかず、悪い遊びに消えていた。悪習が身に沁みるのははやい。好景気が去っても、伯円は飲む、打つ、買うの三拍子そろった放蕩にふけっていた。もともと、酒も博打も女遊びも嫌いではない。程なくのめり込んだ。のちの伯円を知る人は「何しろ遊んだ人ですから武家は勤りっこない」(「松林伯円の一生」『明治百話』)という。べつに遊びがたたって武士を捨てたわけではないが、伯円の豪勢な遊び振りが強く印象に残っていたのだろう。

女房にも見限られた。このころの伯円の妻は、小間物屋の娘でお照といった。伯円を見込んだお照の父親が、家を普請し世帯道具を揃えて、娘と新所帯を持たせてくれたが、婿のこの行状をみて絶望し、伯円の留守中に娘を連れ帰り、家と家財一式は借金のかたに売ってしまった。伯円が帰ってみると、女房どころか家まで自分のものではなくなっていた。

やけになった伯円は、麻布に賭場が立っているときいてでかけていったが、つきに見放されてあり金残らず擦ってしまった。妻と家をなくしても目が覚めない者が、持ち金をなくしたくらいで賭博の魔性から逃れられるはずもない。

伯円は、芝西久保の友だちの家に行った。適当な嘘をつくと、その友だちは、羽織、袴、小袖に刀の大小まで貸してくれた。してみると、「友だち」というのは武家で、当時まだ伯円のことも武家扱いしていたものか。それはともかく、あろうことか伯円は、友の信頼と心づくしを、そっくりそのまま質に入れて金に変え、その金を握って賭場に戻った。そして、その金もすっかりなくし、着物までとられ、まさに裸一貫になった。

この借り物について、伯円は、もうしわけないことをしたと悔いながらも、不義理が恥ずかしくて、ついに詫びに行くこともできなかった。

人の親切と信頼を裏切って、すべてをなくし、ようやく熱がさめた。下帯姿でなじみのそば屋に駆けこんだ。今度こそ、みずからの行いを反省した。年老いたそば屋のおやじは、いろいろ意見したあと、さすがに裸では困ろうと、十二、三歳の少年が着る弁慶縞の浴衣をくれた。伯円は、もらった浴衣を着て、しばらくそば屋の端にうずくまっていた。さすがに前非を悔いた。悔いたとはいえ、まさに裸一貫になってしまって、いまさらどうしようもない。これ以上恥をさらすより死のうかと思った。

夜になると、つんつるてんの子供用の浴衣を着た二十五歳の大男は、町に人気がないのを幸い、夜陰にまぎれてふらふらと外にでた。もう死ぬしかないと思い、大川を目指し、永代橋まで来た。せめて親に別れの挨拶をしたいと思った。伯円の実の両親、手島助之進夫妻は、隠居し、深川木場でそれなりに裕福な暮らしをしていた。だが、このなりで会いに行っても親に恥をかかせるだけだとあきらめた。どれくらい本気で自殺を考えていたかわからない。だが、冴えた月明かりのもと、橋の上に立って冷たい夜風に吹かれているうち、死神に手をひかれた。飛びこもうと橋の欄干に手をかけた。その瞬間、地面に何かきらりと光った。拾ってみると二分銀であった。

二分銀はさほど高額な貨幣ではない。現代の価値に換算すると五千円くらいのものだ。だが、たとえば、妻に逃げられ、知らぬ間に家も処分され、友だちをだまして得た金も賭け事でなくして身ぐるみはがれ、いきつけのそば屋で恵んでもらったぴちぴちの子供用のTシャツを着て、今まさに川に飛び込んで死のうというとき、五千円札が風に吹かれて足下にまとわりついたら、仏のめぐみ、神の差配、運命の意思を感じはしないだろうか。伯円も感じた。

「待てよ！　金に窮《こま》ツて、今死のうといふ時に、思ひもかけず二分といふ金を拾ふ！　コリヤ、まだおれの運は尽きちやアゐねエ！」（佃雨叟「講談聞書　命諸共拾った二分金（小団次と伯円）」『演芸画報』第二十一年十号、昭和二年十月）

小説風に書かれた雨叟の文章では、「二分銀」が「二分金」に変わって幸運が誇張されている。円玉の「私の思ひ出で」（『新小説』第三十一年六号、大正十五年六月）でも二分金になっている。金になると、五千円がにわかに二万円に跳ねあがる。

円玉もこの話を伯円からじかに聞いたに違いないのだが、思い出は、いくども語り、語り継がれるうちに物語と化して、創作が加わる。果たして、本人がいうのが本当か、弟子が語るのが本当か、いちいち違いを述べるのも煩瑣であるので、『当世名家蓄音機』（関如来編、文禄堂、明治三十三年。初出は「緑蔭茗話　松林伯円」「讀賣新聞」明治二十九年五月二十一日から五月二十七日連載）に収録された伯円自身の談話を優先する。

死神が落ちた伯円は、自分が空腹であることに気がついた。拾った二分銀を持って橋の向こうの茶飯屋に入り、店のおやじに、おずおずと二分銀を差しだして飯を頼んだ。一気に二、三杯の飯をかき込んだ。

腹がふれると、生きる気力が沸いてくる。釣り銭の三百文を握りしめて夜道を歩きながら、そうだ、小団次に泣きつこうと思いついた。

四代目市川小団次《いちかわこだんじ》、屋号高島屋。このとき、四十七歳。名脚本家河竹黙阿弥《かわたけもくあみ》（黙阿弥の名は明治十四年の引退後名乗った。このときは二代目河竹新七。便宜上、黙阿弥で統一する）と組んで、役者として円熟の時をむかえていた。

小団次は、小男で、体の割に顔が大きく、その顔立ちも美男というのではなかった。この外見的な欠点に加え、その経歴は泥沼から這いあがるような苦難にみちていた。典型的な晩成型の苦労人である

永井啓夫《ながいひろお》『市川小団次』（青蛙房、昭和四十四年）によると、小団次の父は、高島屋栄蔵といった。役者ではない。市村座の火縄売りをしていた。火縄売りとは、劇場をおとずれる一般客に煙管の火だね用の火縄を売る仕事である。あわせて客の整理や、時には駕籠かきや馬の足といった端役の役者の代わりをしてわずかな金をもらう、芝居小屋の下級の労働者であった。母は、伊豆国の半農半漁の中流家庭の出身で桜井かねという。夫と死別して江戸にでて高島屋栄蔵と結ばれ、小団次（当時栄次郎）をさずかった。

当時、市村座の経営はうまくいっておらず、小団次は幼いうちから魚仲買屋に奉公させられた。順調に奉公をしていたが、母がおなじ市村座で働く男と姦通し、失踪した。市村座に居づらくなった父は、家財を売り払って、小団次をつれて大坂にわたり、知己であった市川伊達蔵《だてぞう》に頼み込み、息子を弟子入りさせてもらった。小団次は米蔵の名をもらい、役者として歩みはじめた。たやすい道ではなかった。小団次のキャリアは、子供芝居の地方まわりからはじまった。役者の家系にうまれたわけではない小団次とおなじような境遇の者に、浮かびあがる途は、はじめから閉ざされているに等しかった。

家系を持たぬ俳優の地位はみじめだった。相当の才能があっても、役を与えられる機会に乏しく、従って世間に認められることもなかった。また、贔屓筋による財力の支援もないため、名題役者に昇進することが「天に上る」ほどの大きな出世と考えられていた。このような環境が下級俳優を次第に無気力にし、その多くは師匠に隷属して享楽的な生活に甘んじていた。
（永井啓夫『市川小団次』）

という。小団次は、しかし折れずに努力を重ねた。彼は、すぐれた運動神経を持っていて、やがて見事なケレンで人気を得はじめた。

弘化元（一八四四）年、大坂で四代目市川小団次を襲名。その三年後、ついに江戸に帰還を果たした。そして、河竹黙阿弥と組んで、人気の頂点を極めた。

黙阿弥もまた苦労人で、十九歳で五世鶴屋南北《つるやなんぼく》の門に入って狂言作家の道を歩みだしたが、病を得て中断したこともあり、その後、三十九歳まで泣かず飛ばずの不遇時代を過ごした。ふがいない我が身を嘆いて橋から身を投げようとしたことさえあった。天保十四（一八四三）年、二代目河竹新七を襲名し立作者となった。

若かりしころの伯円にとって、小団次は英雄だった。まだ調林《ちょうりん》を名乗っていた時代、小団次の芝居がある日、自分の高座を終えるとすぐ、猿若町（現在の東京都台東区浅草六丁目。中村座、市村座、森田座の歌舞伎劇場の江戸三座があった）の芝居小屋まで走って行った。そして、登場した小団次に「お天道様──ッ」と歓声を浴びせた。日陰の道を這いあがってきた小団次にとって、毎日つづく「お天道様」の歓声は心に残った。気になった小団次は、ある日、若い衆に命じてあとをつけさせ、歓声のぬしが売りだし中の若い講談師であることをつきとめた。小団次は、翌日やってきた伯円を楽屋に招き、礼を述べ、以降、親交を結ぶようになったという。

伯円にとって、調林の無名時代から、盛名を築いた芸人として交流するようになった小団次だが、もちろん、立場や年齢の差もあり対等な友人というのではない。

飯屋の釣り銭を握りしめて、夜道、小団次が住む浅草猿若町へ向かった伯円だが、家が近くなるにつれて足が重くなった。「何分にも気が咎めて往けませんから、其腹で中島屋といふ船宿をあてに足を運びだしました」（関如来編『当世名家蓄音機』）という。

船宿中島屋の主人、三五郎は猿若町の顔利きであった。伯円はまず三五郎をたずねて、小団次に口をきいてもらおうというのである。それでも、零落した今のなりでは恥ずかしかった。すぐに戸をたたくことができず、朝になって人がでてくるまで、蚊に刺され、足をしびれさせながら店先に立って待った。朝になって三五郎の妻が戸を開けにでてきた。彼女は店先に立ったみすぼらしい姿の男をみて、乞食が立っているのだと思い、追い払おうとした。伯円は、あわてて声をかけ、室内に入れてもらった。

三五郎と対面した伯円は、まず、着物を一枚こうた。子供用の浴衣姿ではまともに話すこともできない。三五郎は伯円に着物を一枚だしてやった。芝居の暖簾でつくった紅殻染《べんがらぞめ》の袷《あわせ》だった。

伯円の話を聞いた三五郎はすぐに小団次のところに向かった。

伯円の顔をみると、小団次は、何もいわず伯円に糸織の袷と下着に三升繋の単衣をくれた。それからおもむろに意見をし、今後の相談をした。

ただ金をやるような無礼なことはしない。芸人であるからには芸で稼ぐのだ。その手助けをしてやろうというのである。

しかし、将軍家定の服喪中で寄席はすべて閉まっている。小団次は、猿若町二丁目の茶屋、三田屋の女将をよんで頼んで、二階で伯円に講談をさせることになった。ビラが貼られた。宣伝に鳴り物は使えないから、地味な客寄せであったが、当日は、うなるように客が集まった。御停止《ごちょうじ》中で客も娯楽に飢えていたということもあっただろうが、小団次の口利きで、役者の澤村訥升《さわむらとつしょう》、その弟の澤村田之助《たのすけ》、市村羽左衛門《いちむらうざえもん》が、伯円に合力して客寄せに一役買ってくれたこともあった。

木戸銭はひとり天保銭一枚。天保銭といえば、公式額面は百文だが、実質の価値が伴わないで、混乱を引き起こした悪貨として知られるが、実際はなかなかに重宝な通貨であった。明治になっても庶民のあいだで流通していた。

それにしてもなつかしい天保銭! あの小判形の大きな天保銭! その時分には、それ一つ投り出して簡単に買えたものが沢山にあった。一銭には二厘足りないので、馬鹿者、うつけ者の渾名《あだな》に使われたが、実際はどうして! なかなか便利な通貨であった。豆腐、蕎麦のもりかけ、鮭の切身、湯銭、そういうものがすべてそれ一枚で間に合った。

(田山花袋『東京の三十年』岩波書店、一九八一年)

花袋《かたい》が追想しているのは、彼が本屋の小僧をしていた明治初年のことだが、現代感覚に置き換えれば、こども感覚の百円玉と、おとなのワンコイン五百円玉の中間程度の使い勝手であった。そのときの伯円の講演は、「毎日毎晩一ぱひの大入」(関如来編『当世名家蓄音機』)をとり、興行収入は、天保銭を積みあげて、二十五両にもなったという。一両をざっと四千文として、天保銭を公式額面とおり百文としても、計千人の集客があったということになる。

そして、将軍の服喪期間が明けた十一月、伯円は名誉挽回をかけて、浅草聖天町《しょうでんちょう》（現在の浅草六、七丁目。ちなみに浅草聖天町は池波正太郎の生誕地）の都鳥という席を借りた。満を持した講演は、初日から満員で、それが数日つづいた。これでやっていけると自信を取り戻した矢先、吉原で火事があった。

吉原は火事の多い町であった。明暦三（一六五七）年の営業開始から明治維新までのあいだに、十八回も全焼している。安政の大地震のあとだけでも、文久二（一八六二）年、元治元（一八六四）年、慶応二（一八六六）年の三度にわたって全焼している。人生に絶望した遊女が付け火をするのだともいわれた。ただし、店が燃えても、町が全焼してしまえば遊女たちは「仕事」を休むことはできなかった。町が全焼すると、楼主らは、町が再建されるまで、江戸市中の料理屋や、茶屋、商家などを借りて仮宅《かりたく》といわれる仮の営業所をもうけて抱えの遊女たちに仕事をさせることができた。仮宅は廓の外に構えたが、吉原からさほど離れていない繁華街、浅草は最適だった。広さと立地を見込まれて、都鳥も間借りをもちかけられた。都鳥の亭主は、さきに伯円と約束していた二階を、伯円に相談もなく、ある楼主に高額で貸すことを決めてしまった。突然約束を反故にされ、興行の場所を失った伯円は抗議した。小団次も怒って伯円に加勢し「直《すぐ》にも断ツてしまへ」（関如来編『当世名家蓄音機』）と断じ込んだ。困った亭主は機転をきかせて、近くの長屋を五軒（つまり五部屋）ぶち抜きで貸り、代替えの会場として伯円に提供することになった。

急ぎ簡単な改装をすませ、いざ開場。

その日、客席は髪油と粉黛《ふんたい》の甘い薫りに満ちていた。常ならば男客ばかりの殺伐とした講釈場は、この日ばかりは若い娘たちに満たされて色あでやかに花咲き乱れる風情。彼女らは、伯円の講釈を聞きにきたのではない。なんと、若手の花形役者、澤村田之助と市村羽左衛門が、下足番をつとめてくれたのだ。常ならば、化粧された舞台顔しかみることのできない役者の素顔をおがめるとあって、女客がわんさか押しかけた。そんなことも宣伝となって、数日間の伯円の講演は大成功、空前の大当たりとなった。

興行が終わると、伯円は世話になった小団次らを招いて、山谷の八百半で祝儀の宴席を設けた。宴が果てると、役者を連れたきらびやかな総勢二十四人で千住小塚原の若竹楼に繰りだし、その夜は思うざま散在して遊んだ。

小団次は、何気ない会話にも機知があって粋だった。伯円はしばしば、

「小団次は粋な人だよ、こんな事をいったぜ」（円玉「古今名人譚」『芝居とキネマ』第一巻第二号、一九二四年二月）

と、弟子たちに小団次との思い出を語って聞かせることがあった。

ある夜、伯円は小団次の宅で飲み過ぎて台所近くの女中部屋に転がった。伯円が小団次の家に寝泊まりさせてもらうのはよくあることだった。小団次が、そんなところではなく自分の部屋で休むよう勧めると、伯円は、夜、水を飲むから台所が近い方がよいといった。すると、小団次は、

「左甚五郎《ひだりじんごろう》じゃあるめえし」（関如来編『当世名家蓄音機』）

といって笑った。明治維新の上野戦争の折に焼けてしまったが、かつて上野東照宮の撞楼堂には左甚五郎が彫った龍があった。それが、夜ごと、池の端に水を飲みに行くという伝説があったのをもじったのだ。

ある旧暦の六月、熊谷組打の場を演じた小団次は「鎧着て志ばし忘るゝ暑哉」（関如来編『当世名家蓄音機』）と詠んだ。それを聞いた伯円は、夏場に鎧を着て立ち回りを演じれば、暑いはずなのに、それを忘れるというのは「あんまり飾り過ぎていやア志ませんか」ととくに考えもなくたずねた。すると小団次は、「先生《あなた》にも似合はない、狂言の中《うち》ア決して暑い事ア思はぬ者で、あとで鎧を脱いでから、団扇であふがれる時に、はじめて暑いといふ事を知るものサ」といった。一本とられた伯円は悔し紛れに「あふがれていよ〳〵暑き団扇哉」と返した。

市村座で「佐倉宗五郎」が上演されたとき、小団次は宗五郎の伯父僧侶の光善を演じた。その光善が宗五郎の妻子を助けようと祈りを捧げる場面で、小団次が舞台で誦した経がいかにも尊げで感動をうんだ。それを観ていた伯円は、幕を終えると、すぐに小団次の楽屋へゆき、

「親方、何うしてお経を覚えました、立派な商売人だ、素人とは思へない、一体彼のお経は阿弥陀経かそれとも普門品ですか」（円玉「私の思ひ出で」『新小説』第三十一年八号、大正十五年八月一日）

とたずねた。すると小団次は、

「あれがお経に聞えるかえ、あれはお経ではないよ」

といって声をあげて笑った。お経ではなく、若い人たちの悪口、つまり、薪車（市川門之助）、澤村田之助、河原崎権十郎（のちの九代目市川団十郎）のことをいっているのだという。なんといっているのですか、と伯円が重ねてたずねると、小団次は「薪車高慢田之増長、権十いまだなまだ〳〵」といっているのだとこたえた。

また、若いころ伯円は酒癖が悪かった。酒に酔うと暴れるので、同席者は、伯円が酔いはじめると倦厭《けんえん》して近づかなかった。ところが、小団次の前にでると、なぜか酔っても猫のようにおとなしかった。それで小団次は長いこと伯円の酒癖を知らなかった。

ある夏の日、小団次は深川へ遊びに行こうと伯円を誘った。屋形船を仕立て、芸者衆を入れて、賑やかに吾妻橋から隅田川を下った。その途中、伯円はしたたか酒に酔った。

近くにあった桃を取って、小団次にいった。

「水中玉取りの曲を御覧に入れます」（円玉「私の思ひ出で」『新小説』第三十一年八号）

そして、ざぶりと川に飛び込んだ。小団次は、まさか伯円が泥酔しているのだとは気がつかず、酔狂な座興と思って芸者衆とともに囃し立てた。ところが、水に飛び込んだ伯円は桃を持ったままぶくぶくと沈んでゆく。驚いた小団次は、「早く助けてやつてくれ」と叫んで船頭に助けを求めた。船頭はすぐに裸になって川に飛び込み、水中の伯円を引きあげた。伯円はげぼげぼと水を吐きだした。が、それでもまだ酔いがさめていなかった。

「親方、何故わたしを引き上げなすつた、これから玉取りの一曲を見せ様とした処を引き上げら

れた為めに芸をすることも出来ねえ、もう一遍飛び込む」（円玉「私の思ひ出で」『新小説』第三十一年八号）

といって再び飛び込もうとする。船頭と小団次でなんとかいさめて、無事深川までつれて行った。小団次にとっても一生の記憶に残る出来事であったらしい。

　これは伯円玉取の曲と云つて小団次生存中よく此のことを話して、伯円さんの芸は命がけだと云つて笑つたさうです。（円玉「私の思ひ出で」『新小説』第三十一年八号）

　この時代、どろぼう講談、白浪芝居は観衆の心を奪い、世の人は役者の小団次を「どぼろう小団次」、狂言作家河竹黙阿弥を「どろぼう新七」そして、伯円を「どろぼう伯円」とよび、この三人を、「どろぼう三幅対《さんぷくつい》」と称して熱烈に愛した。

小団次は、みずからの役者としての素質を引き立てる演目を講談の世話物に見いだしていた。黙阿弥と相談して台詞まわしからチョボ（義太夫による伴奏）を入れるタイミングまではかった緻密な演出を作りあげた。伯円は、そんな小団次のいわばどろぼうネタのシンクタンク、いわば相談役として重きをおかれていたと誇る。

　家の内の事は申すに及ばず、芝居に係つた事なぞ、まるで顧問官見た様な者でした、ですから小団次《たかしまや》の狂言で、村井長庵、鼠小僧、天狗小僧、雲霧仁左衛門其外およそ盗賊《どろぼう》にかゝツた事は、みんな私が考へ出したんです（関如来編『当世名家蓄音機』）

「みんな」というのは伯円の考えすぎだ。

たとえば、小団次と黙阿弥の競作の代表作のひとつである『鼠小紋東君新形《ねずみこもんはるのしんがた》』（安政四年一月十四日の市村座正月興行の初日）も伯円の「鼠小僧」の講談に着想を得た作品だといわれていた。円玉も、「安政の初年狂言作者河竹新七後の黙阿弥が演劇《しばい》に脚色《しくみ》、猿若町二丁目の市村座に於て『鼠小紋東君新形』と云ふ名題て、故小団次が鼠小僧を致し、先代菊五郎が蜆売《しじみうり》の三吉を勤めたのが好評で、六十日間売切つたと云ふ、大層な景気であつたさうで御座います、此の鼠小僧を演劇《しばい》に脚色《しくみ》ました元は、伯円の講談を黙阿弥が聞いて筆を執つたもの（後略）」（「鼠小僧」『娯楽世界』三巻四号）であるといっていた。ところが現在、「鼠小僧」伯円原作説は、今岡謙太郎「『鼠小紋東君新形』ノート——伯円『天保怪鼠伝』との比較を通して」（『歌舞伎　研究と批評』10、一九九二年十二月十五日、歌舞伎会）や、渡辺保『黙阿弥の明治維新』（岩波書店、二〇一一年）ですでに否定されている。

しかし、「みんな」と伯円が考えたのも無理からぬことで、「鼠小僧」だけでなく、伯円の『雲霧五人男』は『龍三升高根雲霧《りゅうとみますたかねのくもきり》』（文久元年初演）となり、黙阿弥の脚本で小団次が演じた白波物にも、安政四（一八五七）年『網模様燈籠菊桐《あみもようとうろのきくきり》』（小猿七之助）、文久二年の『勧善懲悪覗機関《かんぜんちょうあくのぞきからくり》』（村井長庵）など、当時伯円が大当たりをとったどろぼう講談と時期と内容が重なる。流行といってしまえばそれまでだし、もともと講談のネタに使われる素材で、演者の純粋な想像力によってうみだされたものはほとんどない。民間伝承であったり、草双紙に書かれた物語であったり、時には市井の噂であったりする。また、戯作の世界にもどろぼうを描いたものはあり、黙阿弥が師事していた鶴屋南北も鼠小僧を書いている。だから、伯円と黙阿弥が同時期におなじ主人公を取りあげたからといって、かならずしも、どちらかを、あるいは互いを参考にした証拠にはならない。

講談と歌舞伎、どちらが卵でどちらが鶏か。どれだけの影響関係があったのか。

脚本や上演の記録が残る歌舞伎に対し、話芸は、高座が終わってしまえば泡のように消えてしまう儚いものであったから検討が難しい。そのネタがはじめて高座にかけられたのはいつなのか、どのような内容であったのか、信頼のおける情報はないに等しい。現存する講談速記も、初演から二十年以上の歳月を経たものであり、無数にあるヴァリアントの最大公約数ともいえるものでしかない。ひとりで物語を組み立て、セリフの逐一を書きだす必要もなく、人と共有する必要もなく、物語を練り終えたその日にでも、張扇一本持って高座で披露できる講談の講演スタイルは、脚本が決定されるまでいくどとなく協議され、決まってからも大がかりな舞台装置を準備し、大勢の役者を動員せねばならない芝居よりもずっとフットワークが軽い。観客の反応をみてその場で方向転換したり微調整することも簡単だっただろう。かりに狂言作者がその日の高座の内容を参考にしていたとしても、講談のほうに比較検討できる素材が残っている可能性は低い。

とはいえ、伯円と黙阿弥が互いの創作にまったく影響し合わなかったはずがない。まして「どろぼう三幅対」には交流があった。利害抜きにしても演者、創作者同士の建設的な会話、芸相互のゆるやかな協力関係は当然あっただろう。黙阿弥がのちに、伯円のオリジナルである『天保六花撰《てんぽうろっかせん》』を題材に戯曲化していることを考えても、それがいかに、登場人物の名前と設定だけを参考にしているのだとしても、黙阿弥が伯円の作品を無視していたということはありえない。

講談と歌舞伎について、岡本綺堂《おかもときどう》はこんなエピソードを記している。ある日、黙阿弥と仮名垣《かながき》魯文《ろぶん》が一緒に寄席に講談を聞きにいった。すると、高座にでていた講談師が、あてこするようにふたりの方を向いて、「この先生方もわたくし共の話を聴いて、御商売の種になさいますので……」といった。黙阿弥は、むっとして席を立った。魯文はただへらへら笑っていた。綺堂の結論はこうである。「実際その当時の戯作者や狂言作者が寄席の高坐から種々の材料を摂取していたのは、争いがたき事実であった。唯その人情話や講談のたぐいを小説化し又は戯曲化する場合に、どれだけ自己の創意を加えるかは、その作家の技倆如何に因るのであった」(「寄席と芝居と」『綺堂随筆　江戸のことば』河出書房新社、二〇〇三年)。

当事者たちにとってはどうであったろう。本歌取りの本歌とされるほうも、本歌のイメージを踏まえて、自分の芸術の世界を発展させるほうも、もちろん無断で行えば道義に反することになるだろうが、認め合った相手ならば、お互いにとって、むしろよろこばしいことだったのではないだろうか。自分の分野ではできない、あるいはやらない演出を、相手の分野にみることができ、また、流行ればお互いの宣伝にもなる。

岡本綺堂はいう。「寄席の高坐で売込んだものを利用するという一種の興行策である。講談師や落語家も自分の読み物を上演されることを喜んだ。これも一種の宣伝になるからである。要するに、寄席と芝居と、たがいに持ちつ持たれつの関係で、高坐の話が舞台に移植されたのである」（「寄席と芝居と」『綺堂随筆　江戸のことば』）。どちらが先と目くじらを立てるまでもなく、ゆるやかな共生関係が成立していたのだ。

どろぼう三幅対の一角、小団次は、江戸が終わる直前、慶応二（一八六六）年五月に死去した。五十四歳であった。伝説によると、その二カ月前に布達された「万事濃くなく、色気なども薄く、成るだけ人情に通ぜざるやうに致すべし」という幕府からの達しに、これではもはや世話物を演ずることはできないと絶望し、もともと体調が優れなかったのもあいまって、鬱状態になって死んだという。お達しが名優を殺したというのが伝説であったとしても、激変してゆく時代に、歌舞伎の未来に大きな不安を抱えながらの死であったに違いない。

小団次の死に接した伯円の思いはどこにも残されていない。おそらく失われた日記には何かしらの思いが綴られていたことだろう。

リアリティーの勘所

名優亡きのちも、どろぼう物の人気はおさまる気配がなかった。
創作家としての伯円の才能は、書物の埃のなかに埋もれ、巷にちらばったぼろを集め、新たに独創的な布をつむぎだす大胆で緻密な構成の力にある。そして、物語を再構成するだけでなく、独自の取材に基づいた新しい情報を盛り込んで、物語にさらなる新味と信憑性をあたえていた。「鼠小僧」では、かつて世話になっていた若林屋敷の東隣に住んでいた人物を鼠小僧の物語に登場させた。筒井政憲《つついまさのり》である。

演者伯円杯《など》は極く若年の時、筒井君に呼ばれまして、裏二番町の御邸敷《おやしき》へ出た事があります、其頃は演者もホンノ潜《もぐり》の山の手稼《かせぎ》の講釈師で、碌《ろく》に芸名も附《つけ》ない時分、筒井君の御屋敷へ屡々《たびたび》出で、色々の事を教へてお貰ひ申しました、其時は丁度八十二歳でお出《いで》なさつたので、町奉行ではなく、西丸御留守居といふ楽な御役を勤めて、二千石を領し給ひ、まだ御壮健のやふに見受ました
（『天保怪鼠伝　下』大川屋書店、明治三十年）

筒井は、安政六（一八五九）年六月、八十二歳で亡くなっているから、伯円の言葉を文字通り

にとれば、死の直前に知己を得たことになる。ただ、伯円は筒井と交流したのを、「山の手稼ぎ」の頃というが、安政元（一八五四）年にはすでに二代目を襲名していた伯円が、安政六年の段階で「潜」であったというのは無理がある。おそらく実際に伯円と筒井との交流がはじまったのは、伯円が本当に「潜の山の手稼の講釈師」であった、若林家に引き取られた嘉永四（一八五一）年から、伊東潮花に弟子入りした嘉永六（一八五三）年の二年のあいだのことだろう。

伯円は、勘違いしているが、筒井は、南町奉行を十八年つとめあげ、ちょうど鼠小僧の事件があったころも町奉行の要職にあったが、実際、鼠小僧を捕縛し、獄門台に送ったのは、筒井ではなく、月番に当たっていた北町奉行の榊原忠之《さかきばらただゆき》だ。

「鼠小僧」に筒井が登場するのは、治郎吉の罪をかぶって自首した熊三の取り調べを行なう場面である。それだけのことだが物語の登場人物と語り手が実際に知己の関係であったということは、観衆と物語の距離をぐっと縮め、親近感と信憑性を高めるレトリックとなっただろう。

伯円は、鼠小僧について三ツ森の安という遊び人に聞き取りも行っている。円玉によると、安は江戸のころ、賭博で捕らえられ入牢した。そのとき、おなじ牢に鼠小僧がいて、安におのれの人生を懺悔したというのである。

地道な実地調査も行っている。『講談落語今昔譚』（関根黙庵、雄山閣、大正十三年）によると、当時、伯円は、浅草弁天山の昼席にでて、夜席には四谷の荒木亭に出演していた。この時代のことで、昼席を終えてから、浅草から四谷まで歩いて移動するのである。たいだい、八、九キロメートル。休憩せずに歩けば、約二時間の距離。ひとり歩きはさすがに退屈であったのか、伯円とおなじように浅草と四谷の席を掛け持ちしていた花井晴山という同業の男と連れ立って歩いた。伯円は、下町はいいが、山の手にかかったら毎日違った道を歩きたいという。山の手とは、麹町、芝、麻布、赤坂、四谷、牛込、小石川、本郷など、江戸城西側の高台の土地をさす。大半は武家地で、無骨な気風を残し、下町に暮らす町人などには、揶揄をこめて「のて」とよばれていた。晴山は請われるままに道を変えた。伯円は道すがら、地名や、通りすがりの旗本や大名の屋敷について聞いてメモをとった。晴山にはなぜ伯円がこんなことをするのかわからなかったが、のちに、「鼠小僧」を読むのを聞いてはじめて合点がいったということだ。

彦根藩江戸藩邸で育ち、若き日を番町の若林家に暮らした伯円にとって、山の手は馴染みのない土地ではない。雰囲気や事情は、それなりに知っていただろう。だが、講談にするという視点で、あやふやな記憶に頼ることなく山の手の隅々まで歩いたのだ。

こうしてみると、伯円が、鼠小僧の真実の姿と、事件の実態を調べていたかに感じるが、伯円が求めていたのは、真実ではない。速記本『天保《てんぽう》怪《かい》鼠《そ》伝《でん》』(大川屋書店、明治三十一年)を読めばわかることであるが、伯円の鼠小僧は、妖術を体得していたり(妖術の設定は、盗みの具体的な手段を庶民に広めないためともいわれている)と、それほど現実的な人物ではない。芸とするうえで、自分が鼠小僧という存在をいかに解釈し、いかに表現するか。いわばリアリティーの勘所をさがしていたのであって、学術的真実は必要なかったのである。

実地調査に鍛えられた伯円の講演には、臨場感があった。

ある日、円玉は高座で「四千両黄金白浪」という御金蔵破りの話を読んだ。富士見の御宝蔵の金を盗みに向かうため、盗賊ふたりが九段の坂をのぼるのを表現するのに、「神田鍛冶屋町を出て九段かゝり、阪を上り切つて御掘に付いて右へ切れて」と喋るのを聞いていた伯円は、円玉が高座をおりるのを待って、「アンナ事では世話物は読めないぜ、些《すこ》しも凄味が利かない」と声をかけた。「牛ヶ淵を左に見て爪先上りに九段坂を登り、田安の御物見を横に白眼《にらん》で、御堀に付いて左に切れ番町を出外れると、市ヶ谷月桂寺の九ツの鐘が聞えました、オイ兄い大分空が悪くなつた一降かゝるぜ」こう演ずるように勧めた。「お前のやうに只ポク〳〵九段を上つては面白くない彼処には牛ヶ淵と云ふ宜い道具があるぢアないか、其れを云はないと勿体ないよ」（辰巳老人「世話物の凄味」『娯楽世界』三巻七号、大正四年七月）。

実際に歩いて得た体感的な土地の傾斜、客に、土地や距離感をイメージさせるに適した地図上の知識の配置。こうしたリアリズムが、たとえ物語が荒唐無稽だとしても伯円の講演に観客の共感に足る臨場感を加えていた。

菊は栄える葵は枯れる

かつて江戸庶民は、半睡《はんすい》、まどろみの夢のなかに生きていた。その夢は何でできているかといえば、芝居である。講談の人気ももちろんその流れのなかにあった。三田村鳶魚《みたむらえんぎょ》はいう。

江戸の民衆は常に歌舞伎芝居と密着してゐて、家庭のみならず日常生活まで舞台と楽屋とを融和した中に棲息してゐたのだから、お芝居と離れることはない。従つてお芝居の気味は何処にも横溢してゐる。講釈が八百八町の人気を浚つて行く程な景気ではあつても、其中にお芝居気味を十分に持つてゐるからである。

（三田村鳶魚「泥棒伯円」『苦楽』臨時増刊号、四巻十号、昭和二十四年八月）

お芝居の気味に生きること。ものみなすべて芝居に追いやる。すると重苦しい現実は、芝居の、夢のかなたに消えてしまう。

日常に芝居を流し込むため、庶民はしばしば自分たちで芝居をやった。幕末から明治、素人芝居、いわゆる茶番の流行ぶりは、落語の「蛙茶番」や「権助芝居」で伝わる。落語「花見の仇討ち」も茶番をネタにした一種であろう。長屋の仲良しで、花見に行くことになり、周りの連中を驚かせてやろうと、往来で仇討ちの芝居をすることにする。周囲の人々を驚かせることには成功したが、困ったことに、助太刀してやろうといいだす奇特な者があらわれた。仇討ちをとめるはずであった六部役の友人はあらわれず、助太刀の男は白刃をひらめかして迫る。もはや現実と芝居が混淆している。

それにしても、伯円が大当たりをとっていた江戸末期、なぜ、夢の素材として庶民はそれほどにどろぼう物を求めたのか。

河竹黙阿弥《かわたけもくあみ》の義孫にして研究者河竹繁俊《かわたけしげとし》は、どろぼう物の流行を、幕末の無警察状態の時代を反映したもの、世話物の題材として扱っても勧善懲悪と言い張れば比較的取締りがゆるやかであったこと、そして、作品として観客を満足させるスリルを持っていたからだと指摘し、黙阿弥のどろぼうを主人公とした生世話物は、当時の現実社会を写し、「士農工商の各階級の様相・矛盾、吉原の生活と実相、それらをめぐる義賊・強盗・巾着切り、無頼漢や遊び人、毒婦など、それに加えて当時の本能主義、刹那主義、官能美、惨酷趣味など、崩壊直前におかれた封建社会の時代相がことごとく反映されて」（『河竹黙阿弥』吉川弘文館、昭和六十二年）いるという。

また、どろぼう人気の原因について、渡辺保は黙阿弥が鼠小僧に用いたいくつかの言葉を拾い、大衆が漠然と幕府に敵対する勢力や西洋列強によって国家を盗まれる不安を感じていたのではないかと推測している。

深層はそうかもしれない。だが、表面的には庶民はもっと短絡的だ。みずから逃げ場として選んだ夢に不安や悲惨をまぎれこませはしないだろう。江戸末期のどろぼうの流行を追憶して、三田村鳶魚はいう。

時勢は実に不思議なもの、泥坊趣味とでもいふか、泥坊を悪く思はずに、却て快心な、いゝ気味なものに、ナツかしいやうに感じる。江戸の末期の舞台に現はれる泥坊は悉く好男子、女惚れのする風采を持つてゐる。泥坊を風采ばかりでなく、心持ちまで美化させてゐる。それを庶民が喜ぶ。それは何故にと説明する段になると咄《はなし》は長くならう。泥坊講釈が人気を集め、泥坊芝居が見物の大入りなので、優に時勢の好みを立證して余りある勘定

（三田村鳶魚「泥棒伯円」『苦楽』臨時増刊号、第四巻第十号）

この泥棒たちは、まさにアウトローのヒーローである。庶民は、ある時代の終末にふさわしく退廃的なものを求める一面で、人々は、どろぼうに不穏な時代、暗い日常、鬱屈した気持ちを打ち破る、悪事はするが格好よくて人情深い、アウトローのヒーローの物語を希求したのである。こわれかけた世のなかで、人々は連日、どろぼうの話を聞き、どろぼうの芝居をみて、ありえぬ救済を夢に取り入れて浮かれていたのである。

だが、そうして薄氷を踏むように保たれてきた平穏の日々にも、ついに本当の崩壊の日がくる。

安政から万延《まんえん》、万延が一年で終わって、文久に改元されたころ、時代は、崩れおちるような勢いで変わろうとしていた。政争の中心は江戸から京へ移り、京では日夜血で血を洗う粛正とテロリズムのあらしが巻き起こっていた。それに比べれば、江戸はずっと平穏だった。

だが、そんな江戸でも、乱世のにおいをまとう異質な存在が庶民生活に紛れ込むようになっていた。得体の知れない浪士組がうろつきはじめたのである。

とくに伯円の印象に残っているのは新徴組《しんちょうぐみ》である。

新徴組とは、文久三（一八六三）年一月、清河八郎《きよかわはちろう》が結成した浪士組の片割れである。浪士組結成にあたり清河は、将軍家茂《いえもち》の上洛の警護のためと幕府に届け出て許可を得ている。しかし、いざ京に到着すると、ひきいてきた隊士らに尊皇攘夷実行を説いた。つまり幕府に対し叛旗をひるがえすことを勧めたことになる。それに反対して、清河と袂をわかった近藤勇《こんどういさみ》、芹沢鴨《せりざわかも》らの一派と、清河に従った一派があった。近藤勇らの一派はのちに新撰組となった。清河に従った約二百名は、尊皇攘夷の先鋒として動きだそうとしたその矢先、動きを察した幕府により江戸によび戻された。江戸に戻った清河が、幕府見廻組の佐々木只三郎《ささきたださぶろう》らに暗殺されたあと、取り残された隊士らは、幕府によって吸収、再編成されて新徴組となった。その後、庄内藩のあずかりとなり、江戸市中警護の役目についた。

伯円が新徴組の屯所に近い両国の寄席で講演していると、この新徴組連中もたまに聞きに来た。黄平の羽織に襠高袴《まちだかばかま》、風体ですぐにそれと知れた。怖いので、「旦那、旦那」と敬して遠ざけていたが、芸人などにはとても優しかったという。しかし、それでも怖かった。

文久三（一八六三）年四月のことである。伯円の先輩の講談師、柴田南玉《しばたなんぎょく》の二代目正流斎南窓《しょうりゅうさいなんそう》継承の祝いが両国の中村楼で行われた。伯円は、南玉を実の兄のように慕い、南玉も伯円を本当の弟のようにかわいがっていたから、当然伯円も祝席につらなっていた。

そのとき、招かざる客があらわれた。黄平の羽織、白木綿の着物の襟に朱で「報国尽忠」と四字を分けて書き、仙台平、あるいは川越平の袴を着けた七人の武士。新徴組の連中である。

七人の先頭にいた伍長だという人が、

「今日は柴田南玉が松風《ママ》齋南窓といふ大家の名を継がれて其名弘めとして江戸有名の諸先生が集会すると聞き何んぞ面白いこともあらうかと暫時拝聴に罷越《まかりこ》した」（『横浜奇譚　米櫃　一名小僧殺』日吉堂、明治三十年）

といって、五両の祝儀をだした。祝儀をもらえば招いてもいない、しかも、みるからに剣呑な連中に乗り込まれてありがたいはずもない。だからといって、追いだす勇気もない。一同はじっと耐えた。

どうするつもりであったのか、伍長が女中に半紙を一帖買わせて、短刀を抜いて半分に切った。それだけの仕草でさえ、みている伯円はぞっとした。

彼らは、結局、暴れるでも脅すでもなく、祝いの席で催された講談を二席、踊りを一番みて、「大いに御馳走」と述べて行儀よく帰った。それでも、異相の浪士集団というのは、庶民にとってひどく威圧感があった。

このときの伍長というのが、のちに講談にもなった祐天仙之助《ゆうてんせんのすけ》（新徴組での名乗りは山本仙之助）である。祐天仙之助は武士ではなく、もとは甲州の侠客であった。先祖代々受け継がれた行儀のよい、毒気の抜けた武士たちとは違い、野生の殺気と野心による妖気を漂わせていたに違いない。規律を知らない人間が武器と武力を持って徒党を組めば、どのような結果になるか想像に難くない。新撰組は局中法度をさだめ、そむけば切腹の鉄の掟をもって隊士をしばったが、新徴組はそこまで凝縮された組織ではなかった。祐天仙之助も、たまたま同隊内に侠客時代に殺害した対立組織の用心棒の息子がいて、北千住の遊郭で遊んで、見世をでたところを斬殺された。


江戸幕府の終焉に、いち庶民として立ち会った伯円の体験を述べるため、以下、時局の話を交える。

そんな庄内藩と新徴組が守る江戸の町だが、慶応三（一八六七）年年末になると、とりわけて治安が乱れだした。武装した盗賊団が江戸市中で放火、暴行、掠奪を繰り返すようになったのだ。商家に押し入っては、御用金を召しあげると称して、家人に暴力をふるい、金を略奪するこの盗賊団は、御用盗《ごようとう》とよばれた。

御用盗は、混乱した時代を反映した自然発生的な武装強盗団ではなく、その登場には大きな政治的背景があった。

慶応三年、薩長から仕組まれた朝廷の威を借りた武力による倒幕工作の罠を、時の将軍徳川慶《とくがわよし》喜《のぶ》は巧みに回避していた。十月十三日に薩摩藩と長州藩に下された倒幕の秘勅に対抗して、慶喜は、日をうつさず翌日十四日には大政奉還を奏上し、二十四日には将軍職を辞してしまう。討伐の理由は失われ、秘勅は凍結された。

そこで、武力でもって幕府を壊滅させたい薩摩藩は、挑発行為にでた。西郷吉之助《さいごうきちのすけ》（のちの隆《たか》盛《もり》）は、益満休之助《ますみつきゅうのすけ》（薩摩藩士）、伊牟田尚平《いむだしょうへい》（薩摩藩重臣の家臣）、相楽総三《さがらそうぞう》（下総・現茨城県の郷士出身の尊皇攘夷派の志士）に密命を与え、三田の江戸薩摩藩邸（東京都港区芝五丁目）に尊皇攘夷派の浪士らを集め、御用盗を組織、江戸市中で暴力と強盗を繰り返させた。

江戸市中の治安を守っていた庄内藩は、配下に新徴組を借り受け、賊の偵察を命じた。新徴組は、賊の黒幕が薩摩藩であることを摑み、江戸薩摩藩邸を見張った。そこで門外にでてきた賊と新徴組で小競り合いがあった。賊は門内に引き返したが、十二月二十三日夜、新徴組の屯所が襲撃をうけ、おなじ日、江戸城二の丸が炎上した。江戸城はもともと火事が多く、二の丸は、文久三年十一月の火災で本丸御殿とともに焼失しており、慶応元（一八六五）年に再建されたばかりであった。であるから、このときの火事が薩摩藩子飼いの浪士がやったと完全にはいい切れないのだが、火事のタイミングはあきらかに彼らの犯行を示唆していた。

将軍は京にいた。江戸留守居の幕閣は制裁を決定。幕府がフランスから招いていた軍事顧問団のフランス陸軍砲兵大尉ジュール・ブリュネが薩摩藩藩邸攻撃の作戦を練った。十二月二十五日、庄内藩を中心とした幕府軍で、薩摩藩邸を包囲し、賊の引き渡しを要求したが、拒絶され、ついに戦端を開いた。開戦後、わずか三時間で薩摩藩邸は炎上した。

この焼き討ちの日、近所のおとなたちが戦争がはじまったと家財をまとめて逃げ支度にかかっていたところ、友だちとつれだって戦さ場見物にでかけた十一歳の少年がいた。のちに伯円の弟子、松林伯知《しょうりんはくち》となる安政三年うまれの柘植正一郎《つげしょういちろう》である。生家は日本橋人形町の呉服屋三河屋だが、この事件のとき、家の都合で、家族ともに麻布で暮らしていた。富裕の商家で大切に育てられたがゆえの天衣無縫か、三の橋（南麻布二丁目から三田五丁目に至る古川に架かる橋）から小山（麻布十番四丁目）あたりまででてきた。三田の戦場は目と鼻の先である。三の橋から薩摩藩邸までは直線距離にして約一キロメートル。こどもの目ならば焼けくすぶる戦場のかなり細部まで視認できただろう。はじめは平気で方々を飛び回っていたが、ふと、道ばたの四斗樽のなかから、生首が三つ転がりでているのをみつけた。近隣の残敵掃討が行われたあとであったのかもしれない。伯知少年は急に気味が悪くなって家に引き返した。

ちなみに、西郷からこの御用盗の組織をはじめ、幕府側の挑発行為を命じられていた三人、益満休之助は焼き討ち事件のときに幕府に捕らえられ、処刑されるところを勝海舟《かつかいしゅう》によって助命され西郷への軍使として利用された。そして上野戦争の際、謎の流れ弾にあたって死亡している。相楽総三はその場は逃げおおせ、のちに赤報隊を組織、倒幕に尽力しようとするが、皮肉にも「偽官軍」として「官軍」に捕らえられ、斬首された。伊牟田尚平はほかのふたりよりやや長生して、明治二（一八六九）年、強盗殺人の罪で捕縛、斬首されその首は晒された。

京の状況は、十二月九日に王政復古のクーデターが断行され、徳川家は新政権から排除されることが決定。追い打ちのように翌十日、慶喜に対し、辞官と領地の返還が求められた。慶喜は、このような状況下でも恭順の姿勢を貫き、臣下をなだめながら実行することを約束し、大坂城へさがった。

慶喜は、新政府に国家運用能力があるとは思っていなかった。恭順の姿勢を示しつづけ、相手に朝廷の名を冠した武力行使の口実を与えなければ、いずれ、国政は新政府から徳川に戻ってくるはずであった。しかし、ことは計画通りにはいかなかった。

大坂城には、主戦派の将兵がつめていた。京を守護し、徳川のために戦いつづけていた会津、桑名の両藩の藩主、藩士らや、新撰組や見廻組といった歴史の暗部で血煙を立ててきた人士がいた。まず暴発をおさえねばならなかった。そこに届いたのが、薩摩藩邸焼き討ち事件の一報である。大坂城の世論は討薩に沸騰した。このとき、慶喜が何を思ったのかはわからない。だが、歴史の歯車はもはや止められなかった。

明けて慶応四（一八六八）年元日、慶喜はついに討薩表を発し、二日、京に向けて一万五千の軍勢をさし向けた。対する新政府軍はわずか五千。いかに新政府軍が武器の性能で勝るとはいえ、三倍の敵に抗せるとは思われなかった。しかし、幕府軍は各戦場で劣勢を強いられた。そして、鳥羽伏見の戦いとよばれる京郊外での戦闘で幕府軍は大敗を喫し、数日であっけない終結をむかえた。

正月六日、幕府軍はすでに敗色が濃かった。だが、兵器の性能は格段に劣るとはいえ、残存兵力もじゅうぶんで、将兵の意気も軒昂であった。しかし、慶喜は、城の兵たちに徹底抗戦を説いておいて、夜半、会津藩主松平容保《まつだいらかたもり》、桑名藩主松平定敬《まつだいらさだあき》と老中板倉勝静《いたくらかつきよ》、おなじく老中酒井忠《さかいただ》惇《とし》をともなってひそかに城を脱し、大坂湾に停泊中の幕府軍艦開陽丸で江戸に帰還した。戦場で死力を尽くし、傷ついた兵士たちは見捨てられたのである。

そもそも討薩表をだしたはじめから、慶喜の出兵は茶番だった。戦場に「錦の御旗」が掲げられる以前から、慶喜には戦う意思などなかったのである。

いかなる信念、計略があったにしろ、道義的にだけ考えれば、慶喜は、自分をあるじと定めて命をかけて戦う兵士たちをだまし、裏切り、トップだけの保身をはかった最悪な君主である。

だが、伯円は慶喜を高く評価していた。生涯口癖に「徳川を興した家康公より潰した慶喜公の方がエライ」（森暁紅「どろぼう伯円」『文芸倶楽部』第十七巻六号、明治四十四年四月）といっていた。

鳥羽伏見の戦い敗戦後、上野の彰義隊の壊滅までを読んだ、伯円の「上野の戦争」（『有喜世の花』第十六号から第三十四号、明治三十一年一月から十月）は、慶喜が薄汚れて単騎で江戸城に帰城した一月十二日の場面からはじまる。慶喜をむかえた城の者たちは、その意図がわからず、多くは、兵をたてなおして再び上京する計画と思った。

現実にも、江戸の武士はみな、この江戸でもう一戦あるに違いないと覚悟を決めて待ち構えていた。もうすぐ籠城戦がはじまるのだという緊迫感が巷にもあった。

伯円は江戸城外郭の各所の見附（見張り番屋の役目を持った陣地）をみてまわった。江戸城にはおもなものだけでも三十六の見附があった。牛込、市谷、四谷、赤坂、溜池、山王台、浅草、柳原……。伯円がみる限り、どこにも大砲が据えられ、戦いの準備がなされていた。

しかし、江戸に戻った慶喜は抵抗せずに恭順を指示する。大坂から従わされてきた会津藩主松平容保、桑名藩主松平定敬は鳥羽伏見の戦い開戦の責任を受けて登城禁止の処分を下された。

さきにも述べたように伯円は慶喜を評価していた。しかし、高度な政治工作など理解できない、または関係がない大概の者にとっては、慶喜は、戦うこともせず、部下を見捨てた卑怯者である。伯円は、せめて講談のなかで、慶喜に弁明の機会を与えるべく、慶喜が天璋院《てんしょういん》と対面する場面を設けている。天璋院は、薩摩藩から嫁いできた十三代将軍徳川家定《いえさだ》の御台所、正妻であった人だ。慶喜にとって義祖母にあたるが、まだ三十歳の若さであった。

「上野の戦争」では、激しい強さを秘めた賢婦人として造形されている。彼女は、戦い半ばで戦場を捨てて帰るような人間が将軍ではもはや徳川の天下は保ち得ないと思い、場合によっては慶喜を殺害する覚悟で待ち構えている。そして、一月十八日、面会にあらわれた慶喜に、天璋院は戦場を捨てた理由を問い、もし考えがあってのことだとしても、自分が薩摩の出身ゆえに疑って打ち明けてはくれないのかと詰め寄った。

慶喜は語った。

江戸に帰還したときは軍勢をたてなおして再び戦いに戻ろうと思った。そもそもこの戦は自分が起こしたことではなく、薩摩が叛乱を起こしたのである。だが、つらつら考えるに、錦の御旗を持ちだされ、朝敵となるのも祖先に申し訳ない。何より、内戦を機に、欧米各国が日本を奪うようなことがあってはならない、と考えて抵抗をあきらめた。もし、それでも官軍が徳川を討とうと江戸に兵を進めるならば、速やかにこの一命を捧げて罪を謝そう。それで天下の動乱を鎮め、天皇の御心を安んじ、億万の民を助ける。王政復古がなって、国が富み、兵強く、諸外国と対等の地位を得る。そんな世がきた時には、徳川家も祖先の功績の余得までに、封土をいただければ、家名も安穏、臣下も無事。だが、もし自分が徹底抗戦を決意すれば、この後、十年、二十年のあいだ内乱がつづき、多くの人命が失われ、国は荒廃し、やがては外国の奴隷となって恥辱を地球上に流すことになるだろう。なんと愚かしいことだろう。それを思えば、徳川一家滅亡の如きは、小事も最も小事である。こう考え、恭順して官軍の意欲を折り、朝廷に願って細々ながら家を残してもらい、女君（天璋院）をはじめ、徳川一門の命を安んじようと思うのである（伯円が読んだ慶喜の天璋院への返答は、武家が朝廷に変わって政権を担ってきた歴史にまでさかのぼって言及しており、長文におよぶので、要約した）。

現実の慶喜の政治的態度については、賛否両論、毀誉褒貶《きよほうへん》もろもろである。だが、伯円は、このときの慶喜の気持ちをこのように推測した。そして、自分が被るであろう非難を覚悟のうえで恭順の決定を下した慶喜をエライと思った。慶喜があくまでも恭順の姿勢をとったからこそ、江戸の壊滅戦は回避された。江戸は戦火に焼かれなかった。焼かれずに残ったからこそ、以後五十年、明治の世に江戸文明の余香が残った。

二月十二日、慶喜はあらためて恭順の姿勢を示すため、上野寛永寺に蟄居《ちっきょ》した。が、それでことがすむわけがない。十五日、新政府は、有栖川宮熾仁親王《ありすがわのみやたるひとしんのう》を東征大総督として江戸に向けて軍を発した。

開戦の日が近づくと、江戸から武士たちが減りはじめた。まず、新政府の命で、参勤で江戸表に詰めていた諸侯らが藩士をひきいて国許に帰った。同時に、高禄の旗本たちがそれぞれ地方の知行地へ追いだされた。

伯円は、旗本たちが江戸を去ってゆくのを、かつてみずからも暮らしたことのある番町に行って見物した。突如、屋敷からでて行くことになった旗本たちは屋敷のものすべてを運びだすことができず、先祖代々の秘蔵の品を門外に並べて二束三文で売った。伯円も、高麗縁《こうらいべり》の極上の畳や、総桐の箪笥などが、捨て値で売られているのをみたが、一向に買い手がつかない。こうした調度品が方々の屋敷から一挙に放出されて供給過多になっていたのと、買い手側にとっても、これから戦争になれば家財をおいて逃げださねばならない状況で、いくら安くとも高級家具をあがなう意欲など湧こうはずもなかった。

二月十八日には佐幕派の最大勢力、会津藩主の松平容保が、藩兵をひきいて国許に帰り、その三日後には庄内藩も、新徴組の隊士らを連れて江戸を去った。

その間も、東征軍は東海道を江戸に向けて下り、先鋒の西郷隆盛は、池上本門寺を本陣とした。江戸総攻撃は三月十五日と決定された。

江戸は決戦場となるか。

こうして舞台は、勝海舟と西郷隆盛の会談にうつる。実際は、この会談が行われたとき、すでに江戸開城の根回しはついており、勝と西郷の会談はパフォーマンスにすぎなかった。しかし、当時の講談においては、「是は市中の各席亭に於て講演をいたしまする時には、所謂喚物《いわゆるよびもの》と称しまして、講談の方では之を大山と云ふ、如何となれば天下の名士西郷隆盛君と勝義邦先生と応接をすると云ふ談話《はなし》でありますから、何の《こ》道素人威し、何となく面白さふに聴へまする、然れば演者なども斯いふ処は成丈《なるだけ》引張て置まして、愈々《いよいよ》品川軍門の応接は明晩――明晩になると又明晩と一夜でも先へ延ばすやふにして、聴衆の多きを好みまする」（「上野の戦争」『有喜世の花』第二十三号）という。結論を先延ばしして翌日も客を引きつけることができるような人気のある場面であった。それほどに江戸の運命を決した重大な会談と思われていたということになる。

会談は、三月十三日、十四日の連日にわたってもよおされ、結果、翌十五日にせまった総攻撃は回避された。

その間、慶喜は巷《ちまた》で何があろうと上野でひたすら恭順の態度を貫いた。それが内戦を拡大させない唯一の方法であり、みずからの命を保ったただひとつの道であった。「上野の戦争」によると、世の混乱を沈静化させるため、慶喜みずから触書を記したことになっている。勝と西郷の会談の結果、慶喜は、死罪をまぬかれ、故郷の水戸で謹慎することに決まった。

江戸城の明け渡しが行われた四月十一日、伯円は、早朝に家をでて、千住に向かった。人には物好きだと笑われたが、江戸を離れて水戸へ出立する徳川慶喜を見送るためである。千住宿は、江戸と水戸をつなぐ水戸街道の入り口である。慶喜はこの千住を通って江戸を離れ、水戸への道をたどる。

伯円が到着したころ、千住橋のあたりは、すでに最後の将軍と別れを惜しむ旗本、御家人らでいっぱいだった。伯円は河原に下りたが、そこも変わらずひとだかりがしていた。伯円が橋の方を見上げていると、いよいよ慶喜がやってきて、千住大橋のところで暇乞《いとまご》いの挨拶にでた者に何か言葉を返した。もちろん、伯円のところまでその声は届かなかった。だが、その瞬間、集まった者は一斉に平服して、ただ周囲からは洟をすする音が聞こえた。

その日から半世紀ほど過ぎた大正二（一九一二）年、慶喜は逝去した。このおなじ旗本、御家人たちは、すっかり老人になっていたが、慶喜の葬列が通る道ばたにムシロを敷き、棺を直視することなく首を垂れたまま念仏を唱えて葬列を送った。江戸から大正へ、暮らしに、政治に、文化に、嵐のような転変をもたらした五十年の歳月も、この男たちの心を底から変えることはなかったのだ。

慶喜が江戸を去ったこの日、榎本武揚《えのもとたけあき》は新政府軍に引き渡しを要求された麾下の軍艦八隻をひきいて江戸を脱した。あわせて、あくまでも新政府に抵抗をつらぬく覚悟の者たちが、戦場を求めて去って行った。将軍はじめ、幕府の方針が恭順であるのに、それにそむいて所属の隊を抜けた脱走兵である彼らを人々は「脱走」とよんだ。大鳥圭介《おおとりけいすけ》ひきいる伝習隊や箱根で転戦した伊庭《いば》八郎《はちろう》らの遊撃隊などがこれにあたる。

　将軍と入れ替わりに、東征軍本隊が江戸に入った。こうして江戸は、西からやってきた「田舎者」たちに占領されることになった。敗者の町として、江戸の占領期がはじまった。

　支配者と支配階級、治安維持組織を一挙に失った江戸の町は荒れていた。伯円によると、武家に仕えて、武力（腕力というべきか）を持った「こもの」たちが「其虚《そのきょ》に乗じて、歩兵或は旗本の仲間《ちゅうげん》、若侍などが、小窃《こぬすみ》、強談、追剥をいたし、又は妄《みだ》りに酒食をなして代価を払はず、又は商家に来たつて、僅《わずか》の事を辞柄《いいがかり》となし、酒手と號して金銭を貪り」（「上野の戦争」『有喜世の花』第十九号）という状況であった。チンピラ、ならずものがいいように暴れ回って、江戸の町は無法地帯と化していた。

「こもの」だけでなく、江戸に残った武士たちもすさんでいた。このころの江戸の殺伐とした空気は、のちに浪漫派の雑誌『文学界』を主宰した星野天知《ほしのてんち》の追想からも伝わる。星野は文久二（一八六二）年うまれ。江戸屈指の豪商につらなる一族の出身で、当時はまだほんのこどもだった。

　私が寺子屋入門の翌年が上野戦争で、それまで彼地此地の辻で斬合ひが毎日のやうでしたが、子供は噂を聞く計りでした。市中は何れも毎日見世戸を下ろして、隙間を少し明けて往還を見るのですが、途絶えた人通りの中を、偶に通るのは幕臣らしい人ばかり、或日五六寸ばかりの戸の隙間へ、一太刀斬付けられた犬が訇々《こうこう》鳴いて逃込んで来た。続いて抜刀の侍が戸口に佇むで、其犬を逐出せと叫んで居る。私は可哀そうだ、御免ようと絶叫して泣出したら、侍は忽ち居なくなつた。犬など斬るのは贋侍ひだと思つた。

（星野天知『黙歩七十年』聖文閣、昭和十三年）

星野の体験は、人心の荒廃とともに、あるじをなくした武士たちの情緒の不安定さをうかがわせる。先祖代々、三百年近い歳月、疑いもせずに捧げてきた忠義の対象と生活の支えを突如、根こそぎに失ったのだ。混乱し、過去も未来も見失って刹那にならざるを得なかった。

昼でも往来を歩く人もなく、町は寂れた。「斯《かく》の如き兇徒が横行いたすので、何となく江戸市中の人心穏《おだやか》ならず、花の大江戸と云ふは名ばかりにして、世間一体寂々寥々として、白昼の往来さへ心を安じがたく」（「上野の戦争」『有喜世の花』第十九号）、江戸の家、土地を売り払って他所に移ろうという人も多くいたが、当然、買い手はまったくつかなかった。

このありさまで、だれも娯楽どころではなかった。寄席に立ち寄る人がいても、「劇場、寄席等も僅《わずか》にやつて居りましたが、チヤンと木戸銭を払つて、沈着《おちつ》いて聴いて居る人は希にして、多くは無銭で飛込み、若し木戸銭の催促でもすれば、息成素葉抜《いきなりすっぱぬき》をして威すなどといふ、実に乱暴極まる所業でありまする」（「上野の戦争」『有喜世の花』第十九号）という状況だった。

これでは、まともな人は寄席に行こうとなどはしない。伯円の商売も寂れる一方だった。

もちろん、新しく江戸を掌握した新政府勢力も治安回復につとめた。だが、いまだ戦時でもあり、そのやり方は強引だった。

ある夜、伯円は伝馬町の美吉野という席で、まばらな客を前に夜席を終え、席亭が気を利かせてだしてくれた振る舞い酒をひっかけ、ほろ酔い機嫌で、深夜、当時自宅があった本所元町に歩いて帰った。両国橋にさしかかったとき、「官軍」の検問にあった。検問をしいていたのは福岡藩（黒田藩）の藩兵であったという。福岡藩は幕末の藩内政争で佐幕派と尊皇攘夷派が徹底的に殺し合い、このころには人材が払底し、兵の質もきわめて低かったという。

伯円は、自分は講談師であり、席を終えて住まいに帰るところだと告げたが相手は納得しないで番所に引っ張っていこうとする。江戸の番兵ならば、おそらく呼吸を心得て粋にはからってくれたにちがいない。「田舎者」の強引な態度に、かっと頭に血がのぼった。加えて、もちまえの酒癖の悪さである。

「乃公《おれ》は天下の記録読みであるのに、呼び止めて取り調べるとは実に奇怪千万である」（空板生「講談師笑武談」『文芸倶楽部』第十巻第十五号、明治三十七年十一月）

いったついでに、番兵のひとりを蹴りつけたともいう。相手も気が立っていたのだろう。伯円をとらえ、裏に連れて行ってすぐに首をはねるという。

さすがに伯円も酔いがさめた。

「何分にも口で稼業を致す私の事故、悪《にく》まれ口でもございましたらうが、何卒御勘弁を願ひます」（小野田翠雨「松林伯円の談話」『文芸倶楽部』第六巻第三号）

ひたすら謝ったが許してもらえなかった。そこに、顔見知りの店主がたまたまとおりがかった。伯円は船宿をやっている義弟のところに、福岡藩の隊長が宿泊していることを思い出し、よびに行ってもらって窮地を救ってもらった。

首をはねる云々はおどしではなく、命が助かった伯円は幸運だった。『戊辰物語』（東京日日新聞社会部編、岩波書店、一九八三年）には、柳家小さんの談話で、「官軍も詰まらないいいがかりをつけてよく町人を斬った。抜き身で二町も三町も追いかけられて余りこわいので知らない家へ飛び込むと、それなり玄関で絶命したなどという話はざらにある。肩に錦の布《きれ》をつけているので「錦ぎれ」と呼び、いったいにひどく毛嫌いした」と記されている。

その「官軍」の証しとして肩につけた錦の布をとる「錦ぎれ取り」が市井の喝采を浴びた。江戸っ子たちは、いばりくさって居座る「田舎者」が、支配者顔をしているのが許せなかった。そんな江戸庶民たちの占領下の鬱屈や、自分たちの文化を踏みにじられる屈辱感を託され、徳川の復権を願う武士たちを吸収したのが彰義隊《しょうぎたい》だ。

彰義隊はもともと、上野に蟄居した徳川慶喜の実家である一橋家（慶喜は水戸家のうまれである が、御三卿の一家である一橋家へ養子にいった）の有志の家臣らが、慶喜の助命と復権のためにつくったつどいからおこった。当初は、「官軍」と一戦を交え、徳川の世を復興するという考えはなく、ただ、裏切り者の薩摩藩の討伐を目指していたが、やがて庶民たちの期待が組織を変質させた。彰義隊は、新政府への抵抗軍として上野に立てこもった。

当時、彰義隊はもてた。「色にするなら彰義隊」とうたわれたように、色町で、水茶屋で、商家で、彰義隊といえば、男たちには頼りにされ、感謝され、女たちには驚くほどもてた。

じつをいえば、彰義隊には人気を当てこんだ雑多な人間が加わり、忠義をつらぬこうという志ある武士だけの集団ではなかった。伯円も「上野の戦争」で彰義隊に加わったある髪結いの男のことを語っている。彼はちょうど家業が面倒になっていたところだったので、仲間に入れてもらおうと上野へ駆け込んだ。立てこもっていた者たちは、髪結いが一緒にいれば便利だろう、くらいに考えて仲間入りを許した。その髪結いは、その日から二本差しをして、大きな顔をして、いい気分で町を闊歩していた。伯円の前座を読んでいた講談師で彰義隊に加わった者もいた。大きな顔で挨拶にきたという。こうした男たちはいざ戦闘がはじまると蜘蛛の子を散らすように逃亡した。彰義隊の人気につけ込んだこうしたやからも多く、庶民に迷惑をかけた。

慶応四年旧暦五月十五日、新暦七月、上野に立てこもっていた彰義隊と新政府軍のあいだに戦闘がはじまった。

伯円は、上野広小路（現中央通り）のあたりまでやってきて、いくども「官軍」からどなられながら戦いの様子を観察した。

当時の上野広小路は、料亭や商店が建ち並ぶ繁華街であった。黒門を挟んで彰義隊と、攻め手の主力である薩摩藩兵が戦ったため、上野戦争で一番の激戦地となり、料亭は、新政府軍に占拠され、銃撃や砲撃の攻撃拠点として利用された。

そんな激戦地に一般庶民が立ち入ることができたのかと疑問に思うが、開戦直後には包囲が厳重ではなかったのか、庶民の出入りがあった。たとえば柴田宵曲《しばたしょうきょく》の『明治風物誌』（筑摩書房、二〇〇七年）には、高村光雲《たかむらこううん》の思い出が記されている。光雲自身は、知らせてくれる人があって前日のうちに戦争があることを知っていたが、雁鍋《がんなべ》の真裏に同門の弟子が住んでいるのを思い出し、夜明けとともに知らせに走った。雁鍋は、開戦後、上野山内を砲撃するため、大村益次郎《おおむらますじろう》の命で、二階に大砲を据えられ、砲撃拠点とされたといわれる（実際行われたのは二階窓からの射撃）料亭だ。光雲は、「弟子仲間の一人と大きな風呂敷を背負つて出かけた。池之端七軒町から西町の立花家の屋敷の前へかかると、溝渠《こうきょ》が開いて道路が一面の水だといふのは、連日の雨のためであらう。すでに銃丸はシュッ〳〵と音して頭上を飛び、異様な風体の武士が抜き身の槍を立て、畳をガンギに食ひ違へに積み、往来を厳重に警戒しつつあつた。二、三度途中でとがめられながら、杉山（引用者注・同門の名）の家に来てみると、夫妻は何も知らずに朝飯の最中であつた」という。

役者の五代目尾上菊五郎《おのえきくごろう》もいくさ見物をしたひとり。い組の刺子《さしこ》を着て火事見舞いのようななりをした菊五郎は、弟子ふたりをつれて、車坂の知人をたずねた。帰り、まだあいていた車坂の門をひょっこりくぐって上野の山に近づいた。すでに戦闘がはじまっていて、刀を抜いた兵士たちが駆けまわり、また、少し離れた戦場で弾丸が降り注ぐ気配がする。さすがに怖くなって引き返したが、車坂の門はすでに閉ざされていて、官軍が占拠していた。兵士が弾除けの畳を指して「人足々々、これを運べ」と命じられたので、二畳づつ運んで、くぐりから門外へだしてもらった。

このわずかあとには、銃撃がはげしくなり、民間人は現地に近づけなくなった。しばらくして砲撃がはじまった。

伯円は、「上野の戦争」が連載された雑誌『有喜世の花』に、一話読み切りでひとりの彰義隊士を紹介している。天王寺口を守って戦死した立花《たちばな》四郎《しろう》五郎《ごろう》という旗本だ。伯円は彼のために「鎧の虫干」（『有喜世の花』第七号）と題する一席を読んだ。じつに地味な物語である。立花は八百石の旗本で、ある日、家伝の甲冑や槍を虫干ししていると、主人が聞いているとは夢にも思わない、下男が出入りの植木屋と鎧をみながら「うちの主人のような貧弱な体ではこんな鎧を着たら歩くことさえできまい」とあざ笑っているのを聞いた。さらに槍をみて、奥方との夜の営みをあてこすった卑猥な冗談さえはじめる始末。日ごろは温厚な立花もさすがに腹を立てた。そこで、暴言を聞いていたとはみじんも感じさせぬ穏やかな風情で下男をよびよせ、何気ない様子で鎧を着せた。そして、やにわに槍をかまえ、許し難い暴言に、無礼打ちにするという。下男は重たい鎧を着たまま脱兎のごとく逃げだし、助けを求めて隣家の旗本屋敷に駆け込んだ。隣家のあるじは立花と友人付き合いをしていたから、逃げ込んだ下男に事情を聞いて、付き添って詫びさせに連れてきた。

立花ははじめから下男を手打ちにするつもりなどなく、生き死にの現場にのぞめば、重い鎧の重さなど感じないのだということを、体感させたかったのだった。

小禄の参加者が多い彰義隊のなかで八百石ならば隊長級であろう。しかし、『彰義隊戦史』（山崎有信著、隆文館、明治三十七年）に、立花の名はみつからない。この人物が、伯円の創作かどうかはわからない。ただし、日ごろ、軟弱と笑われていた江戸の旗本たちが、あの日、あの戦場で実によく戦ったという伯円の賞賛が底辺に感じられる。とはいえ、ほぼ無名の旗本の活躍だけでは話に華がない。

そこで伯円が創作とことわってまで活躍させているのは、榊原鍵吉《さかきばらけんきち》である。

上野戦争においてどんな行動をとったのか。伯円が本人にたずねると、榊原は、

「イエ私は上野へ這入《はいり》ませぬ、始終車坂の宅に閉籠《とじこも》つて慷慨《こうがい》の余酒《あまりざけ》ばかり飲んで毎日口惜《くやし》がつて居た」（「上野の戦争」『有喜世の花』第二十九号）

とこたえた。これは半ば本当、半ば嘘なのだが、いずれにせよ伯円は榊原が彰義隊に加わらなかったことは本人から聞いて知っていた。にもかかわらず、
上野の戦争に榊原先生が居ないと、何となく舞台が淋しうございますから、此講談には榊原を出して働かせますから、是だけは小説とお見遁《みのが》しの程を願上げます

（「上野の戦争」『有喜世の花』第二十九号）

「見てきたような嘘をつき」「扇で嘘を叩き出」す講釈師が嘘とことわって嘘をつくのである。江戸っ子の心情として嘘でもよいからここ一番榊原に活躍して欲しかったのか。

「上野の戦争」での榊原は、黒門口で、菅沼《すがぬま》三《さん》五郎《ごろう》とともに決死の闘いを繰り広げていたが、宮様が寛永寺から脱出するときには、数十人の手勢とともにとどまってしんがりをつとめた。そして、東征軍が侵入してくると、榊原は中堂脇から飛び出して、大音声に、

「我こそ榊原鍵吉なり、先刻より此処にあつて、汝等が来るを待事久し、我と思はん輩《ともがら》は、此首取て功名にせよ」（「上野の戦争」『有喜世の花』第三十四号）

戦国初期の荒武者よろしく名乗りをあげて、敵中へ斬り込み、乱戦のなかそのまま姿を消した。真実は、上野戦争で死闘どころか、後年、榊原は、「曾《かつ》て人を一人斬つた事がない」（玉林晴朗「剣客榊原鍵吉　二」『伝記』三巻六号、昭和十一年六月）といっていた。

しかし、榊原は戦闘に加わっていないが、まったく上野に入っていないわけではない。榊原は、次弟の勝次郎が小姓づとめをしていたことがある東叡山子寺の吉祥院の住職円中から、かねてから、ことあらば宮様を頼むといわれていた。そのため、戦闘がはじまると、車坂の道場から上野の本坊に駆けつけ、戦局不利をみると、上野《うえの》輪王寺宮《りんのうじのみや》一品《いっぽん》公現《こうげん》法親王《ほうしんのう》を根岸まで背負って落ち延びさせた。

上野戦争は、早朝にはじまって、日が暮れる前にはあっけなく終わった。戦死者、彰義隊二百六十六名、東征軍百名。戦闘時間わずか十時間。巻き込まれた民間人の死傷者も存在しただろうが、その数は記録されていない。

敗残兵に対する追跡は厳しかった。上野の逃亡兵を討伐するため、府中の手前で検問を行い、あやしい者が通ると、ろくに調べもせず、裏手につれて行って首をはねた。

その時分、改名披露の宴席に祐天仙之助ら新徴組に押しかけられて肝を冷やしたことがある柴田南玉改め正流斎南窓は、折悪しく親戚に用事があって、浅草広小路にでかけた。南窓は、南窓坊とみずから名乗ったように、坊主頭で、その日の風体は、西行笠を被り、黒の被布を着し、一見僧侶のようにみえたのが災いした。上野にも、彰義隊に味方した僧侶がおり、南窓が通ると、怪しまれ、たむろしていた新政府軍の兵士に捕らえられた。身分素性を問われ、南窓は自分が講談師であることを主張し、持ち物をすべてさらけだして説明したが、相手が南窓を僧侶と思い込んでいるから埒があかない。結局、まる一日抑留された。

上野戦争が終わって、江戸に残った旧幕府軍勢力は品川湾に戻ってきていた榎本の艦隊のみとなった。艦船にはすでに、箱根の戦闘で敗れた伊庭八郎ら遊撃隊の生存者を収容しており、包囲を突破してきた彰義隊の生き残り、鳥羽伏見の戦いから戻った幕臣の一部など、あくまでも反抗を貫く気概の者たちを吸収しつつあった。

その榎本艦隊に伯円は招かれたことがあった。

品川に停泊していた榎本艦隊の旗艦開陽丸の上級船員室に数日とどめおかれ、依頼をうけて読んだのは『三河後風土記』や『小牧山合戦』であった。

『三河後風土記』とは、徳川家の起こりから、家康将軍就任までを記した歴史書（偽書とも）である。『小牧山合戦』は、信長歿後の政権を決定した豊臣と徳川との戦さの記録だ。敗北したが、家康は、徳川が天下をとるのに、関ケ原の戦いにまして重要な戦いであったと重視していた。

徳川の世がまさに終わろうとするこの時、徳川の世のはじまりを讃美する書を読んでもらう。退屈しのぎでなどではありえない。船上の者たちにとって、まさにこの歴史のために、徳川のために命を捨てる覚悟を固める儀式のようなものであったろう。

そのとき、榎本は、こういって伯円を誘った。

「お前北海道へ行つて見る気はないか講談師は地理を知る必要があるから北海道も見て置くがよいよ殊に彼の地では次第によると戦争が始まるかも知れぬが実地の戦争も見て置いたら大いに講談の参考にならう」（「東京朝日新聞」明治三十八年二月十四日付）

榎本の誘いが本気であったのか、冗談であったのかはわからない。ただし伯円は真に受けて、「是非ともお供を願ひ度し」とこたえた。出航は八月二十一日という。

伯円は、家に帰り、妻にそのことを告げた。

このころの伯円の妻は、鼈甲屋の娘で踊りの師匠をしていた菊川錦蝶《きくがわきんちょう》といった。錦蝶は美人ではなかったが、江戸のころは、大奥にまで踊りの稽古にあがったといわれる才媛だった。伯円は、女好きだったが、無芸な女には興味がなかった。だから、伯円の宴席にはべる芸妓に無芸な者はひとりもいなかったという。

錦蝶はもちろん反対した。が、伯円の決意は固く、「講談の材料を集めるには少しは恐い思ひもせねばならぬ」といって、約束の二十一日、品川湾にでかけて行った。

しかし、もともと榎本の話が冗談であったのか、誘ったこと自体忘れてしまったのか、むろん、大事の前に伯円との約束など斟酌してはいられなかったのだろうが、覚悟を決めた伯円が港に到着したとき、艦隊は全艦すでに出航して、品川湾はもぬけの殻であった。榎本艦隊は約束の日の二日前、八月十九日にすでに出航してしまっていたのだ。伯円の幕末は、このがらんどうの海をみて終わる。

これが、伯円の体験した江戸の終焉であった。

明治の世で栄達の機会を求めなかった榊原鍵吉は、明治六（一八七三）年四月、浅草の左衛門河岸で、弟子たちとともに剣術興行を行なった。明治の世に無用の存在となってしまった剣術家らの身過ぎ世過ぎのためであった。間口十二間、奥行き十三間ほどの小屋を建て、高札をたてて宣伝した。この興行に、当時、浅草界隈の顔役にひいきが多かった伯円が助力したことから親しくなった。この剣術興行の参加者の呼び出しと名前触れは、調子が似合うからと講談師の前座が雇われてつとめた。若かりし日の四代目宝井馬琴も雇われた経験があったという。伯円の弟子のうちにも呼び出しをつとめた者がいただろう。

明治七（一八七四）年のある日、伯円の本所松井町四番地の家に、榊原が四十歳すぎとおぼしき士族の男をともなってやってきた。

伯円は、榊原を一間に通し、また剣撃のもよおしの相談に来られたのかと聞くと、榊原はそうではないといって、同行してきた人物を紹介した。

榊原が連れてきた男は、春山竹中重固《しゅんざんたけなかしげかた》といった。竹中春山は幕末、五千石の旗本の当主で、彰義隊に加わり、敗戦後は奥州の戦闘に参加し、さらに箱館まで行って蝦夷《えぞ》共和国の海陸裁判所頭取をつとめた。最後まで抵抗を貫いた気骨の人物であった。榊原は、

「有名なる竹中丹後守、入道して春山先生の末路である、即ちお前の講談の材料になつた人である」（「上野の戦争」『有喜世の花』第三十号）

と紹介して、このひとについて頼みがあるという。伯円は焦った。あわてて、

「近世史畧や上野の戦争を講演いたし毎度尊名を借用仕り、お断りはりを申さぬ段は甚だ失敬だが、御名誉に関するやうな事は決して口演いたしませぬ」（「上野の戦争」『有喜世の花』第三十号）

と抗弁した。春山は笑った。来訪の理由は、勝手に講談に登場させられた苦情などではなく、伯円の弟子となって講釈をやりたいというのである。講談師となって、大政奉還から鳥羽伏見の戦争、王政復古、上野の戦争、奥州の開戦、箱館の籠城戦、自分が経巡ってきた戦場のことごと

くを講談にして読みたいのだという。

旧幕府の高官であった者が、いくら世をはかなんだからといって自分に弟子入りを請うのは、さすがに了見が違うのではないかとはじめは戸惑っていた伯円も、それは面白いと思って弟子入りを承知した。たまたまやってきていた席亭の主人も、それならば、ぜひ自分のところで初講演を行って欲しいと切りだし、話を盛りあげた。

だが、いつまでたってもその後の知らせがない。榊原に聞いてみると、結局、親戚連中に反対され、伯円に弟子入りするのなら義絶するといわれたので、あきらめてしまったというのである。志をもって抵抗を貫いた戊辰の豪傑の末路にしてはまったく気骨がない。つまりはそれだけの思いしかない、あるいはそれだけの人間であったのだろう。もちろん伯円も深追いはしなかった。

榊原は、のちに、車坂で講談寄席をひらいた。その名も榊原亭といった。剣術興行で、興行自体に興味が湧き、また呼び出しに雇った講談師と交流がつづいていたことから思いついた。しかし、やはり士族の商売で半年も経たずに廃業。今度は居酒屋をはじめたが、売り物の酒を飲んでしまうので、すぐ経営が成り立たなくなった。

榊原は、生涯髷を落とさず、廃刀令がだされると、大和杖と称する木刀に類したものを腰に差して歩いた。気骨といえば気骨、頑固といえば頑固、一種の奇人であるともいえよう。

のちに北白川宮能久親王《きたしらかわのみやよしひさ》として復権した上野の宮様は、榊原の気質を愛して、度々屋敷に招いてその行く末を気にかけた。榊原も、老骨ながら、軍人となった北白川宮の旗の下で奉公したいといっていたが、かなわぬまま明治二十七（一八九四）年、六十五歳で死去した。

明治七年、「名誉新談」という一枚絵の刷り物が発行された。当時はやった錦絵新聞の体裁を模したもので、画家は大蘇芳年《たいそよしとし》、発行元は人形町具足屋・具足屋嘉兵衛《ぐそくやかへえ》。その頭書きの解説を、すべて伯円が行った。十数種類ほどの現存が認められている。尊皇攘夷派の僧侶で西郷隆盛と入水自殺をはかった月照や、桜田門外の変（伯円得意の演目に桜田門外の変をあつかった「雪の桜田」がある）で井伊直弼を殺害した水戸藩士佐野竹之助、おなじく薩摩藩士有馬次左衛門らにまじって、佐幕派の英雄である伊庭八郎、近藤勇、錦切れとりとして名を馳せた彰義隊士岡十兵衛、新政府軍と戦った庄内藩に忠義を立てて参戦した出羽の侠客小文治らの絵がある。おおっぴらに「賊軍」の将兵の礼賛ができた時代ではない。まして、明治七年は征韓論問題で下野していた江藤新平らによって、最初の士族の反乱、佐賀の乱がおこった年である。旧幕府側の人間の言論が解放され、往時の追想や史談会などが盛んに行われるには、新政府が国政の完全な掌握を確信した、日清戦争の勝利をへだてた明治二十年代の後半まで待たねばならなかった。

どういう事情でこうしたものがだされ、伯円が解説を書くことになったのか、いまのところはっきりした事情は判明しない。

発行元となった具足屋嘉兵衛は明治七年、條野伝平《じょうのでんぺい》らと「東京日日新聞」を創刊している。江戸期、戯作者山々亭有人《さんさんていありんど》として活躍していた條野は、旧幕府びいきで、これより先の慶応四年四月、旧幕臣の福地桜痴《ふくちおうち》とともに佐幕派の新聞として知られる「江湖新聞」を発刊した。「江湖新聞」は発刊後わずか二カ月の第二十二集で、政府の弾圧をうけて発禁の憂き目をみるが、その後、新たに明治五（一八七二）年、「東京日日新聞」を創刊した。のちに御用新聞となった「東京日日新聞」だが、発刊当初は、佐幕派新聞の匂いを残していた。

佐幕的な「名誉新談」には、あきらかな反骨の意思を感じる。伯円は、具足屋、あるいは條野の思いに共感して手を貸したのだろうか。

ちなみに條野は天保三（一八三二）年うまれで、伯円より二歳年長。地本問屋（大衆本全般を企画出版し販売していた。現代でいえば出版、印刷製本、販売を一手に行う）にうまれ、十七歳で俳人五世川柳に弟子入りするなど、若くして文化的素養をじゅうぶんに吸収できた條野と、武家のしきたりにしばられて育った伯円とは生い立ちの環境は違えど、おなじ時代の空気を呼吸して生きてきた人間だ。同時代、江戸で育ち、芸に生きてきた者同士、共通した感覚があったにはちがいない。

だがのちの行動から鑑みるに、伯円がとりわけ尖鋭的な佐幕派であったとは思われない。彼もまた、徳川将軍に親しみを抱き、将軍のしろしめす「首都」江戸に生きてきた多くの江戸っ子とおなじように、江戸に対する誇りや、徳川将軍を敬慕し、ひいきに思う感情をごく自然に抱いていたにすぎない。だから多くの江戸っ子とおなじく、江戸の消滅を惜しみ、徳川家の零落に対しては義憤に泣きながら、新時代になると、今度は東京を誇り、たちまちに天皇の忠実な臣民となった。少なくとも表面的には。

伯円は、明治の世を礼賛しながらも江戸を追慕する二律背反の気持ちを明治になっても残していたのだろうか。そうした感情をどこかに、だれかに打ち明けたという記録は残らない。語られなかった心のうちを慮ることは、もはやできない。ただこういっている。

他の釈師とは一風変ツて、今考えると愚のやうだが、大の徳川贔屓で、（中略）唯私は他の釈師と一風変ツて居りて、且性来が剛情我慢の強い事人に過ぎて居る

（「松林伯円の談話」『文芸倶楽部』第六巻三号）

菊は栄える葵は枯れる。そしてどこかつくりもののような言祝ぎとともに、新しい時代がやってくる。

銘々存意を申立て夫々《それぞれ》御処置を定められ徳川家の扶持を受ける者もあり或は朝臣を願ふ者もあり或は農工商に帰するもあり、四民各《おのおの》其所を得て不良不正に傾く者もなく、聊《いささか》過失のあつたる者も衣食住の道を得て忽ち善良の域に移り先非を悔悟して始めて大義の有る所を知り、殊に方今文明維新の聖教に開化するを以て皆旧習の私弊を捨て、敵も無く又味方もあらねば、国中兄弟の思ひをなし、昨日鎬《しの》ぎを削りしも今日は唇歯《しんし》の親を通じて太平に浴するは、王政復古の鴻徳《こうとく》と謂つべきてありませう、目出たし〳〵

（「上野の戦争」第三十四号）

江戸のなごり『天保六花撰』

千代田の城のあるじは将軍様から天頂様に変わって、江戸は東京《とうけい》と名をかえた。長い混乱の時期をこえ、人々は心にゆとりを取り戻し、逼塞時代の反動に、娯楽を求めていた。まさに、時代の追い風が吹いてきた。

盛り場は、浅草の奥山、両国橋手前米沢町、柳橋へかけての広小路、芝の久保町、上野の山下（今の停車場あたり）、芝居は猿若町の三座、寄席、釈席《しゃくせき》、一時は火が消えたようになっていたが、反動でぐっと盛って来た（光雲翁）。（中略）講釈席は神田の小柳、八丁堀の堀田、中橋の松川、三十間堀の寿、浅草の金車、銀座亭など、天保改革で禁じられていた（引用者注・天保九年、水野忠邦によって施行された倹約令。風俗取締りを行い、数件の老舗をのぞいた寄席を閉鎖した）のが、どんどんと新築した（講釈宝井馬琴老談）（東京日日新聞編『戊辰物語』）

明治元（一八六八）年、伯円は三十五歳。芸も熟して、意気も盛ん。幕末に獲得していた人気は、世情が安定するとすっかり盛り返して、衰えることを知らなかった。伯円がある寄席に出演すると、客がみなそこに奪われて、周辺「八丁」の寄席に客がいなくなる、というので「八丁あらし」の異名を頂戴していた。

この明治初年、伯円は、下谷練塀町《ねりべいちょう》に引っ越している。『諸芸人名録』（明治八年十月）の「諸芸頭取世話方人名」の項目に伯円の名があり、「軍談師　第五大区四小区神田練塀町一三番地」とある。この練塀町は、明治五（一八七二）年以前には、練塀小路とよばれていた。

練り塀とは、瓦と練り土を交互につんで、上部に瓦屋根をいただいた壁で、優美というより無骨、独特の存在感と美しさがある。現存するものは少なく、東京都心で残るのは谷中の観音寺の塀くらいだが、伯円が練塀町に移り住んだころ、練り塀自体は、武家屋敷や寺院の壁に普通に使われていて、さほどめずらしいものではなかった。だが、町名に「練塀」の名を持つ場所。延々といかめしくつづく練り塀の通りは江戸、明治の人間にとっても、独特の美しさを持っていたのだろう。練塀町は今はおもかげどころか、地名さえも残らない。神田と秋葉原の間で、線路に縦断され、特色のないオフィスビルが並ぶ味気ない通りになった。

文政年間、この練塀小路に、河内山宗俊《こうちやまそうしゅん》という人物が屋敷をかまえていた。ちなみに、この人物、伯円の講演の速記では宗春と「春」の字があてられる。実際はこちらが正しいようだが、ここでは、歌舞伎で採用されて、より一般に流布している俊の字を用い宗俊と表記する。

伯円の『天保六花撰』は、この河内山宗俊を中心として、天保の悪の華、六人の男女の活躍と末路を描いたピカレスクである。

同じ時代に六人、同じ様な履歴のある面白い人物が出《いで》まして　先づ第一が河内山宗春、その次が室町の産物問屋で森田の清蔵、その次が武州流山《ながれやま》の酒問屋の倅（中略）金子市之丞《かねこいちのじょう》といふ是も関係の一人、夫より本郷大根畑と云ふ処に住居を致して公儀御家人片岡直次郎《かたおかなおじろう》、俗に直侍《なおざむらい》といふ、今一人は本所入江町に居ります侠客五十兵衛《ごとべえ》、今又一人は下谷山崎町の遊惰人《あそびにん》闇《くらやみ》の丑松《うしまつ》、新吉原江戸町一丁目大口楼の花魁三千歳《みちとせ》と云ふ、此の六人を六花撰に見立てました

（「天保六花撰」『講談人情咄集　新日本古典文学大系　明治編』岩波書店、二〇〇八年）

六人ではなく、七名ではないか、と思われるかも知れない。講談は「種本」をもとに、講演者それぞれの解釈と、観客の空気に従って読まれる。「六花撰」の六名の構成は講演時期や演者の都合と気分によって入れ替わっていただろう。多くの場合、欠番は登場頻度が少ない侠客五十兵衛か。また、伯円は「同じ時代」に偶然、これらの人物が出そろったというが、主人公の河内山宗俊は、本当は文政六（一八〇九）年に死去しており、天保の六花撰とはなりえない。天保を舞台にしたのは伯円の創作である。

明治初年からつぎ足されて行ったと思われるこの作品には、まだ文明開化や明治政府による教化政策の影響を受けない、「どろぼう伯円」ならではの江戸情緒がただよう。

河内山宗俊とは何者か。

職業は、江戸城お時計の間（土圭間）のお茶坊主である。お茶坊主というのは、頭を剃って墨染めの衣、風体は僧形《そうぎょう》だが、僧侶ではない。室町幕府から多くの礼式を得た江戸幕府が、室町将軍に仕えた同朋衆《どうぼうしゅう》（将軍の側近くに仕えた芸能・職能者。多くは貴人にはべるに相応しくない卑賤な身分の出身者であったため、阿弥号を与えることによって時宗の僧侶となし、身分なき者とした）を踏襲したもの。江戸城に登城してくる幕府高官や大名の身の回りの世話を請け負った。二十俵二人扶持高、役扶持二人扶持、役金二十三両の微禄の幕臣である。しかし、このお茶坊主は役得が多く、実入りはずいぶんよかった。というのも、役目柄、多くの大名に接し、秘密の情報を得、握った情報をリークできる立場にあった。諸大名家は情報料、あるいは逆に口止め料としていくばくかの金をお茶坊主に支払った。この「役得」として入る収入が膨大であったという。宗俊はこの立場を利用して横暴な振る舞いが多く、ゆすりたかりを常習とし、のちに捕らえられて獄死した。

伯円が練塀町に居を構えたころ、宗俊の屋敷はまだ現存していた。

寄席研究家にして作家の正岡容《まさおかいるる》は、明治三十七（一九〇四）年、運命的にも、この旧河内山邸で生をうけた。彼の父のなりわいは医者で、河内山邸を住処に選んだのは、偶然か興が乗ったからかわからないが、そのころにもまだ、宗俊が暮らしていたころの趣を残していて、

私の家に河内山遺愛の石燈籠があり、縁側下には大抜け穴があり、また広大な庭園一帯は此

又河内山の好みとして宛かも果樹園のやう果実の実る花木許《ばか》りを雑然と植ゑちらしてゐたものであつたなどと云ふこと丈けは幼時亡祖母から繰返し〳〵聞かされてゐた。

（『東京恋慕帖』筑摩書房、二〇〇四年）

という。三歳で浅草花川戸に居を転じた容には、河内山邸の記憶はない。

戦前までは、河内山邸の面影にだれでも接することができた。容の一家が暮らしていた当時から敷地を半分に分けていたのか、それとも一家が転居したのちに開業したのか不明だが、「鳥料理寿」という料亭が河内山邸跡で営業していたのだ。

作家の矢田挿雲《やだそううん》も寿をおとずれたことがあった。『江戸から東京へ』に記された挿雲の記憶では店の名は「寿」ではなく、「河内山」であった。ところの人は、その店を「寿」というありふれた名ではなく、かつての居住者にちなんで「河内山」と通称していたものと思われる。矢田は料理のことは何も記していないが、その屋敷の豪奢な造りを細かに記録している。豪奢といってもぎらぎらと目にたつものではなく、着物の裏地に贅を凝らすような、わかる人にしかわからない粋な金のかけ方だった。

現存せる河内山の跡を一見すれば、彼の建築趣味がいかに江戸前だったかがわかる。

六畳の居間の床柱は、直径三寸ほどの皮付の如輪木《じょりんもく》で、天井は糸柾《いとまさ》とアララギの板を縞目にはって、それに南天を手斧刻《ちょうなきざ》みにした真四角な桟を、三寸おきぐらいに打ち、床脇の壁にあけた一尺四方の窓と、縁側よりの壁にあけた丸窓とは、ともに埋れ木のように、黒光りのする薩摩竹で、枠を取ってある。

（『江戸から東京へ』一巻、中央公論社）

容によると寿は戦前まで営業をつづけていたという。寿の主人小池文次郎は、河内山の百回忌の命日にあたる大正十一（一九二二）年七月二十二日、宗俊の墓がある高徳寺（東京都港区北青山）に、施主として供養碑を建立している。碑は、寺の入り口にあって、高さ二メートル半ほど。正面には「河内山宗俊之碑」と彫られ、裏面に、施主の「河内山邸跡練塀町　鳥料理寿事　小池文次郎」のほかに、中村吉右衛門《なかむらきちえもん》、守田勘弥《もりたかんや》の名がある。新富座の全盛を築いた十二世守田勘弥は明治三十（一八九七）年に死去しているから、その息子、十三世守田勘弥であろう。碑の周囲は、講談師や席亭から奉納された丈の低い石柱で取り囲まれている。

実在の宗俊自身はこんなふうに敬慕されるべくもない小悪党である。江戸、御成道の露天の古本屋、藤岡屋須藤由蔵《すどうよしぞう》が記した『藤岡屋日記』（一巻、三一書房、一九八七年）に、「文政八酉年五月落着」として、宗俊とその一味が行ったとされる三つの詐欺事件が紹介されている。

ひとつ目は、自分の妻を使った美人局《つつもたせ》である。宗俊は、ある実直な質屋と夫婦がらみで親しくなり、ある日、自分の妻とその質屋の主を密会させ、その現場を押さえた。密会といっても、色気のあることは何も行っていないのだが、姦通として訴えられることを恐れた質屋は宗俊に三十両を支払ってことを内々におさめてもらった。たやすく大金が転がり込んだ。これでゆすりの味をしめた。つづいて、ある寺で女を囲っているという話を仕入れた。僧侶が女性に接することは禁じられていた。宗俊は、自分が僧形なのをよいことに、寺社奉行所から調査を依頼されたとして、寺から口止め料をせしめた。これがふたつ目。

三つ目は、水戸家が藩内で行っていた闇富くじに目をつけ、ゆすりにかかったことである。これが宗俊に刑吏の手がまわった直接の原因となった。水戸藩では、藩士らが外で闇賭博などに手をださないよう、息抜きのため藩主公認で闇富くじが行われていた。ささやかなものであったらしいが、違法であることには違いなかった。水戸藩はいうなりに金をだした。だしたが、すぐに報復にでた。直接的行為に訴えたのではない。登城した折、藩主が老中たちに話題をだした。それだけである。文政六年五月十三日、宗俊は女郎屋で遊んでいるところを捕らえられ、裁きを待たずして伝馬町の牢内で獄死した。『藤岡屋日記』には「病死　存命ニ候へば死罪」とある。これに、御家人、御坊主ら十七人が連座して裁かれた。うち宗俊の共犯者とされた大川鉄蔵という人物が妻とともに、また宗俊の子分で御家人の「直」と「金」が死罪に処された。宗俊の息子河内山三之助は遠島に処されている。『藤岡屋日記』は、当時の巷説や、芝居、瓦版、落書き、出版物などに記された江戸の噂を集めたものであるから、この宗俊一味の罪と罰が、公にみて「真実」であるとはいいきれないが、ゆすりたかりをなりわいとしていた河内山宗俊という人間の物語が、スキャンダラスに人口に膾炙《かいしゃ》していたことはたしかだ。

ネタを求めて情報に敏感であった伯円が、宗俊の事件を知らなかったということはあるまい。ただ、当時は、講談に仕立てるまで熟してこなかった。伯円の胸のなかに熾火のようにあったその物語に、薪をくべたのは、悟道軒円玉の父親であった。

ある日、伯円は、江戸本所相生町二丁目の樽問屋兼酒味噌醤油を商う竹下屋の主人久八をたずねた。円玉の実家である。久八は富裕な商家のあるじらしく遊びなれていて、伯円のひいき筋でもあった。だが、伯円が竹下屋に出入りするようになったのは、久八が講談好きであったこともあるが、円玉の姉が、伯円の妻、菊川錦蝶《きくがわきんちょう》に踊りを習っていたからだという。それで、伯円も自然と竹下屋に足を向けるようになった。

久八が語るには、江戸のころ、両国橋のたもとに、よしの屋という水茶屋があった。水茶屋は茶や桜湯を飲ませるが、酒はださない。粉黛《ふんたい》を凝らした女たちが接客にあたった。この女たちは男に愛嬌を売るが、身は売らない。そのひとりに色が浅黒くて背の高いおとくという女がいた。

年頃は二十一二、丈《せい》のスラリとした形の好い顔の道具の揃つたまづは美人これが頗《すこぶ》る呼物になつて客は続々詰めかけるところでこのおとくは他の水茶屋の女とは違つて製造した世辞も云はず殊更《ことさら》に愛嬌を売る様なこともないが何処となく客を引き付ける魅力を有《も》つてゐた

（円玉「私の思ひ出で」『新小説』第三十一巻十号、大正十五年十月）

不思議な女で、化石様という石を信仰していて、男から誘いをうけると、この化石様にうかがいをたて、化石様がだめというからといって断った。角の立たない虫除けであろうが、陥落させられない堅さが、神秘的魅力を増した。久八もまたこのおとくに惹かれて度々店に足をはこんだ。茶を飲みながら、ぼちぼち素性をたずねると、おとくは河内山宗俊の娘であるという。父の死後、遺されたおとくは零落し、ついには水茶屋奉公にでねばならなくなったという。久八は、おとくに宗俊のことをくわしくたずね、さっそく伯円に話題を提供した。

伯円に講談の種を提供することが道楽のひとつになっていた久八は、かつて取り引きをしていた下総流山の酒造業者金子《かねこ》市兵衛《いちべえ》の息子、金子市之丞《いちのじょう》という男のことも語った。

金子家は、市兵衛の代まではかなり手広く商いをしていた。しかし、市兵衛がはやくに病死し、遺された妻は、まだ幼い娘と息子を抱えて奮闘したが、商売は次第に手詰まりになり、やがて酒を造ること自体、難しくなった。

流山は、醸造業が盛んで、とくにみりんの製造で知られる。みりんは当時、調味料よりも焼酎を混ぜた軽口のアルコール飲料(本直しといった)として親しまれていた。酒類の醸造には、株を所持する必要があった。そこで、金子家は、有料で名義を鴻池《こうのいけ》に貸し、鴻池は、金子家が酒を造ったことにして、自家で造った酒を江戸へ送っていた。双方合意の上で、金子家が生き残る唯一の道であったのだが、もちろん法のうえでは違法ではある。この違法性に目をつけたのが十六歳になった市之丞である。彼は、江戸の鴻池に乗り込み、三百両を請求した。貸している名義の対価としてではなく、違法行為を行っていることに対する口止め料である。鴻池はあきれながらも要求された金をだしてやった。こうして、最初のゆすりを成功させた市之丞は、金に窮している母と姉がよろこんでくれるものと信じ、意気揚々と流山に帰った。しかし、ことの次第を知った母は激怒し、市之丞を勘当してしまった。市之丞は江戸にでて剣術を学び、数年後には、浅草に道場を開いたという。

伯円はこの男に、主人の使いの途中で賭場によって、あずかっていた店の金百両すべてをピンにかけ、五百両もうけた深川の米問屋の小僧にあたえられた、ピン小僧のあだ名をつけて人物を造形した。

こうした人物の数々の情報が、伯円の頭のなかで河内山宗俊を軸に一直線に結びついたとき、ひとつの物語がうまれた。

『天保六花撰』の六人は、当時の頂点をきわめた悪党というのではない。むしろ、当時、いく人もいたであろう平凡な悪人のひとりに過ぎなかった。そして『天保六花撰』は、この六人（ないし七人）の悪党が集まって、世にも痛快な大悪事をやってのけたというような物語ではない。そもそも彼らは、まったく仲間ともいえない。河内山宗俊を軸に「友だちの友だちは友だち」式のささやかな縁があるに過ぎない。その縁も友情というより、裏切りや憎悪、侮蔑といったマイナスな感情に発展しがちである。

悪事というのも、伯円が設定した河内山宗俊の犯罪は、速記本で読むと、とくに巨悪に挑む痛快さはなく、小悪党じみて感じる。

買い物をするとみせて袋物屋に入り、隙をみて、だされた高価な珊瑚玉を外の仲間に放る。気に入った物がないと宗俊が席を立つと、店のものは珊瑚玉がなくなったことに気がつく。宗俊は店主に奥によばれ、裸になって持ち物をたしかめられる。当然、珊瑚玉はでてこない。宗俊は態度を一変させ、盗人と疑われ、名誉を傷つけられたと脅し、百両をゆすりとった。いわゆる「丸《まる》利《り》のゆすり」。

道ばたの乞食の老女を拾って母親と偽り、呉服屋の松坂屋に連れて行き、母のために着物を仕立てたいが、家にある着物と比べてみたいといって、老女を店において高価な反物を次々見本として持ちだし、そのままだまし取った「松坂屋の詐欺」などなど。

松坂屋の詐欺については、『月刊実話』(「近世犯罪実話　続　河内山宗俊」『月刊実話』第一巻九号、昭和二十三年十二月)に河内山宗俊の犯罪の記事を連載していた有坂与太郎《ありさかよたろう》は、松坂屋をたずね、支配人の飯田という人物に河内山事件の真偽をたずねた。問われた飯田某は声をあげて笑った。詐欺などとはとんでもない。河内山はお得意帳簿にも乗っている大切な常連客のひとりであったというのである。

こうした小癪なゆすり、かたりだけではなく、大名を相手取った大仕掛けの一大詐欺もある。

ある日、懐がさみしくなった宗俊は、飼い犬のムクをつれて出入りの質屋上州屋に向かった。質草は表札。みずからの名をかけたのだ。実際はそんな勇ましいことではなく、そう脅して金をまきあげようとの算段。それにしても奇抜な質草だ。よく知られたことだが、江戸期、門柱に表札をかけていた屋敷はどこにもない。伯円は同時代人であるから当然そんなことは承知していたであろうが融資を断られると、宗俊は、今度は連れてきた犬を抱きあげて、妻子より大切な犬をあずけるから、五十両貸せと迫った。だが、質屋の方はそんな冗談じみたかけあいにつきあっている余裕はなかった。重大な問題に頭を悩ませている最中だったのだ。

松江藩二十万石の上屋敷に行儀見習いのため奉公させていた上州屋のひとり娘のおなみは十八歳の娘盛り。すぐれた容色が藩主の目にとまり、側妾に請われた。本来なら悪い話ではない。だが、おなみにはすでに許嫁がいた。本所石原の材木問屋、和泉屋の二男で定次郎。親の決めた相手とはいえ、惚れていたのだろう。おなみは藩主の要求を拒んだ。そのために座敷牢に入れられ、どんなに脅されても、けして屈しなかった。拒みつづけて死ぬ覚悟だった。娘の状況を知った母親が会いに行っても屋敷に通してもらえない。手紙のやりとりもできない。このまま時が過ぎれば娘の命も危うい。だが、娘を救いだす術の糸口さえ見いだせないまま、親戚一同首をそろえてうなだれているほかなかった。そこにあらわれたのが宗俊である。裏の道に通じた宗俊は、このとき、かたぎの商人らのまなこに頼もしく映った。

宗俊が請求した娘の救出費は三百両。高額の要求に、親族たちは二の足を踏んだが、おなみの婿と定まった和泉屋の定次郎が身の回りのものを売って半金をつくるからと親戚一同を口説いた。男の方も娘に惚れていたのだろう。

手付けの半金をふところにねじこんだ宗俊は、準備をととのえて雲州屋敷に乗り込んだ。名乗った身上はもちろんお茶坊主の河内山宗俊ではない。駕籠からあらわれた黒い袈裟をまとった僧侶は、上野寛永寺の宮様の御使僧道海。将軍家菩提寺である寛永寺は、代々天皇の皇子かそれに準ずる人物が貫主をつとめた。貫主は輪王寺宮と称され、並の大名など及ばない権勢があった。道海がやってきてすぐ、なみは何がなにやらわからぬうちに衣服、化粧を整えられて、見舞金まで渡され、駕籠に乗せられ、生きて帰ることはあるまいと覚悟を決めていた実家に帰された。

どのような手品をつかったのか。道海になりすました宗俊は、上輪王寺宮は時折、商家のものを招いて碁を打たれる。その囲碁のお相手のひとりに上州屋という質屋がおり、その折に聴聞に達した娘おなみの話に心をいためられ、道海を使者に立てた。と、松江侯に告げた。松江侯はすぐにおなみを実家に帰すよう命じ、道海には心付けを渡した。あとは嘘がばれぬうちに宗俊が雲州屋敷を退散すればよいだけであった。

しかし、誤算があった。家中に宗俊を見知っている者がいたのである。正体を見破られると、宗俊は、やくざな本性をさらけだし、がらりと態度を変える。「乃公を寺社奉行へ突出すと云つたが面白い、サア突出して呉れ、寺社奉行なり、老中なり、勝手の方へ突出して呉れ」（「天保六花撰」『講談人情咄集 新日本古典文学大系 明治編』）とひらきなおった。死ぬ前に、松江侯の悪事をおおやけにして道連れにしてやろうというのだ。

ことを穏便に済ませたい松江藩は、家の名誉を守るため、宗俊を偽物と見破りながらも、呑み込んで、上野の宮の御使僧として送りだした。

　宗俊のしたたかさ、肝っ玉の太さ、悪の魅力を遺憾なくみせた一場であろう。金目当てとはいえ、雲州屋敷では、権力の前にささやかな幸せを奪われようとしていた娘を救った。宗俊が犯した犯罪が、結果として、立場の弱い苦める者を救済することになった。このとき、宗俊は悪の世界に通じた頼りになる弱者の味方である。

『明治百話』（「松林伯円の一生」）には、この筋書きは『雁金《かりがね》五人男』という歌舞伎の脚本からとったとある。出羽秋田藩に小姓にあがった美男で剣道も学問もできたある呉服屋のせがれが、女小姓と関係してしまい、藩中の御法度に触れて死罪になるという。実家の呉服屋は金を送って助命を嘆願するが聞き届けられなかった。そんな日、浅草の僧侶が尋ねてきて、百両で息子を助けてやるという。主人はかたりだと思ったが、母（継母）は、なんとしても助けたいとみずからが所有していた八十両を渡して救出を請うた。僧侶は請け負って帰った。その翌日、せがれは無事帰ってきた。浅草の僧侶というのは、じつは僧侶ではなく、雷庄五郎という寺男で評判の悪党であったという筋書きだ。

　河内山の物語は、河竹黙阿弥《かわたけもくあみ》によって歌舞伎台本に仕立てられた。初舞台は、明治七年十月、河原崎座。雲州屋敷での部分のみを扱った『雲上野三衣策前《くものうえのさんえのさくまえ》』で、河内山宗俊を九世市川団十郎が演じた。このとき伯円は「釈《しゃく》の河内山より劇の河内山へ」と記した引き幕を贈った。

　団十郎は襲名したてのころ、先代団十郎の借金などを背負い込み、日々の生活に窮するほど困窮していたことがあった。ある日、伯円がたずねると、団十郎は、今戸焼の火鉢を抱いて途方にくれていた。伯円は、手持ちのいくばくかの金を置いて帰り、そのあとすぐに米一俵を届けた。こんなこともあって、のちのちまでふたりは友誼を結んだ。

十一月十一日、つい数日前の六日に郵便報知新聞社に入社した依田学海《よだがっかい》は、社が休みであったため、河原崎座に芝居を観にいった（『学海日録』第三巻）。河内山宗俊をやっていた。そこで、同席者かだれかに松林伯円という男が原作者だと聞かされた。ほら、あの男だと示されて、ちょうど観劇していた伯円をみた。このときに挨拶が交わされたか知らないが、その後、二十年にわたる交流がはじまった。

明治十四（一八八一）年に、新富座で再演された。『天衣紛上野初花《くもにまごううえののはつはな》』七幕である。そのころ、新富座は座元、十二世守田勘弥のもと全盛期をむかえていた。河内山宗俊を九世市川団十郎、片岡直次郎を五世尾上菊五郎《おのえきくごろう》が演じた。売り切りの客止めという。伯円も弟子たちを引き連れて観劇した。このとき、かつての引き幕の返礼だろう。団十郎から「釈の河内山君へ　劇の河内山より」と記された美しいビラを贈られた。

伯円は、自分の講談を原作とした作品のみならず、関心のある芝居はかならず二回ずつ観た。ただの趣味というだけではなく、講談に必要な要素が芝居のなかにつまっていると考えていたのだ。弟子たちにも芝居を観るように再三勧めた。弟子たちがほかの理由で高座を休むと小言をいったが、芝居を観るためのときは何もいわなかった。

六花撰のうちもうひとり、歌舞伎に取り入れられて有名になったのが、河内山宗俊の弟分、本郷大根畑の御鳥見《おとりみ》（将軍家鷹狩り場の野鳥の成育を見張る役目）の御家人片岡直次郎である。人よんで直侍。

『天保六花撰』では、この男は詐欺師ですらない。まったくの小悪党で、宗俊に金をせびっては博奕に行って使い果たす。たまに勝てば吉原で女を抱く。やさぐれたつまらない男だが、顔だけは役者のような色男という設定。このみてくれに惚れたのが、大口楼の花魁、三千歳である。三千歳についてもそのモデルとなった遊女が探索されているが、定かなことはわからない。伯円が吉原細見のような書物で三千歳の名をみつけ、色っぽいと思っただけだともいわれる。

やくざな貧乏御家人と、花魁。ふたりの関係はのっぴきならぬところまでゆき、直侍はとうとう三千歳に足抜けさせる。

男装させた三千歳を吉原から連れだし、かくまってくれと駆け込んだのは、宗俊の屋敷だった。宗俊はこの若いふたりの恋を成就させるため一骨折ってやる。まず、三千歳をだれか馴染みの大金持ちに身請けしてもらう。三千歳の脚抜けの事実をなかったことにし、かつ、身体を自由にするためである。そののち、その金持ちから直侍に譲ってもらおうというのである。何の酔狂か、こんな面白くもない役割を引き受けてくれる人がいた。森田屋清蔵という。表向きは廻船問屋のあるじ。本当のところは、海を股に掛けて「おつとめ」をする盗賊であった。清蔵は大口楼に百両の大金を即金で払って三千歳の身請けをしてやり、妾宅を構え、三千歳を住まわせた。

交換に清蔵がだした条件はただひとつ。身請けした女に間男《まおとこ》されたと悪評を立てられるのはくやしいから、半年間、片岡直次郎に会うなということ。期日が過ぎたら、身請けしたが思ったより面白い女ではなかったとして暇をだし、直次郎にくれてやるというのだ。清蔵は、その間の気晴らし代として、直次郎に二十両の小遣いさえ渡した。

こうして妾宅での三千歳の暮らしがはじまった。清蔵は一日に一度妾宅にやってくるが、軽く酒を飲んで、少し話をして帰って行く。三千歳に体の要求をすることは一度もなかった。だが、とくにすることもない三千歳は退屈になり、やがて直侍が恋しくなった。直侍の方も、清蔵からもらった金を賭博で使い果たしてしけた気分になり、三千歳を抱きたくなった。ふたりは清蔵の目を盗んで逢瀬を繰り返すようになった。が、清蔵は、妾に間男させておくほど抜けた男ではない。商用で遠出するといって早朝にでかけ、三千歳と直次郎が密会するのを待ち、現場を押さえた。激怒したのは清蔵よりも宗俊だった。宗俊はすぐに大口楼に行って、三千歳をつとめに戻し、清蔵が払った身請け代を取り戻し、詫びて清蔵に返した。

この一件があって再び大口楼の遊女に戻った三千歳だったが、どうしたことか、足抜けまでして一緒になろうとした直侍に愛情を感じなくなった。それどころか、顔をみれば金の無心をしてくる男に次第に嫌気がさしてきた。直次郎が占めていた三千歳の心に、次第に別の男が住まうようになっていのだ。気前がよく鷹揚な男。名を金子市之丞といった。表向きは一刀流道場のあるじ。実際は流山の博徒百人の元締め、ピン小僧金市。

三千歳の愛情は、直次郎から、市之丞に完全に移ってしまう。女の心変わりを知った直次郎は恋敵の抹殺を企てた。直次郎は、吉原に向かうお歯黒どぶ沿いの暗闇で市之丞を襲った。しかし、市之丞は剣術の達人。直次郎はあえなく返り討ちにあって額を割られ、ほうほうの体で逃げだした。こんなこともあって、すっかり愛想が尽きた三千歳はついに直次郎に別れを切りだした。

直次郎は、みずからの不徳を顧みもせず、ひたすらに市之丞をうらんだ。町道場のあるじの分際とは思えぬ金回りのよさに疑いをもよおし、直次郎は御家人の立場を利用して、火盗改めに密告する。

市之丞は三千歳と逢瀬を楽しんでいたところをよびだされ、大口楼の玄関で捕らえられた。このとき、市之丞を捕らえにあらわれた同心は伯円の兄がモデルであるという。

捕らえられた市之丞は、連日、伝馬町の牢屋から火盗改めの役宅へ連れられ、過酷な拷問にかけられる。しかし、もっこ（罪人を運ぶ縄でできた駕籠）に乗せられて火盗改めの役宅から牢にもどされる途中、宗俊の指示をうけた闇の丑松が市之丞の逃亡を助けた。逃亡は成功し、潜伏生活をつづける市之丞であったが、なにより心を乱したのは、三千歳の存在であった。自分は逃亡者、女はかごの鳥。吉原の廓内は監視が厳しく、凶状持ちが立ち入ることができる場所ではなかった。もう会える見込みのない女を思って市之丞は吉原の近辺をさまよった。

そんな折、市之丞は、数の市という按摩の何気ない世間話から、三千歳が病のため大口楼の入谷の寮で養生していることを知る。寮に向かい、目のみえない数の市に知人とたばかって三千歳につけ文させる。ちなみにこの数の市は、琴の指南をしていたという、盲目の伯円の兄の所作などを参考にして造形しているという。

市之丞にもう二度と会えないだろうという絶望が病の原因であった三千歳は、手紙を読んで、非常口の跳ね橋から外にでた。そして、入谷田圃の六地蔵の蔭にしょんぼり立っていた市之丞をみつけて駆け寄った。涙も凍りつきそうな寒い冬の夜に上野の鐘の音が冴え冴えと響き、ふたりは声もなく手をとりあった。最後の別れだという市之丞に、三千歳は地獄であってもともに行きたいとかき口説き、市之丞は三千歳を道連れにする決意をする。三千歳は身なりをあらため、貯えた金をとりに一度屋内に戻る。しかし、戻ったところを数の市に悟られ、騒ぎになってしまう。

河竹黙阿弥の脚本『雪暮夜入谷畦道《ゆきのゆうべいりやのあぜみち》』では、三千歳と市之丞のあいだに交わされた未来のない恋人たちの切ない最後の逢瀬の場は、三千歳と直次郎の場面に差し替えられている。舞台で演じられることはほとんどないが、黙阿弥の脚本では、金子市之丞は実は三千歳の腹違いの兄という設定で、捕らえられる間際に、直次郎に三千歳をゆだね、金を恵んでやるよき爺役になっている。

伯円の講談では、こののち、市之丞は故郷流山に向かい、両親の墓参を済ませ、姉と言葉を交わしたあと、大坂まで逃げのびるが、旧知であった侠客、五十兵衛に密告されて捕縛され、のち、伝馬町の牢内で首をはねられたという。

市之丞と別れてのちの三千歳のその後は語られない。

河内山宗俊は、伯円の設定では、九千石の旗本、中野碩翁《なかのせきおう》に目をかけられていた。碩翁は、十一代将軍徳川家斉《いえなり》の愛妾お美代の方の養父であり、寵臣として絶大の権勢をふるっていたが、家斉逝去ののちは水野忠邦との権力闘争に破れて失脚した。宗俊も庇護を失って投獄され、獄死した。森田屋清蔵も縄目にかかり死罪獄門。闇の丑松は市之丞の仇をうって五十兵衛を殺害し、自首して死罪になった。天保七年、直次郎もついに捕らえられ、斬首されたという。

六花撰のうち、三人には、墓がある。

河内山宗俊の墓は、さきに述べた供養碑とおなじ高徳寺にある。「本堂の西の方五間許の所に在り。高さ一尺五寸程の小墓なり其の傍に「河内山宗春の墓」としるし標榜あり」、と『東京名所図会』(赤坂区・麻布区之部、睦書房、昭和四十三年)に記されている通り。標榜は、今は新しくなって、「河内山宗俊之墓」となっている。くすんだ古い墓石のなかで、まだ新しい標榜の白さに導かれなければ、その小さな墓をみつけることは困難だっただろう。墓石は、賭け事、勝負事のお守りになるとされて削られ、「求道浄欣信士　光岳院法楯童子とありて。左の横に河内山宗春と刻しあり。又右の横には求　文政六癸未年六月二十二日　河内山氏　光安永十辛丑年四月十六日と鐫《せん》せり」という文字を確認することはもはやできない。「求道浄欣信士」の戒名は摩滅してしまった墓石の代わりに標榜の正面に刻まれている。

世をはばかって夜半にこっそり葬られたこの「罪人」に最初に与えられた戒名は、浄を欣《ねが》うという意味の浄欣信士だった。しかし、のちになって、だれかが寺に頼んでそれに「求道」の二字を加えてもらった。過去帳には、継ぎ足すように「求道」の二字が書き加えられているという。いつ、だれが頼んだことかはわからない。「求道」には、強きをくじき、弱きを助け、道を助けるという意味があるという（宝井琴梅演「天保六花撰」「講談実況音源集　その壱」講談協会、二〇〇九年）。求道浄欣信士という小悪党の寂しいお骨は、伯円のおかげで、死して数十年を経ぬうちに、求道浄欣信士という、「悪に強きは善にも」の悪の英雄となった。

金子市之丞のものと伝えられる墓は、市之丞の故郷流山市の閻魔堂墓地（流山市流山）にある。伯円によると、これは三千歳が建てた。墓に刻まれた戒名は伯円が記した魁義信士ではなく、転輪信士である。金子市之丞の墓のとなりには、三千歳のものと伝えられる墓がある。明治のだれか粋人が建てたのだという。墓石というより供養塔といったたたずまい。碑文らしきものが刻まれているが、雨に削られてよくみえない。

流山市観光協会のホームページ（http://www.nagareyamakankou.com/entry.html?id=135871　二〇二〇年三月二十七日閲覧）によると、市之丞の墓を建てたのは、同郷の村人だという。

伝承によれば、金子市之丞は、近所の醸造業金子屋の一人息子でしたが、子ども頃《ママ》に家が傾き、やがて博打に手を染め、江戸で盗賊をはたらくようになりました。その一方で金市は、剣の腕が立ち、豪商相手に貧しい人にお金を配って歩くことから、義賊と言われ、庶民からは「金市さま」と呼ばれ慕われました。しかし、文化十年（一八一三年）十二月ついに捕らえられ、江戸小塚原で処刑されてしまいます。そんな金市を知る村人たちは、金市の亡骸を引き取り「来世でも人間に生まれ変われるように」と、この閻魔堂に葬りました。

市之丞の故郷、流山には、金子市之丞、金市の義賊伝説が伝わる。伯円の時代にもすでにこうした伝説があったものか、市之丞の設定には、悪になじんで正道に立ち直ることはできないが、心は善に立ち返っていたとして、盗んだ金を、貧しい家に二両ずつ投げ入れていたことが加えている。彼の墓域には、この伝三千歳の墓のほかに、市之丞よりも古い時代の人が眠る墓が一基、その足下に幼くして亡くなった童女の墓がある。市之丞の亡骸、あるいは首級を江戸の刑場から運んで葬ったのがだれであれ、閻魔堂墓地にはもともと市之丞にまつわる縁者の墓があったのかも知れない。市之丞の墓に参る頭の病が治るという伝説もあり、また流山市主宰の講演会で取りあげられたりとその人物に対する学術的関心もある。手向けられた塔婆はまだ新しく、供養する人がいるのだろうが、墓はどこか荒涼の気配がした。

直侍の墓は浄閑寺（荒川区南千住）にあると伝えられる。宝国信士という石塔で、三千歳の寄進であるという。が、実在したかもわからない三千歳が寄進したという直侍の墓というのはみつからなかった。浄閑寺は、「生まれては苦界、死しては浄閑寺」と川柳に詠まれたように、遊女たちの「投げ込み寺」として知られる。墓地中央には、遊女たちの合葬墓が聳《そび》えている。墓には、死者の持ちものであったのか、安物の櫛や笄《こうがい》が供えられている。向かい合って、高度成長時代をささえた労働力として使い果たされ、老い、貧しく、寂しく生涯を終えた山野の労働者の供養碑が建つ。

確実に存在する直侍の墓は、小塚原回向院（荒川区南千住）墓所内の小塚原の処刑場跡にある。一般墓地とへだてられた史跡に指定された一角に、安政の大獄で刑死した吉田松陰《よしだしょういん》（墓石のみ）、橋本左内《はしもとさない》ほか、桜田門外で大老井伊直弼を暗殺した水戸浪士らの墓もある。その片隅に、直侍、鼠小僧、市谷の東京監獄で斬首された高橋お伝、腕の喜三郎（侠客）の墓が一列に並んでいる。主義や理想のために死んだのではない、色悪、義賊、毒婦、侠客と奇妙にならんだ四基の墓は、講談、戯作、歌舞伎から抜けだした、まるで架空の墓だ。鼠小僧の墓は両国回向院（墨田区両国）にもある。高橋お伝は、仮名垣魯文《かながきろぶん》によって亡骸のない墓が谷中墓地にも建てられている。

盗みもするが、弱きのために身を犠牲にするような善人の要素をそなえたどろぼうを義賊という。この義賊ということばについて、伯円は「能《よ》く古い講談の演題に義賊々々と云て有りますがある識者に就き問て見ますと義のものが賊を致す訳はないシテ見ると恐らくは奇賊であらうと被仰《おっしゃ》いました」（『業平小僧』駸々堂、明治三十一年）という。

『天保六花撰』の悪党たちは、別に「義賊」でも「奇賊」でもない。めずらしくもないただのちっぽけな悪党だ。だが、彼らの姿には人間の悲哀がある。それが、いまだに心を打つのだ。

第3章

明治の御世がやってきた

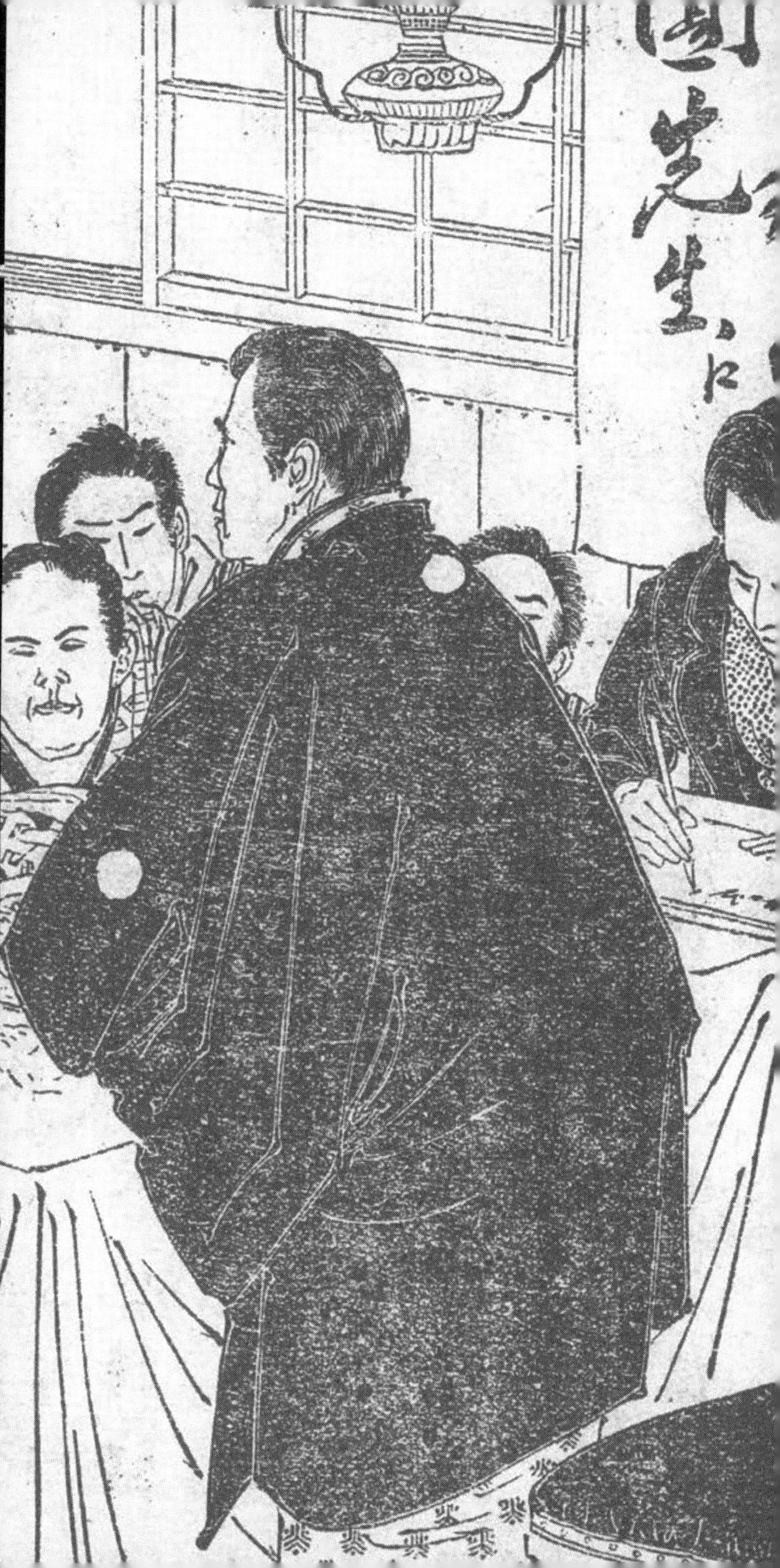

国民教化に協力せよ

明治五（一八七二）年のある日のこと。伯円は東京府庁舎に出頭を命じられた。当時の東京府庁舎は、現在の日比谷公会堂の筋向い内幸町にあたる場所、大和郡山藩の上屋敷を接収してもうけられていた。

行ってみるとひげをたくわえて洋服を着た高圧的な役人がいて、

「何う云ふ訳でお前のことを泥棒伯円ちゆうかお前は維新前に賊をしたことがあるか」（円玉「私の思ひ出で」『私小説』第三十一年六号、大正十五年六月）

と問われた。驚いた伯円がどうしてそんなことを問うのかたずねると、

「イヤ、お前のことを泥棒伯円と云ふではないか、さすれば賊をした事もあらう」

という。伯円はばからしくなって、自分は世話講談を得意としており、その中にはどろぼうも登場し、それを巧みに喋るからどろぼう伯円とよばれるのだと説明した。

伯円はこれを笑い話とし、師からこのエピソード聞いた円玉も、「どろぼう伯円」を文字どおり「どろぼう」ととらえる野暮な田舎役人がいたという文脈で語った。

だが、実際は、この出頭命令はただの笑い話ではなかった。というのも、伯円自身がこれを機に、おのれの芸の方向を一変させることになるからだ。

伯円が出頭を命じられたおなじ明治五年の四月、明治政府は、新たにもうけた教部省から三条の教憲を布達している。

一条　敬神愛国ノ旨ヲ体スヘキ事
二条　天理人道ヲ明《あきらか》ニスヘキ事
三条　皇上ヲ奉戴《ほうたい》シ朝旨ヲ遵守セシムヘキ事

神道による国民の教化、国家イデオロギー統一に向けた政策を本格的に始動したのだ。何しろ、数年前まで、おおかたの日本人の心には「日本」という国家は存在しなかった。江戸期、日本は藩に分かれた領邦国家で徳川家は盟主にすぎず、どの藩もすべてまとめてひとつの「国」という考えは育まれなかった。だから、愛郷心はあっても愛国心などありえなかったのである。キリスト教オランダ改革派の宣教師グイド・フルベッキは来日した万延元（一八六〇）年のころを振り返り、

その時代には、御国の人が厚く好みまする愛国心を知れる者は一人もありませんでした。皆我藩と我主人に向って忠義を尽くすのみであって、大日本帝国の事を思う者は至って稀でありました。

（「外人の見た明治話」『明治百話』篠田鉱造、岩波書店、一九九六年）

といっている。

「日本」をこれから近代国家として運営するためには、まずは国民に自分が「日本人」であることを理解させ、日本という国家は、天皇を頂点とした中央集権国家だという意識をたたき込まねばならない。

さらに伯円が出頭を命じられたおなじ時期、明治五年五月十七日から二十二日にかけて、諸芸の十八人の関係者が教部省からよびだしを受けた。三川智央は「おそらくは、それぞれの「業道」を把握した上で、風紀上の指導を行うためものであったと考えられる」（「明治初期の戯作の動向」I『人間社会環境研究』24、二〇一二年九月）という。講談によびだしがかかったのは十九日、出頭をさせられたものは、伊東燕凌《いとうえんりょう》だ。八月十五日には、「能狂言ヲ始メ音曲歌舞伎」等、「人心風俗ニ関スル所」を扱う営業者に「勧善懲悪」を主に説き、「風化ノ一助ニ」（布達第十五号）なるよう心がけるようにとの達しがだされた。

こうした流れのなかで、当時、もっとも大衆の感情を煽動できた立場にあったひとりである伯円にだされた出頭命令である。

役人は、伯円の顔をとっくりみていった。

「たとへ講談にもせよ賊の事を演ずるは風教上甚だ宜しからざる事である、以来は改心して泥棒を廃《や》めたが宜からう」（円玉「私の思ひ出で」『私小説』第三十一年六号）

おそらく、最初の泥棒云々の話は相手の警戒を解くための罠であり、真の目的は治安を紊乱《びんらん》するような講演をするなと釘を刺すことだ。

伯円はこたえた。

「仰せではございますが泥棒する処ばかりお聞きになると為にならぬ事でございませうが、毎日聞いてお在《いで》になると終ひには其の泥棒は捕縛されて獄中で苦しんだ上に重き処刑を受けます。さすれば終りまでお聞きになれば風教上の利益にもなります、何うぞ此方から市中へ布達を出して講談の寄席に行つた者は千秋楽まで聞けと云ふお達しを願ひます」（円玉「私の思ひ出で」『私小説』第三十一年六号）

言いがかりに対する返しとしては見事だが、これは、これまでに伯円が読んできたどろぼう物には、あまりあてはまらない。

伯円のどろぼうたちは、たしかに末路は刑罰にあって死んでいるが、その死はあっさりと語られ、悪事の報いの恐ろしさを味わうことはない。伯円が張扇で叩きだした悪党たちは悪の華であり、法に裁かれて惨めに死んで行くただの犯罪者ではないのだ。しかし、民衆のアウトローへの熱狂は体制側にとって、まったく好ましい事態ではない。だからこそ、官憲はさりげなさをよそおって伯円に警告したのだ。

伯円は役所から帰りながら考えた。

成程今時開明になり行く此の御世に、泥棒の異名も面白くなし、といツて、今更俄に改ためられる者でもありませんから、せめては学者のこわいろでも遣ツて見たいと思ひこみましたのがはじめで、それが段々マアこうじ茲《ここ》に改良講談の緒《いとぐち》とは、なツたんです。

（関如来編『当世名家蓄音機』）

伯円は気軽く追想しているが、今後どうすべきか、自分のみならず、講談という芸のありかたを真剣に考えた。そして、これをきっかけに、伯円は得意としていたどろぼうを扱った世話物のいくつかを封印し、新聞などから得た時事情報をネタにした講談を読みはじめる。時代の要請に従って芸に幅を持たせ、主軸を動かしたのだ。

だがこれは、芸能が、国家権力に対して協力を強いられて、これまでの芸風からの転向を余儀なくされての降伏ではない。

演芸を国家のイデオロギー統制に用いようという政府の思惑に利用された。といえば、太平洋戦争中の思想、言論統制を知る世代は、明治初期の表現者も国家権力によって面従腹背《めんじゅうふくはい》を強いられたと想像するかもしれないが、時代の急速な変化のなかで、これからの芸のあり方と、存在の意味について思い悩む諸芸の従事者に、ひとつの指針を与えたという面もあった。戯作者の仮名垣魯文《かながきろぶん》は条野採菊《じょうのさいぎく》と連名で記し、『新聞雑誌』五十二号に掲載された「著作道書キ上ゲ」では教部省からのお達しに対し、新しい世における戯作の有用性を宣伝している（三川智央「明治初期の戯作の動向」Ⅰ・Ⅱ）。

ちなみに講談が政府の依頼にこたえて提出したのは講談の来歴書であり、明治十五（一八八二）年の八月に警視庁から「軍書講談の起原《おこり》」の提出を求められたという（関根黙庵『講談落語今昔譚』平凡社、一九九九年）。時代的にずいぶんひらきがあり、三条の教憲とは関係がないと思われる。警視庁から求められたというから、おそらく、営業許可に関する何かしらの登録のために必要だったのだろう。

明治六（一八七三）年、教部省は三条の教憲の徹底のため、当初の神道の典礼に傾いた「十一兼題」に皇国国体、道不可変、制可随時、皇制一新、人異禽獣、不可不学、不可不教、国法民法、立法沿革、租税賦役、富国強兵、産物製物、文明開化、政体各種、役心役形、権利義務、万国交際、十七項目を追加した「十七兼題」を定めた。国家の意識を植え付けたあと、よき国民とはどのようなものかを教え、さらに、西洋との対等な関係を目指して国民の質をあげようというのだろう。それには、西欧から輸入した近代知識の伝達も目標として含まれ、舶来知識にうとい神官、僧侶だけで教えきれるものではなかった。

そこで、僧侶、神官に関わらず、一般に教導職に適した者が地方官によって推挙されることになった（教部省達第十号）。結果、落語家や講談師、役者、俳諧師など、民衆への宣伝能力が高い者たちが教導職に任じられるようになった。彼らが動員されたのは、講じられる内容に加え、一般大衆に訴えかける話し方の技術もまた重視されたからだ。

教導職は十四級の等級に分かれ、歌舞伎の市川団十郎は上から二等級の権大教正、落語家の三遊亭円朝は九等目の中講義に任命された（佐波亘「一　神佛離合」『植村正久と其の時代』第二巻、教文館、昭和十三年）。団十郎や円朝が教導に任じられたとき、伯円にも何らかの役職があたえられたかということがわかる記録は管見の限りない。役職は不明だが、伯円はみずからのつとめとして民衆教化にはげんだ。そして、明治十八（一八八五）年、年来の功績を認められて大講義に任じられている。教部省は明治十（一八七七）年にすでに廃止されているから、伯円が得た地位と役目はあくまでも「名誉職」であろう。

明治政府の意図がどこにあったにせよ、国家から教育の任を賜ったことは、江戸期には身分制度上、士農工商の身分の外、被差別的な立場におかれ「河原者」とよばれていた役者たち、芸人たちを奮起させた部分もあっただろう。国家に選ばれてある栄誉を感じたかもしれない。

とくに講談は、軍記、諸家の記録を読み、人を教導する役割を担って発展した芸である。もともと「天下のご記録読み」として誇りが高かった。幕末、教育としての役割は薄れ、話芸として娯楽性が高まったが、それでも、教育としての本質はその内部にとどまっていた。『講談五百年』にはこうある。

最も注意すべきことは、講釈師は既に高座芸人であつたけれども、講談の持つてゐる本来のもの、即ち教化性と云はふか、道義性と呼ばうか、さうしたものは、極く稀薄になつてはゐたけれども、形式的にも、内容的にも、その芸の内部に於て依然として保存され、伝統を伝へつゞけて来たことである。
（佐野孝『講談五百年』）

明治国家の要求に対し、このときも、こののちも伯円が反発を感じた気配はない。隷従というには自発的かつ、積極的な活動をしている。伯円は、国家の要請をしなやかに受けたのだ。

「二代目松林伯円祭」（上野本牧亭、昭和五十年二月十二日開催）の講演で、尾崎秀樹《おざきほつき》はいう。

明治初期の大衆教化というようなことを上から押し付けていくやり方、明治教学思想というものを普及化していくということに呼応しながら、何もこれは体制に順応するということではなくて、新しい芸域の展開として彼は受け止めてゆくわけです
（私家版録音CD）

「文明開化」と華やかに謳われる時代がはじまろうとしていた。

民衆教化の旗をかかげた伯円は、文明開化とどのように対峙したか。伯円の新しいたたかいがはじまる。

文明開化の音

文明開化のもとをただせば、幕末に結ばれた不平等条約改正を目標に、日本が近代国家であることを欧米人に認めてもらうよう、日本を「文明化」、つまり欧米化しようとした明治政府の政策である。欧米人からみて「野蛮」「異様」と感じたものをことごとく排除しようと努力し、初期にはごく幼稚な「文明化」が行われた。たとえば、公衆の面前で裸体になること（当時の労働者が裸体で働くことはごく日常のことだった）や既婚婦人が眉を落としたりお歯黒をさしたりすることを禁じたりした。立ち小便は当然のことながら、人前での放屁まで問題にあがり、公道で放屁した女が罰金刑を科されるという馬鹿なことまで生じた（のちに不当として罰金は返却された）。

一方で、政府による必死の欧化政策によって、都市のインフラ整備が急速に進んだ。東京では煉瓦の町ができ、西洋建築の建物ができ、町を鉄道馬車が走りはじめた。多くの者が、その華やかな幻影に目を奪われ、文明開化に時代の正義を感じた。

当時、人々、とくに大衆を教化する側は、文明開化をいったいどのように解釈し、説いていたのだろう。

たとえば、当時、啓蒙書の執筆や辞書の編纂で知られた青木《あおき》輔清《すけきよ》の演説集『演説集誌　民間小学』（巻之一、青木輔清編、同盟舎、明治十一から十二年）がある。わかりやすいので紹介する。

文明といひ、開化といふもの。到底《つまり》旧習とて。旧《ふる》き仕癖《しくせ》を去りて。便利の事を採用《とりもち》ひ、智識《ちえ》を研《みが》きて、物の道理を明かにし。事の条理《すじみち》に逆《ちが》はず（中略）権利義務とて。人の人たる道をふんで参り。他人の侮辱《はずかしめ》を受ず。親子夫婦の道を、明かに立て行のを。文明開化と申すのであります。

（『演説集誌　民間小学』巻之二）

また「旧習を去る」を誤認して、古くから行われていることをすべて廃することと思い、親の供養をやめたり、神棚をこわしたりする人もいたということから、解説して、

何でも頑固に閉塞《ふさがっ》て居る心を開いて。昔からある物事の内でも。悪いと思ひ、人も悪いとて止る様な事は、夫を何時までも、頑固に守つて居ずとも。早く止めて、便利な善き事を、採《と》用《もち》ひよといふことであります。

士族であるから貧乏をしても絶対に商人にはならないだとか、自分は駕籠屋であったから人力屋はやらないだとか、病気になっても自分は富士講だから医者にはかからないだとかいった頑迷さを捨てよという。つまり、西洋的合理主義を身につけよというのである。

新しい世の教訓や利便を受け入れ、生活を改良すること。そのために、かたくなにならず、新

しいものに手をのばせる柔軟な精神を身につけよというのだ。

その後の行動をみれば、伯円が把握していた文明開化も、封建制が科していた旧弊を捨て去り、新文明を体現することであったように見受けられる。

ならば、頑迷にして、新文明を受け入れようとしない人々を導くことこそ、新しい講談の役割ではないだろうか。

だが、一度でもだれかに説得を試みたことがあるものならば、これがたやすいことではないことは容易にわかるだろう。人間は元来保守的な生き物である。いつもの場所、いつもの味、いつもの寝床に深い安息を覚える。よき忠告を得たからといって、いつものやり方、あり方をすんなり変えられる者はいく人もいない。まして、時代は江戸から明治の大転換期である。だれしもが新文明の流行を抵抗なく受け入れられたわけではない。

ならば伯円はどうしたか。みずからが新文明の伝道師となって、講談の高座から新時代の魅力をふりまくことで、世の頑迷にたたかいを挑んだのである。

伯円は、まず、かたちからはいった。

こんな逸話がある。伯円の友人に梅林舎南鶯《ばいりんしゃなんおう》という講談師がいた。旧幕時代は、朝比奈なにがしという旗本の殿様で、もともと文学の素養のある人であったが、維新後、河竹黙阿弥《かわたけもくあみ》の弟子となって筆をとっていたこともあり演劇にも詳しかった。通人で長唄も三味線もできた。明治の初年、松林派の客員になっていて伯鶯を名乗っていたことがあった。明治五（一八七二）年の暮れ、伯円と南鶯は新春には髷を落とした「文明頭」で高座にのぼろうと約束した。伯円はたいして本気にしてはいなかった。ところが、明けて明治六（一八七三）年、元日の早朝、新年の挨拶にあらわれた南鶯の姿をみて息を呑んだ。断髪頭に洋服を着て、革靴をはいた、隙のない「開化姿」をしていたのである。伯円は、先を越されたと、その場でみずからハサミをとって髷を切り、あらためて新年の挨拶を述べた（辰巳老人「講談思出の記　梅林舎南鶯」『娯楽世界』第四巻九号、大正五年九月）。

みずから髷にはさみを入れたということは伝説かもしれないが、伯円は、散髪脱刀令発布まもなく髪型を変え、高座衣装も羽織から背広に変え、「西洋風の講釈師」を自称した。つづいて、釈台に張扇という従来のスタイルを廃し、講談の講演を西洋の演説になぞらえて、高座にテーブルを据えた。

『明治百話』にはこうある。

性来はどっちかといえば、臆病の人ですが、高座度胸のあったこと驚くばかり、とう〳〵福沢諭吉先生の演説振りを拝見してから、早速従来の高座から、講釈師の叩台《たたきだい》をとっ払って、テーブルを前に立読みを初め、聴衆を驚かしました。洋服を着たのもこの人で、明治六年に洋服の講談師でした。

（「松林伯円の一生」『明治百話』）

釈台を使うことや着物で高座にあがることは、普通の講談のスタイルであって、旧弊とはいえない。だが、伯円は、講演の姿かたちに意表をつく改革を断行して大衆の視線と関心を一挙に奪ったのだ。

ところで、福澤諭吉《ふくざわゆきち》の演説姿をまねたのだというテーブル演説について。

明治六年、福澤諭吉は、日本に西洋演説を広めるため演説会なるものを創始しようと考えた。伊藤痴遊によると、福澤は「三田の邸に大きな姿見を置いて、その前に立つては『諸君、満堂の諸君』と、やつては稽古したものだ」（『痴遊随筆　それからそれ』）という。ヒトラーの如くみずからの姿をチェックしながら演説の練習をしたわけだ。しかし、福澤が行っていたのは、聴衆を魅了する弁論技術の練習ではない。それ以前に、日本には演説というものが存在しなかったのだ。当時、見本とすべき日本語による演説に類したものといえば、僧侶の説法くらいだった。日本語は演説に適さず、日本語で演説をするのは不可能とさえ考えられていた。

さて、どうするか。考えながら過ごしていた福澤が、それならば講談に学ぶところが多そうだと意見してくれる人があったのかどうか。福澤は、ひそかに伯円の門を叩いたという。弁論術の教えを請うためだ。

同六年、君、諸学士ト図リ、一社ヲ起シ、明六雑誌ヲ刊行ス。其論ズル所、大ニ文化ノ進歩ヲ補フニ足ルモノアリ。又タ日本ニ演説会ヲ創始ス。君、初メ西洋演説ノ風ヲ移シテ、日本ニ開カントス。弁舌未ダ滑ラカナラズ。密ニ講談師松林伯円ニ就テ其弁ヲ学ブ。此ニ於テ、其弁流ル、ガ如ク、巧ニ滑稽ヲ挿ミ、言語平易ニシテ事理燦然《さんぜん》タリ。

（高瀬松吉編『明治英名伝』績文社、明治十六年、句読点引用者）

この文書の著者、高瀬羽皐《たかせうこう》によると、福澤が伯円のプライベートレッスンを受けたとされるのは明治六年。この努力によって、福澤は、流暢な語り口に、適宜滑稽をまじえて観衆を笑わせ、平易な言葉と内容でみずからの思想や信念を伝える技術を会得した。福澤が日本初といわれる演説会を開いたのは明治七（一八七四）年六月二十七日のことだ。

してみると、伯円が、演説会で語る福澤をみて講演にテーブルをだすことを思いついたというのはあやしい。弁舌のしかたを教えた福澤の演説会に足を運んで、テーブルを前に演説する「生徒」の姿をみてなるほどと思ったか。あるいは逆で、演説の技術になやんでいた福澤が、テーブルを前に立ち読みをする伯円をみて、その講釈を聞いて、教えを請おうと思いついたのか。しかし、だいたい福澤が伯円に弁舌を習ったというのも信憑性のあることではない。なにしろ福澤は、『福翁自伝』によると鳴り物、芝居見物のような凡俗なことに心を動かされない家風で育った。演説の技術取得のためとはいえ、芸人に教えを請うまねはしないだろうし、そもそものような発想になりそうもない。逆に、この証言を残した高瀬羽皐は少年時代、石川一口《いしかわいっこう》に弟子入りしていたほどの講談好きであった。

ともあれ、明治初年、どの芸人にもさきがけて、伯円は断髪に洋服、ぴかぴかの「開化姿」を身につけ、釈台をテーブルにかえた高座に立った。そんな伯円の姿は、新しい文明の象徴のひとつにみえた。流行の象徴であり、もはや縁起物だった。文明開化の代表的な名所といえば、銀座煉瓦通りがあげられる。その煉瓦通りに、銀座亭ができた。銀座亭は、明治七（一八七四）年（『中央区年表　明治文化篇』京橋図書館、昭和四十一年）朝野新聞社の向かいの銀座四丁目十一番地、あんパンで有名な木村屋パンの二階にもうけられた寄席だ。伯円が請われて店開きをした。

此の銀座が煉瓦に成りましたのは、申上げるまでも御座いませんが明治五六年の頃でしたが、其の頃銀座四丁目の木村屋さんが開業せられ、其の二階を寄席にして講談を昼夜興行《うつ》ことに致されました。時に明治七年、文明の魁と自ら誇つた松林伯円が此の銀座亭の席開きでした。

（松林伯知「銀座の寄席」『銀座』資生堂、大正十年）

銀座亭ができた明治七年、おなじく銀座四丁目には、松邑亭《まつむら》という寄席もでき、ここも席亭に請われて伯円が店開きをした。伯円にたのめば話題にもなり、縁起がいいというのだろう。

血気盛んな伯円は、しょっちゅう客と喧嘩をした。

それも高座がはねたあとの飲みの席などではない。いさかいは高座と客席のあいだでおこった。

伯円は、もともと講談を聞く客の態度についてうるさかった。たとえば『山中大納言』を講演する際には、これから読むのは皇室に関わることなので、といって客に帽子をとることを要求したりした。皇室に礼を尽くすため脱帽を請うくらいなら、なんの問題も生じないだろうが、高座から、客を口汚くののしり、聞くに堪えない暴言を吐いて争いになることも度々であった。

どうしてそんなことがおこったか。現代の日本人は、講談に限らず、落語でも芝居でも、その鑑賞態度はきわめておとなしい。講演中、客は行儀よく座り、笑いや感嘆、ほんの時折共感の小さな声をたてる。つまらなければ寝息をひそめて眠ったり、黙って帰るくらいで野次をとばしたりする姿をみることはごくまれである。

しかし、当時の客は難物だった。ともかく講演の最中に口を挟む。翻案物などやれば、常連には野次られ、書生にはくってかかられた。

客席から野次がとんできても、聞こえぬふりをして受け流せばいいものを、伯円は我慢せず、「凡俗」だの「ガリガリ亡者」だの「ヘチャムクレン」だのいって応戦した。

「ガリガリ亡者」「ヘチャムクレン」は現代では聞き慣れないののしり文句だ。「ガリガリ亡者」とは、身体が死者のように痩せ細った人をさすのではない。「ガリガリ」は漢字では「我利我利」と書く。文字通り「ただ自分の利益ばかりを追い求めて、他への思いやりなどのまったくない者をののしっていう語」（『精選版 日本国語大辞典』）だそうだ。ヘチャムクレとは「役に立たぬ者、意気地なしなどをののしっていう語」（『デジタル大辞泉』）とのこと。レンは連であろうから、「役立たずども、意気地なしども」という意であろう。
客の側が何をいったのかは知らないが、伯円も四十を過ぎた分別盛り。公の場で客にいってよいことではない。こうした伯円の態度に本気で心配して意見する人がいた。悪意のない懇切な意見であったのだろう。伯円は詫びて、もう二度と客をののしらないと誓った。明治八（一八七五）年十二月のことである。ところが、舌の根も乾かぬ明治九（一八七六）年一月、横浜富竹でまたやってしまった。

後藤半司という人から手紙がきた。法律の通達書をてらった戯文であるから、半司は判事のもじりであろう。

「来客を誹謗する科《とが》談妄律五条に依り罰金伯円申付る」（「郵便報知新聞」明治九年一月二十日付、傍点引用者）。ちなみに「談妄律五条」なる法律は存在しない。名誉毀損に関わる法律ならば、明治八年、反政府的な新聞社や、自由民権運動家の取締りを目的に制定された「讒謗律《ざんぼうりつ》」ならば存在した。

これに対し、伯円は「成る程去暮日本橋辺のお客様より厳しいお小言を頂戴致しましたゆへ向後罵言は一切申ますまいとお詫を致せし以来余程気を着け心を用ひ升が多年の口癖ゆへ不図《ふと》右様な罵言を申し上け実に恐れ入りました因て右金子調達の為め一際勉強して開化の講談をお聞に入れますから〇〇円寄付金の思召しで昼夜とも永当〱の五来聴を願ふ」（「郵便報知新聞」明治九年一月二十日付）と、これまた宣伝半分、冗談めかしてこたえている。

当時の講談の常連客といえば、年から年じゅう講釈場で暮らしていて、演題を知り尽くし、耳も肥えており、講談の上手下手を知る評論家でもある。そして、常連の責任として、席亭と芸人のあいだを取り持ち、周旋人に小遣いを渡したり、講談師にごちそうしてくれたりする。

それだけならば、実にありがたい連中であるが、つまらないと思えば、ごろりと横になり、木戸口で貸しだされた木枕に頭をおいていびきをかいて眠る。芸がつたなければ野次りたおす。すぐれた芸であっても、心にかなわないことがあれば、いちいちからんでくる。おまけに演目にまで口をだす。傍若無人だった。

これぞ頑迷。年来のごひいきはありがたいが、これでは、講談芸そのものの発展にさし障る。もちろん、金を払ってやってくる客である以上、排除することはできない。そこで、伯円は、高座でこうした連中の態度を当てこすって気持ちを逆なでし、自然と自分の高座に足が遠のくようにしむけた。客のうちには、常連の態度を快く思っていなかった者たちも少なからずいて、伯円に加勢した。それに、新聞関係者をはじめ、新しい知識層の客、つまり「中等」以上の客を獲得しつつあった伯円は、常連客の支持を失ってもかまわなかった。

こうした常連に対してだけでなく、ともかく観客の態度にうるさく、客が講談のじゃまになるようなことをすると、高座から叱りつけ、ひどい場合には、席主をよんで、その客に退場してもらった。

伯円の高慢な高座態度は、一面、講談の地位を高からしめ、開化姿をより印象づけるための演出でもあろうが、伯円がいかに真剣に一席一席に挑んでいたかの証明でもある。命がけで提供しているものだから、真剣に聞けというわけだ。もちろん、激しやすい伯円の性格のせいでもある。伯円は、江戸育ちらしい短気な性質をおさえることなく、感情が激するまま、いわでものことを口にした。

「郵便報知新聞」の事件から一年もたたない明治九年十月、おなじく富竹亭でわざわざ軍談口調でちょんまげ頭のことをあしざまにいったので、腹を立てた職人風の男が高座脇まで行って伯円に殴りかかろうとした（「讀賣新聞」明治九年十月四日付）。これは、すんでのところでとめてくれる人があって事なきを得た。

地方巡業中にもやらかしている。

請われて甲府に巡業にいったとき、伯円は、得意の「山県大弐《やまがただいに》」を演じた。甲州は幕府に反逆を疑われて刑死した尊皇家山県大弐の出身地であるから、土地にちなんで演目を選んだのだろう。講演中、ちょんまげを結った老翁が横になってぐうぐう寝ていた。かっとなった伯円は「ヤイチヨン髷に俺の講釈が解るものか」とののしり、さらには「全体甲府なんぞへ来んぢやアねえが、お情けに来てやつたんだ」と、必要のないことまで勢いでいってしまった。あまりの言葉に周囲からひんしゅくをかった。さすがに冷静になった伯円は詫びを入れた（大笑子「芸人笑話」『文芸倶楽部』第七巻第一号、明治三十四年一月）。「山県大弐」を高座にあげるようになったのは、明治十六（一八八三）年、伯円五十歳以降のことだから、知命の年を過ぎてなお客に喧嘩をうっていたことになる。

じつは、伯円がいちばん標的としたのは、ちょんまげ姿の客であった。

散髪脱刀令が布達されたのは、明治四（一八七一）年八月のことである。散髪脱刀令というのは、髷を強制的に切らせる法でも、帯刀を禁じる法でもない（明治九年にいわゆる廃刀令が発せられて帯刀は禁じられた）。男性に髪型の自由（女性の断髪は禁止）、士族階級であっても刀を差して歩くにはおよばないという、脱刀の自由を与えたというにすぎない。江戸期は身分・職業によって、髷の形から月代《さかやき》の剃り具合、衣服や履き物の色、素材に至るまで厳しい決まりがあった。身なりさえ、身分の越境が許されなかったのである。だから、ある意味、髪型や脱刀の自由というのは、身分からの解放、四民平等への布石であった。

よく知られた当時の戯れ歌に、「半髪頭をたたいてみれば、因循姑息な音がする。総髪頭をたたいてみれば、王政復古の音がする。ざんぎり頭を叩いてみれば、文明開化の音がする」というものがある。男性の髪型の変遷で時代の変化をうたったものだ。たかが髪型だが、いかに時代の精神を象徴していたかが感じられる。ざんぎり頭にすることで、人は、封建時代の楔から解放されたのだ。

少なくとも文明開化の伝道師を自任していた伯円にとって、髷を残したような頑固な人間、または、自分の開化講談を受け入れようとしない頭の固い客には我慢できなかった。それこそが、新しい世がもたらした恩沢をうけようとしない頑迷さの象徴であったのだ。

宮武外骨『明治演説史』(有限社、大正 15 年) 所載

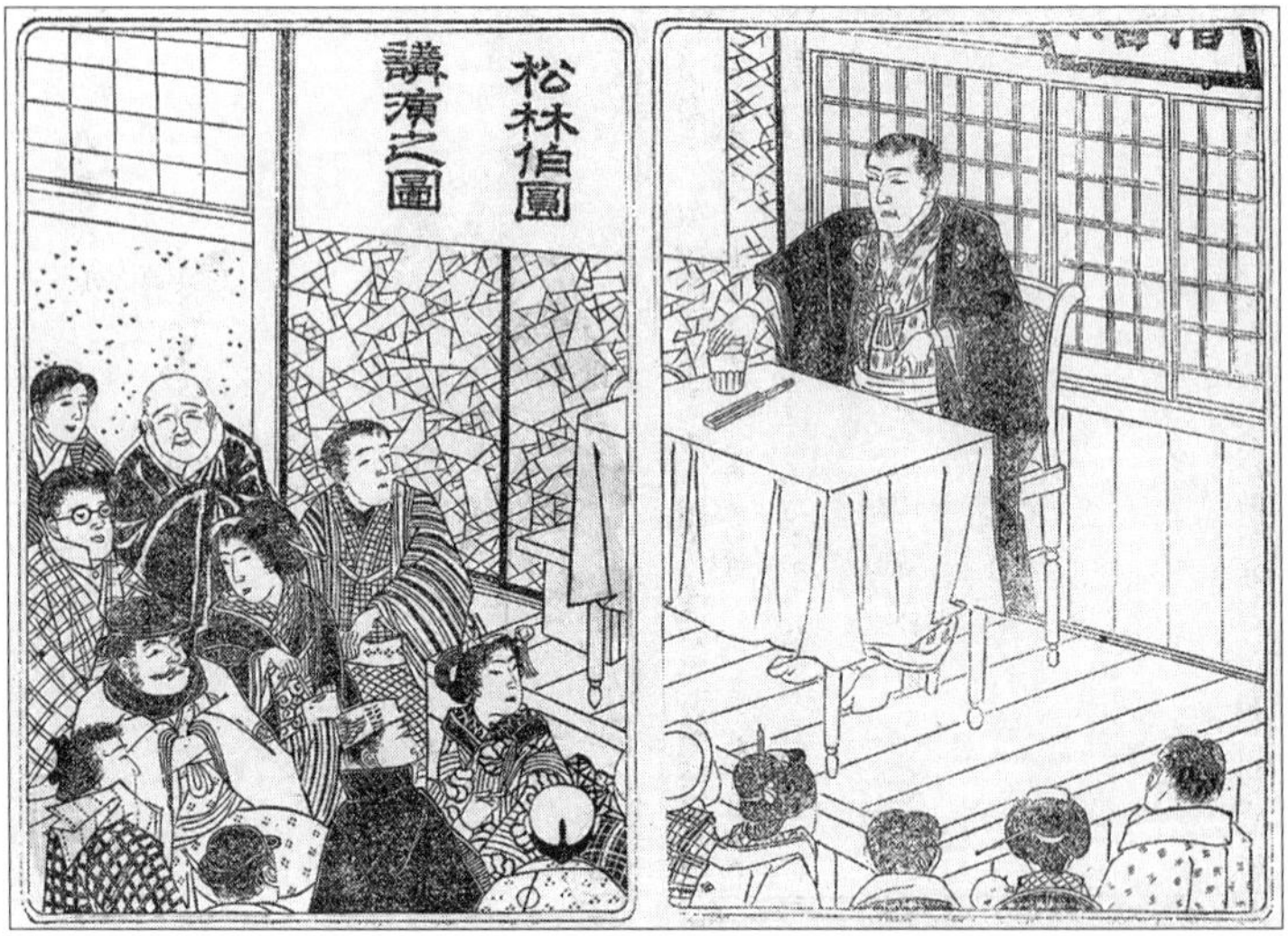

『情の世界廻転燈籠』(上田屋、明治 20 年) 口絵

講談師　英国人ブラック

福澤の初演説会から遅れること一カ月。明治七（一八七四）年七月の第二土曜日（十一日）、海軍少尉堀龍太《ほりりゅうた》は、政治思想を庶民の間にひろめようと演説をはじめた。それから東京市内各所で政談演説会を開いたが、当時の聴衆は政談に関心が薄く（というより政談といっても何のことかわからなかった）、会を開いても客が集まらなかった。そこで堀は、知己であった伯円の実兄、高橋平輔《たかはしへいすけ》に相談を持ちかけ、伯円に政談で客を集めるにはどうすればよいかたずねてもらった（東玉逸事「東京朝日新聞」明治三十八年二月十日）。

江戸のころお茶坊主だった高橋平輔は、明治になって芝区愛宕下四丁目に愛敬小学校を創設、運営していた。ある日、伯円のもとにひとりの書生が弟子入りを申し込んできた。松本某といった。よくよく話を聞いてみると、海軍に入りたくて勉強していたが、家が貧しく、これ以上学問をつづけられない。こうなったら、講談師になって身を立てようと思う。こういって、入門試験ではないが、伯円の前で「赤垣源蔵《あかがきげんぞう》」を講じた。弁舌はさわやか、ところどころに教養が光った。伯円は、青年の未来を思い、講談師になるより元の志をとげられよと説得し、兄の小学校で教師の手伝いをしながら勉強できるようにはからい、やがて海軍兵学校を受験させた。合格通知はなかなか届かなかった。松本は、落ちた、と思って落胆し、世話になった伯円と高橋に対して面目がないと失踪した。そのあとになって合格通知が届いた。伯円と高橋は、必死になって松本を探しだし、合格の吉報を伝えた。伯円と兄の高橋はそんな仲の兄弟だった。

兄の紹介で堀と知遇を得た伯円は、もとから演説に講談の未来をみていたこともあって、堀と共同で演説会をはじめた。政談で客を集めたというより、伯円の名で客を引きつけ、高座のあいまに演説を加えたのだろうが、堀の演説はなかなか魅力的で、「現今の事情を痛論し、あるいは欧米の小説を解示して聴者を奮起せしめ、間々人の頤《おとがい》を解く演舌者」(「郵便報知新聞」明治十一年四月二十四日付)で、それなりに客をよんだ。伯円は、再三、掘に出演料を支払おうとした。が、そのたびに堀は「余はただ好んで人のために利益を論説するのみ」(「郵便報知新聞」明治十一年四月二十四日付)といって受け取ろうとしない。しかたなく、酒好きの堀のために、出演ごとに酒五合と鰻めしを贈って謝礼のかわりとした。

『岳陽名士伝《がくようめいしでん》』(山田万作、明治二十四年)によると、堀龍太は、弘化元(一八四四)年四月、三保松原で有名な三保《みほ》村(現・静岡県静岡市清水区)にうまれた。平民の出身ながら、幼少から剣術を好んだ。軍歴は、戊辰戦争中、有栖川宮《ありすがわのみや》の御用として軍役をつとめたことをきっかけに入隊、たたきあげで明治七年に海軍少尉に任じられた。そして、明治二十(一八八七)年二月、少尉のまま退役した。少尉以上の昇進がなかったのは、軍務に瑕疵《かし》があったのではない。藩閥や身分の差別に勝つことができなかっただけだ。堀は、私学の兵学校を創って陸軍の将兵を育てようとしたこともあるが、うまくいかなかったのだろう。四十七歳のとき故郷の三保村に帰り、隠居した。そ

郵便はがき

料金受取人払郵便

王子局
承認

7004

差出有効期間
2023年06月
15日まで

114-8790

東京都北区東十条1-18-1
東十条ビル1-101

文学通信 行

■注文書 ●お近くに書店がない場合にご利用下さい。送料実費にてお送りします。

書名 冊数

書名 冊数

書名 冊数

お名前

ご住所 〒

お電話

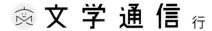

読　者　は　が　き

これからの本作りのために、ご意見・ご感想をお聞かせ下さい。

この本の書名

お寄せ頂いたご意見・ご感想は、小社のホームページや営業広告で利用させて頂く場合がございます（お名前は伏せます）。ご了承ください。

本書を何でお知りになりましたか

文学通信の新刊案内を定期的に案内してもよろしいですか

はい・いいえ

●上に「はい」とお答え頂いた方のみご記入ください。

お名前

ご住所　〒

お電話

メール

して、念願だった本物の講談師になった。放牛舎桃林《ほうぎゅうしゃとうりん》と伯円から名を一字づつ取って桃円海という芸名を名乗った（『歌舞伎新報』百六十一号）。

その堀が、明治十一（一八七八）年ごろ、ヘンリー・ジェイムズ・ブラックという英国人の十四、五歳の少年と親しくなった。

ヘンリー・ブラックは、邦字新聞「日新真事誌《にっしんしんじし》」を創刊したジョン・レディ・ブラックの息子で、安政五（一八五八）年十一月十八日、父の出稼ぎ先のオーストラリアでうまれ、日本で新聞社をつくった父によび寄せられて、慶応元（一八六五）年九月二十日、母とともに来日、横浜で過ごした。

「日新真事誌」は、政界の秘密をすっぱ抜くなど、ジャーナリズムが発達していなかった当時の日本の新聞界をリードしていた。政府は歯がみしたが、治外法権にまもられた英国人の経営のため手だしができない。そこで日本政府はブラックを左院に御雇い外国人として雇用することによって、新聞社経営から引き離し、そのうちに、法律を改正して外国人による新聞経営を禁じ、準備が整うと、ブラックの左院の雇いを解いた。国家が「日新真事誌」を危険視して、治外法権下で、できる限りの策謀を巡らしてジョン・レディ・ブラックを排除したのである。ジョン・レディ・ブラックは日本を見限って上海に新天地を求めた。その間、ヘンリー・ブラックは母とともに父の故郷スコットランドにいたが、上海で病を得た父親が日本に戻るというので、明治十一年になって再び来日したのであった。

日本に着いたブラック少年はとくにすることもなく、毎日ぶらぶらと遊んでいた。この青い目をした少年は流暢な日本語（江戸弁）を操った。父の都合で、幼少から東京と本国を行き来するうち、江戸弁と英語のバイリンガルに育っていたのだ。江戸弁を話す西洋人。当時、これだけですばらしい売り物だった。

父のブラックと知り合いであった堀は、退屈そうなヘンリー・ブラック少年を演説会に招いた。ブラック少年は演説に興味を示したようだった。やがて、すすめて演説をさせてみた。大好評だった。喝采に気をよくしたのか、ブラックはその後、いくどとなく演壇にのぼるようになった。堀から伯円に紹介されたブラックは、やがて、伯円の演説会で一緒に演説するようになった。

ブラックはいう。「ナニシロ評判の伯円が演説するといひやすので客はワイ〳〵いつて騒ぎやす、私も伯円と一所に演説しやしたが、伯円が出やせんと、チョットしか客が来やせん、そいで始終伯円と一所にしやした」（関如来編『当世名家蓄音機』）。

ブラックは伯円の人気にあやかったわけだが、伯円にとっても、自分の前座が西洋人だというのは、この時代、とびきり奇抜で、自慢だったのではないだろうか。

こうして演説に登壇して楽しんでいたブラックだが、芸人になる気はさらさらなかった。

しかし、明治十二（一八七九）年春。伯円が横浜の富竹亭に出演するというので、ブラックがたずねていくと、伯円が「オー、ブラック能《い》い時に来て呉れた、幸ひこいから一休みするところだから、何か一つやつて呉れないか」（関如来編『当世名家蓄音機』）という。気楽に請け負って、滑稽演説をしたところ、客の評価は上々だった。すると富竹亭の主人が、おなじく経営する清竹亭にもでて欲しいという。ブラックは自分は芸人ではないからとことわったが、伯円が側から口をだし、「随分能い収入があるから、一つ遣つて見ては何うだ」（「快楽亭ブラック」『文芸倶楽部』第十一巻十四号、明治三十八年十月十五日）とすすめた。ブラックもその気になって引き受け、芸人ではないながら、清竹亭で看板をあげた。これを機会に、方々の寄席で演説をするようになった。ものめずらしさも手伝って毎度客は大入り、金も儲かった。

が、折悪しく、ちょうど、自由民権運動が盛んになりだした時代だった。民権運動家たちは、路上で、広場で、寄席で、政治思想を演説した。日本はいまだ民衆が自由に政治的主張を叫ぶことができる国家ではなかった。政府による弾圧が厳しくなり、寄席で素人が演説をすることは禁じられた。

ブラックの演説は、政治性があったわけではなかった。だが、自由民権運動の取締りのあおりをうけ、ブラックも大好きな演説ができなくなってしまった。しかし、抜け道はあった。寄席で本職の「芸人」が芸をすることが禁じられたわけではないということだ。「芸」をしたければ芸人になればよい。だから、ブラックは「ほんとのマア講釈師」になることにした。英国人ブラックという芸名で登録、寄席にでることになった。

だが、ブラックが講談師の道を選んだとき、縁者、知人の猛反発を受けた。明治になって十数年、いまだ、芸人に対する階級差別の意識は払拭されていなかったのである。親の恥になるとまでいわれて、ブラックは講談師をあきらめた。

その後しばらくは英語塾を開いて暮らしていた。

ちょうど、内地雑居法が成立するとの噂が高まっていた。居留地内に暮らすことを義務付けられていた外国人に居留地の外での居住を認めるという法律だ。これからは街に外国人が溢れるとおびえた日本人のあいだで英語学習がはやった。しかし、法案が不首尾に終わるとあっというまに生徒は去り、暮らしが成り立たなくなった。もう一度芸の世界に戻ろうと考えた。それで、落語家になることにした。

落語家、初代快楽亭ブラックの誕生である。

講談師ではなくなったが、のちのちまで伯円はブラックをかわいがり、ブラックも伯円を後ろ盾として頼りにした。

西洋小説の翻案に挑んでみる

この時代、服飾品でも食品でも、思想でも知識でも舶来のものは何でも尊ばれた。新しいものには何でも挑んでみようという伯円が、翻訳物、翻案物を高座にとりいれたのは明治十（一八七七）年前後と思われる。たとえば『落語講談新聞図解』一号（永島福太郎、明治十年）は、当時評判をとった講談、落語のオムニバス（速記以前のことで、内容はすべて著者による要約）であり、伯円が演じたものとして、蘭龍《コロンブス》の簡単な事績が「西洋翻訳書談　第一回」という題で掲載されている。

『八十日間世界一周』も講談にして読んでいる。原作はフランス人作家ジュール・ヴェルヌの一八七二（明治五）年の作品だ。

原作の『八十日間世界一周』は、英国の有閑紳士フォッグが、クラブで、八十日間で世界を一周できると明言し、全財産を賭けて旅にでる。この小説は、ありそうでない世界の交通網の発達を描いた空想科学小説で、インドや、新大陸、アジアにおける鉄道の敷設の進行具合や船舶航路の発展を描き、交通の不具合や敵対者の妨害で狂った予定を意表を突いた交通手段で補う楽しみ方と、通過する「未開」国の文化の珍妙さを楽しむもので、あまつさえその珍妙な国家のひとつとして物語に登場し、世界の交通事情の発展どころではなかった当時の日本人には楽しみが薄かろう。また、世界風俗の紹介する書としても不適である。なぜなら、世界を旅する主人公のフォッグという男は、旅程の完遂のほか関心がなく、船や汽車のその他の乗り物からみえる外の光景には一切目も向けないからである。

当時の日本でヴェルヌはどのように受け取られていたのか。徳田秋声《とくだしゅうせい》は、当時の翻訳文学を四つに分類し、そのひとつを、

一 驚異的—文明開化を熱狂的に憧憬した点で、十九世紀の科学進歩の驚異にうたれやうとしたもの、冒険的なもの等である。前記ベルヌの如きは此例《この》であつて、その文態は科学書の如き説明的なものである。

（「六　明治以後の文章」『日本文章史』松陽堂、一九二五年）

と名づけ、ヴェルヌをこの「驚異的」例の第一とした。

おそらく、伯円のヴェルヌも科学進歩の驚異を追体験する冒険を主眼としたものであっただろうが、西洋と科学進歩の速度がずれていた当時の日本で、原作が意図した驚異をおなじように感じることはできなかっただろう。明治初期の日本人にとっては、世界を知ることとそのこと自体が驚異であり、冒険だった。だから、伯円の講演は、ヴェルヌの原作『八十日間世界一周』より、むしろ、仮名垣魯文《かながきろぶん》の『西洋道中膝栗毛』のほうが近いのではないかと思うが、推測にすぎない。

伯円の『八十日間世界一周』は神田明神の開華楼ではじめて講演され、非常な好評をもって受

け入れられた。円玉は語る。

明治九年に、湯島天《ママ》神の開華楼で初演した『八十日間世界一週《ママ》』といふのは、ドイツ《ママ》の小説を演じたものだが、あゝいふものが、どうしてこんなに面白く、流暢に読めるかと思はれる位ゐ、実に天衣無縫の芸の力に頭を下げさせられるものであつた。

（「名人『泥棒伯円』を語る」『雄弁』第二十五巻十二号、昭和九年十二月）

それにしても、伯円はどこから西洋の情報を得たのだろうか。伯円は、英語が読めた魯文とは違い、西洋の文物に触れるような学問を積んだことはなく、横文字は一文字も読めなかった。それでは、翻訳がだされたものを選んでいたのかといえば、そうでもなさそうだ。

伯円には、口頭で西洋の知識を与えてくれる心強い味方がいたのだ。澤太郎左衛門《さわたろうざえもん》である。澤は、文久二（一八六二）年、二十七歳で幕府より榎本武揚《えのもとたけあき》や西周《にしあまね》らとともにオランダ留学を仰せつけられ、海軍の諸術を学んだ。慶応二（一八六六）年、四年間の留学を終えて、幕府がオランダに発注していた開陽丸を回航して帰国した。故国の地を踏んだのは、慶応三（一八六七）年の春。翌年の正月には鳥羽伏見の戦いが勃発している。澤は、開陽丸の副艦長として、大坂城を脱出した徳川慶喜《とくがわよしのぶ》らを江戸に運んだ。

その後、澤は、開陽丸の艦長として箱館戦争を戦い、蝦夷共和国では開拓奉行をつとめた。降伏後入牢を仰せつかったが、明治五（一八七二）年に放免、明治政府に仕えた。それまでの経歴を考えればもっと栄達を望めたかもしれないが、もっぱら海軍大学にたずさわってキャリアを終えている。爵位は生涯固辞してもらわなかった。伯円との交流は、伯円が品川湾停泊中の開陽丸に召されたときからつづいていた。

幕末、西洋知識の所持者は、本来の技術や、興味、素質に関わらず、その知識は時代の要請で軍事に利用された。元来は医者であったのに、軍政家として使われた大村益次郎《おおむらますじろう》しかりである。澤は海軍の軍人・技術者としてその知識を養われたが、もともと文学に興味があったのだろう。留学から帰国の折に、チャールズ・ディケンズの『二都物語』の英語の原書とオランダ語訳を持ち帰ったことは有名だが、ほかに持ち帰った本のなかに、英訳版の『八十日間世界一周』もあったという。『八十日間世界一周』は、横浜正金銀行の社員川島忠之助《かわしまちゅうのすけ》が明治十一（一八七八）年、英訳本から初の邦訳を刊行した。伯円の講演の初演が明治九年という円玉の記憶がたしかならば、この翻訳の刊行以前のこととなる。翻訳によらず、澤からおおまかな物語を教えてもらったのかもしれない。

伯円が澤から得たとするネタに、伯円の開化講談の定番のひとつとなった『オチリヤ艸紙　独逸賢孃』（速記本は愛智堂、明治二十四年）という作品がある。伯円によると、オチリヤの物語は澤の留学中、評判になったベルリンで実際にあった事件で、事件をもとに多くの著作がなされた。澤は、もろもろの作品のなかでもっとも優れていた「ブリユニングリユー」という人物の著作を持ち帰り、明治になってこれを翻訳し、皇室に披露したのだという。

明治十一年十一月十三日、澤の邸宅でこの披露の記念のもよおしがあった。招かれた伯円は、作品が朗読されるのを聞いてすぐ講談にすることを思いついた。そして、そのわずか三日後の十六日、九段下の偕行社で陸軍の軍人たちを前に講演した。

『オチリヤ艸紙　独逸賢嬢』は、若き学者フローリスが、さる大銀行の頭取の家に、十一歳になる長男アレクシスの家庭教師として住みこんだ。アレクシスはひどくわがままなうえ、乱暴で、これまで大勢の教師が雇われて教育を試みたが、みな手を焼き、数日を経ずして辞めてしまった。だが、フローリスのみは、この腕白小僧の心を摑み、兄とまで慕われるようになった。この銀行家の家には、アレクシスの姉にオチリヤという、十八になる賢く美しい娘がおり、フローリスに恋慕の情を抱くようになった。そのため、フローリスは、オチリヤを手に入れ、銀行を乗っ取ろうともくろんでいた支配人スヌークの奸計にあって、銀行の金を横領した疑いをかけられ、職を解雇されたうえ、元軍人の厳格な父親によって自宅幽閉されてしまう。オチリヤの活躍もあって、あわれなフローリスの冤罪がはらされ、オチリヤと結ばれるといった物語である。

伯円は、物語の末尾、「ブリユニングリユー」がこの物語を描いたことで、巨万の富を得たというが、ヴィクトル・ユゴーもアレクサンドル・デュマもすでにいた当時のヨーロッパで、この程度の三文小説で巨万の富が築けようとは思えない。が、日本では、新鮮だった。

舶来の物語というだけで、すさまじく新鮮だっただろう。この『オチリヤ艸紙　独逸賢嬢』をみていると、明治の庶民にとって、西洋世界というものがいかに遠く、想像のおよばないものであったかがよくわかる。この物語の速記本は、明治二十四（一八九一）年に刊行された愛智堂のもので、表紙と口絵こそ西洋人の絵だが、なかの挿絵はすべて日本の光景、日本人である。オチリヤ嬢も、挿絵では高島田に振袖の日本人の令嬢として描かれている。

伯円は黒岩涙香《くろいわるいこう》のように、登場人物の名前を日本名に変えることはしなかったが、情景の説明には、あえて日本の風景をイメージさせた。たとえば、フローリスとその父がベルリンの公園を散策する場面があるが、公園というものをイメージさせるため、伯円は上野公園になずらえ、昼食をとろうというレストランも、候補として上野公園周辺の料理屋、松源、鳥八十、恵比寿亭、伊予紋などを並べている。伯円のおしは、伊予紋であったらしく、フローリスに「料理は旨し値も廉、座敷も可成で風呂場もあり、都《すべ》て清潔で中等社会には適当な割烹《かっぽう》店であります」と宣伝させている。レストランで風呂を御馳走するなど、西洋人にとっては驚異であろう。料理屋については「一寸提灯持《ちょうちんもち》をいたします」といっているから、笑いを設けるためにいったことかも知れない。伯円自身、当時のたいがいの人とおなじく、西洋の光景といっても人づてに聞いたことがあるだけだった。聴衆よりも一歩先を知るふうに振る舞っていても、物語りを聞きながら観客の頭のなかを流れる光景も、読み聞かせている伯円の脳裏にうつっていたのも、ともに明治日本の和洋折衷の景色であったかもしれない。

澤太郎左衛門との交流は、欧米の知識を授けてもらっただけではなかった。

明治二十七（一八九四）年のことだ。毎年のように伯円は、避暑のため大磯の宮代屋（『文芸倶楽部』第五巻一編では角半楼）に滞在していた。その年は、たまたま、隣室に澤太郎左衛門がいた（小野田翠雨「故澤太郎左衛門翁と松林伯円」『同方会報告』第十三号、明治三十二年十二月）。偶然顔を合わせ、気安く、

「イヤ伯円さんか、オ、澤先生で入らつしやいましたか」

から会話がはじまり、滞在中、一緒に碁を打ったり、酒を飲んだりして遊んだ。
二、三日して、澤が伯円の部屋をおとずれ、自筆の十枚ほどの小冊子をさしだした。
「伯円さんお前に好い物を上げやう、是れは私が多年此大磯に来る度に調べて置いた物だが、私には余り用のない物、併しお前さんには何かの材料にならうから、上げませう」

表紙には「虎姫の記事」と書かれていた。

虎姫（虎御前といったほうが通りがいいかもしれない）は、大磯出身で、『曽我物語』の曽我兄弟の兄、十郎祐成《じゅうろうすけなり》の恋人だった。澤の遺稿によると、伏見大納言藤原実基《ふじわらさねもと》（徳大寺実基）が、鎌倉の方面に行ったとき、山下長者の家の女性にうませた娘ということだ。曽我十郎祐成に出会ったのは十七歳のときで、彼らはたちまちに恋に落ちた。虎姫は、その美貌を見込まれて、ほうぼうの大名に招かれることがあった立場を利用して、十郎のために仇の工藤祐経《くどうすけつね》の情報を集めた。仇討ちの際、十郎が討ち死にしたと聞くと、彼女は、ただちに出家し、愛した人の菩提を弔らって生涯

をおくった。出家したとき、いまだ十九歳であったと伝えられる。

澤が虎姫の伝承に興味を持ったのは、幕末のことだ。海軍伝習隊として長崎に赴く途中、大磯に宿泊することになった。予定よりはやくに到着したため、宿役人の案内で、延台寺に詣でた。そこで安置されていた虎子石という石をみせてもらった。その石は、十郎が虎姫のもとに通う際、射かけられた矢の盾になったりと、十郎の身をいくどか守ったため、虎姫がかたわらに置いて愛玩していたものという。以来、澤は虎姫に関心をもち、その後四半世紀にわたり、調べるともなく心にかけて、大磯に滞在した際、気が向けば虎姫に関わる古跡をたずね、知るひとがあれば話を聞いたという。

「曽我物語」は伯円得意の演目であった。かつて、伯円の曽我物語を聞いた伊藤痴遊《いとうちゆう》は、

最も至難《むづか》しいとしてある、小袖乞ひの一席であつたが、皺枯れた声で、満江らしい其人の、昔を偲ばせた。

富士の狩屋へ忍び込んだ時、兄弟の強勇を、よく現はし得た。十郎の強いうちに、柔《やさ》しみのある所と、五郎の遠慮なく勇ましい所とを、二つながら巧に語り分けた。

（『痴遊随筆　それからそれ』）


という。どんな伎倆にすぐれた講談師でも、それぞれ得手、不得手があって、堅い物が得意な

人も、柔らかい物が得意な人がいる。それは声の質や芸風に対する向き、不向き、あるいはその人の領分といっていいかもしれない。しかし、伯円はどちらをやっても遜色ない絶妙の伎倆を発揮した。

曽我物語は、大変に難しい読み物とされている。それゆえに、伯円の伎倆をより光らせる演目でもあっただろう。

伯円は澤からの贈り物をよろこんで受け取り、講演に活かした。「曽我の春駒」（『文芸倶楽部』第五巻一編、明治三十二年一月一日）はそのひとつである。これは、「和田酒盛」といわれる、和田義盛《わだよしもり》の宴席での虎をめぐる曽我兄弟と和田のいざこざを描いたものだが、『流布本　曽我物語』でも『吾妻鑑』でも、虎は遊女と語られるが、伯円は、澤の説にのっとって山下長者の家の娘としている。

澤は明治三十一（一八九九）年に亡くなり、この冊子が伯円に遺された形見の品となった。

澤のほかに、伯円がひいきにあずかった西洋知識を持った旧幕臣に、蓮舟田辺太一《れんしゅうたなべたいち》がいる。田辺もまた幕府の使節として二度の渡仏経験がある。だが、伯円が蓮舟から得たのは西洋の情報というより、幕末の追想で、伯円はそれをもとに「近世史略」を読んだといわれる。『明治百話』（「松林伯円の一生」）によると、田辺太一、榎本武揚、江川太郎左衛門《えがわたろうざえもん》らの話を集めた幕末秘話であるという。「近世史略」に関しては、幕末の事績を記した山口謙《やまぐちけん》による同名の書が伯円が講演をはじめた同時期に刊行されているが、伯円が参照していたか、速記が残らないので不明。

明治初年、外務官僚として活躍していた蓮舟は、磊落《らいらく》で、生活も万事派手やかだった。あるとき、外務省で同僚だった榎本武揚に頼まれて、地方出張に行く榎本に代わって給料を受け取りに行った。が、金を手にすると、むらむらと力が湧いてきて、仕事を終えると、そのまま柳橋へおもむき、榎本の金で芸者をあげて豪遊し、一晩で使い果たしたが、大して気に病みもしなかった。自宅でも、連日芸人を招いて大騒ぎしていた（『現代百家名流奇談』鈴木光次郎、実業之日本社、明治三十六年）。当時十代前半だった長女の龍子《たつこ》、のちの閨秀作家三宅花圃《みやけかほ》は、騒がしさを避けて戸棚にこもって本を読んだという（『名媛の学生時代』中島益吉編、読売新聞社、明治四十年）。伯円も、当然、田辺邸の宴会に招ぜられ、龍子嬢を戸棚へ追いやったひとりであろう。

第4章

新聞を読む

ごひいき「郵便報知新聞」

宮武外骨《みやたけがいこつ》によると、明治元（一八六八）年から六（一八七三）年までのあいだに全国で発行された新聞はおおよそ二百種。それも明治五、六年に集中している（『宮武外骨著作集』第壹巻、河出書房新社、一九八六年）。

有名なところでは、明治三（一八七〇）年十二月「横浜毎日新聞」が、「東京日日新聞」が明治五（一八七二）年の二月、「郵便報知新聞」は明治五年六月に創刊された。少し遅れて「朝野新聞」の創刊は明治七（一八七四）年九月である。

だが、読者のほうは、新聞とは何なのか、きちんと理解している者はほとんどいなかった。『近代日本の新聞読者層』（山本武利、法政大学出版社、一九八一年）には、新聞創刊当時、いかに読者が新聞に対して無知であったかを示す面白いエピソードが紹介されている。「日新真事誌」の定期購読の勧誘をしてまわっていたジョン・レディー・ブラックが、ある富商の店をたずねたところ、そこの主人は「日新真事誌」の内容を大いに評価した。そこで、定期購読をすすめると、主人は、すでに一部持っているのに、なぜまたおなじものを購入する必要があるのかという。新聞とは、毎日新しい情報を積んで、日々発行されるものだということを理解できていなかったのだ。

知的富裕層であってこのていたらくなのだから、ほかは推して知るべしだ。日本の近代化に新聞の普及が不可欠と考えていた政府は、その無知をあがなうために、新聞聚覧所《しゅうらんじょ》などを設けて招いたが、茶や煙草盆まで置いて誘っても人は集らず、容易に新聞は根付かなかった。

そうした流れのなか、浅草の興行師が画策して、明治六年七月、東京、浅草奥山に設けられた新聞訓読場で、神田伯麟《かんだはくりん》、伊東潮花《いとうちょうか》、小金井蘆州《こがねいろしゅう》ほか七名の講談師が訓読師として新聞各紙を読んだ。「読む」といっても、ただ朗読するのではなく、かみ砕いて解説しながら、わかりやすく読み解くのである。その訓読師のひとりが伯円であった。このとき、伯円は、各新聞をかいつまんで読み聞かせるとともに、菊池容斎《きくちようさい》の『前賢故実』の講釈を行ったという。菊池容斎は画師であり、件《くだん》の著書は、神武天皇から室町初期の後亀山朝までの代表的人物五百名の肖像画に簡易な小伝を付したものである。常は、画家が技術の修練のために模写をする題材として用いたが、初学者に歴史を学ばせるにも格好の教材であろう。この会はまったくの無料というわけではなく、お茶代として一銭五厘を徴収したが、実力人気ともなった講談の真打を集め、人気の絶頂にあった伯円を加えて、一銭五厘は安い。料金は本当に茶代であって、出演者はボランティアであろう。浅草奥山は芝居小屋や見世物小屋が軒を並べる歓楽街。客は物見遊山の延長で聞いていった。

伯円は、こうしたもよおしは別にも行っていて、明治十（一八七七）年十月から、伯円は木挽町一丁目福田亭の昼席で、「月次土曜日」（第二土曜日）に、「童蒙演舌」という女性とこども向けに漢籍と洋書の講座を開催している（「郵便報知新聞」明治十年十月一日付）。もちろん伯円は漢学の専門家でもなければ、洋書を読むこともできなかった。どうやら、学問に深い造詣を持つことと、初心者におもしろく、わかりやすく教えるというのは別の能力であるようだ。

伯円が正確にいつから、新聞をネタに講談を読みはじめたのかはわからない。こうした訓読師の役目を果たして気がついたことか、そのあたりの因果関係もはっきりしない。ただ、伯円は、このできたばかりの新聞に着目した。うまれたばかりの情報、人々の関心を集め、話題の中心になっていく情報を読んだら面白いのではないか。今を呼吸する新しい講談の道が開けるのではないか。伯円はさっそくに新聞から講談になりそうな話題を拾い、講談にして高座にあげ、情報に飢えた人々の聴衆の心を奪った。

明治の大衆にとって、ニュースを聴覚から仕入れるというのは、わりあい一般的なことだった。むしろ、明治初期から日露戦争くらいまで、庶民大衆にとっては、文字を読むことよりも、口頭で語られることがメディアの中心であった（加藤秀俊・前田愛『明治メディア考』中公文庫、昭和五十八年）。明治十年まで、新聞は鈴をつけた新聞売りが往来で勘所を聞かせて売る、読み売りだった。また、新聞を読むという行為であっても、現在のように黙読するのではなく、音読され、ニュースは家族内の識字の不自由な人にも耳から伝わった。しかし、新聞に記された有象無象の話題が、話芸の新作のネタになるとはなかなか思いいたらなかったのだろう。

伯円の新聞講談は、新時代をとらえたものとして歓迎された。伯円の講演に取りあげられる宣伝効果を見込んでのことだろうが、新聞社側でも、伯円に接近をはかり、ネタの売り込みを行った様子がうかがわれる。

伯円は其頃の演芸者には珍しく新聞と云ふものに最も重きを置いて東京中の新聞は勿論大阪の新聞までも取寄せて毎朝起きると先づ何よりも先きに各新聞紙に目を通して新らしい事、珍しいことは細大漏らさず一々書き留てこれを早速其日の高座に応用すると云ふ風でした、さうして新聞記者には進んで接近しましたから各新聞社長初め記者連中のひいきも多く、それがため少からぬ便益を受けたのでした

（円玉「「私」の思ひ出話」「国民新聞」昭和四年五月十五日付）

さらに伊藤痴遊《いとうちゆう》によると、

古い講談に、漸《ようや》く厭いて来たものと、新らしい嗜好から、斬新な講談を聞き度《た》い、と思って居たものが、伯円の大胆な試みに共鳴して、大に歓迎したので、伯円も、頗《すこぶ》る乗気になった。

報知社の人々は、殊に之を奨励して、殆《ほとん》ど伯円の後援者となり、材料の供給から用語の訂正まで立入つて、その世話をするやうになつたので、紳士や学者の間に伯円の贔屓が、漸次《だんだん》

多くなつてきた。（『痴遊随筆　それからそれ』）

という。そんなことで、情報が精緻に富み、知識人が聞くに堪えないようなつくりごとが減り（とはいえ、当時の新聞自体、誤報、虚飾が多く真実を伝えるメディアとして熟してはいなかったが）、新しい客層を獲得していった。

伯円が参照したあまたの新聞、雑誌のなかで、あえて名指しで後援者の「誉れ」を受けたのが郵便報知新聞社だ。

そのはじめは、駅逓寮《えきていりょう》のためにつくられたちいさな業界新聞であった。前島密《まえじまひそか》はヨーロッパ視察から戻ると、視察中、必要性を痛感した郵便制度の設立と、新聞の創刊に取りかかった。郵便報知新聞社の創業者、小西義敬《こにしぎけい》は駅逓寮の役人であった。前島密の意をうけて社主として新聞創刊を行った。「郵便報知新聞」は明治五年六月十日、駅逓寮肝いりで発刊され、できたばかりの郵便局に配布された。毎月五回発行、定価は三銭だった。

創設過程から郵便局の機関誌になりかねなかった「郵便報知新聞」を、独立した新聞社として成長させたのは、小西の能力によるところが大きい。

小西は社交術に長けた大変な交際上手だった。

小西敬義《ママ》氏は、両国矢の倉の名主の息子で、役人上りに、にあわず、きわめて世才にたけた、八方美人的実際家であつた。ことに新聞経営には、一種非凡の手腕を有し、当時にあつては全くめずらしい新味のある人物であつた。（『今日の新聞』報知新聞社出版部、大正十四年）

「郵便報知新聞」は創刊一年にしてはやくも日刊紙となり、社屋は日本橋横山町の泉屋の二階から、両国広小路の碁会所の二階、そして薬研堀十八番地の相撲の親方の住居跡と移転を重ねる度に大きくなった。

明治六年からは栗本鋤雲《くりもとじょうん》が主筆をつとめた。旧幕時代栗本は、外国奉行、勘定奉行、箱館奉行を歴任、パリ万博に出席する徳川昭武《とくがわあきたけ》に随行して渡仏し、その滞仏中に徳川政権崩壊をむかえた。新政府も欲しがった最新の知識を持つ高嶺の花の人材だった。しかし、栗本は、旧主君に忠節を貫き、生涯新政府に仕えなかった。それで栗本の知性は、ジャーナリズムに費やされることになった。はじめ「横浜毎日新聞」に、転じて「郵便報知新聞」に入社した。

栗本は、福澤諭吉に共鳴して、慶應義塾の塾生数名に「投書」を書かせることにした。このなかに、のちに報知新聞社の社長となる箕浦勝人《みのうらかつんど》や、『文明東漸史』を著した藤田茂吉《ふじたもきち》もいた。「郵便報知新聞」は編集者、記者の人材に恵まれて、文化的に豊かに成長した。宮武外骨は、明治初期に発刊された新聞の第一号を集めた『文明開化　新聞編』で、

郵便報知新聞　第一号

駅逓頭前島密の保護で小西義敬（喜左衛門）が発起した駅逓寮の御用新聞である、売弘元は和泉屋といふ本屋であつて両国郵便役所の主任をして居た太田金右衛門である（中略）本紙は後に栗本鋤雲が編輯主任になり、八年の春頃は依田百川《よだひやくせん》（学海）が加はり、藤田茂吉が主幹になつて勢力を増し、九年後に犬養毅《いぬかいつよし》が入社し、西南戦争の従軍記者として毎日通信を出し、尾崎行雄《おざきゆきお》、箕浦勝人、矢野文雄《やのふみお》など、当代の雄弁家が論説記者として働いて居た、また十四年原敬《はらたかし》が同新聞の記者として民権論を続出したなど、異彩とり〲で、其古新聞を披読しても、興味津々として時の過ぐるを知らない

（『宮武外骨著作集』第壹巻、河出書房新社、一九八六年）

と、辛口の宮武外骨が好意的な評価をくだしている。

伯円は、この郵便報知新聞社といつごろから、どの程度の関わりを持っていたのか。

伯円の側からたどると「東京日日新聞」（明治七年十二月二十三日付）に、伯円は好んで「報知新聞」の記事を読んだとあり、さきにあげた伊藤痴遊の証言からも、新聞社側から直接何かしらの便宜をうけていたことが想像される。

また『明治百話』（『松林伯円の一生』）には、郵便報知新聞社の社主小西義敬がもよおした茶番に出演し、伯円は『鞘当《さやあて》』の花魁葛城を演じ、多いに笑いをとったことが記されている。そのとき、伯円はこの姿を「阿母《おふくろ》」にもみせにいく、といって、その扮装のまま往来を歩いて行った。

さらに、

今の報知新聞は、昔は郵便報知新聞と称して、文芸上の記事が、一番多く掲載された。講談の材料《たね》になるやうな、歴史の裏面を書いたり、偉い人物の逸話なぞを、附録にして出したこともある。
（『痴遊随筆　それからそれ』）

伊藤痴遊がいう「附録」というのは「郵便報知新聞」が、明治七、八年にかけて本紙の附録として発行した錦絵新聞を指すと考えられる。これに伯円が関わっている。

錦絵新聞とは、本紙の記事のうち、人気のあったものを選んで、絵師が事件に即した画を描き、頭注で記事を説明し、色摺木版で刷ったものだ。頭注の執筆者には記者のほか、有名な講談師、落語家らがいた。「多色刷りの浮世絵版画を指す「錦絵」と、幕末に欧米から新しい概念として導入された「ニュース」＝「新しく聞き知ったできごと」＝「新聞」とが結びついて誕生した、明治初期の視覚メディアである」（土屋礼子解説『錦絵新聞集成』文生書院）という。「東京日日新聞」がはじめ、「郵便報知新聞」がそれにつづいた。この錦絵新聞の頭注の執筆陣に伯円が加わっている。

伯円が執筆を担当した「郵便報知新聞」の錦絵新聞は十作で、画工は、すべて大蘇芳年《たいそよしとし》。内容は、「佃島の懲役人らが読み書きを学ぶ」「芸者梅吉が学生中島氏に諫言」「老人の恋文に恥をかかせぬ風流芸者」「新潟の獄の牢破りが捕まる」「大阪の女賊が捕らわれの途上で出産」「蕎麦屋の女房が夫に熱湯を浴びせる」「吉原金瓶楼の舞曲」「飾磨県で若妻が夫ともめて自害」「恐怖で唖になった子が父の死後回復」「夜の床で女房をねぶる真っ黒の怪物」（タイトルは土屋礼子編『錦絵新聞集成』文生書院による）というもの。くわしく内容を語らずとも、これだけでどのような記事かの予測はつく。内容のほとんどすべてが、殺人、強盗、痴情のもつれ、怪異、犯罪者の捕縛場面などのゴシップである。伯円が新聞のどのような記事を講談の材料として取りあげていたのかよくわかる。

当時の庶民の感性が伝わる興味深いものなのだが、新聞社にとってはさほど重要視されていなかったのか、郵便報知社においては、数十年たつと、

新聞紙の勢力が漸く世に認められると同時に、機を見るに敏な絵双紙屋が、新聞に掲載された事件を、一枚刷の錦絵に作り、新聞名と掲載の号数と記事をそのまゝ刷り込んで発行することの流行したのもこの頃で、これは直接新聞社の仕事ではなかつたが、本紙の記事を絵にしたのは、当時の浮世絵の泰斗大蘇芳年であつた。（『報知七十年』報知新聞社、昭和十六年）

と、絵双紙屋が勝手に作製したことになっている。

とくに証拠のあることではないが、知的エリート層である新聞記者たちの大衆文化・大衆芸能に対する、かすかな侮蔑が感じられる。戦前に記された報知新聞の社史に類する、『今日の新

聞』（報知新聞社出版部、大正十四年）にも、『日曜報知』（新年特別臨時増刊、第二十八号、昭和六年一月一日）の特集「報知新聞を築き上げた人々」にも、伯円どころか、講談の話題さえ登場しない。あえて記さなかったのではあるまい。記すほどのことではないと判断されたのだ。

しかし、伯円にとっては、そんなことはどうでもよかっただろう。「郵便報知新聞」のみではなく、あらゆる新聞社や、政府の思惑は、伯円にとって、利用し、利用されるものであった。政府や新聞社は、伯円の人気を、宣伝やアジテーションに使おうとした。伯円としては使われてやる代わりに、ネタを得、便宜を得、ひいきを得る。充分におつりのくる関係ではないか。

そして、伯円と新聞社とのコラボレーションの成果は、このさきに脆弱な新政府を襲うことになる内乱でさらに発揮されることになる。

上：「佃島の懲役人らが読み書きを学ぶ」
（郵便報知新聞　第449号）

下：「恐怖で唖になった子が父の死後回復」
（郵便報知新聞　第651号）

伯円流、強盗殺人事件の報道

「各新聞社長初め記者連中のひいき」（「「私」の思ひ出話」「国民新聞」昭和四年五月十五日付）には、さきに述べたようにはっきりしないことも多いが、当時、横浜で発行されていた「仮名読新聞」の社主は、まぎれもなく伯円のひいきであり、おしみなく講談につかえそうな情報を提供した。さらに、友人同士といってよく、私信を交わし、情報を共有し、創作を高めあった。

「仮名読新聞」の社主とは、だれあろう戯作者仮名垣魯文《かながきろぶん》である。

魯文の著書『安愚楽鍋《あぐらなべ》』（明治四年）に、「文盲《ものしらず》の無益論《むちゃろん》」という章があり伯円の名が登場する。講談好きの男が落語好きの友人に講談を勧める話である。なにがこっけいかといえば、彼は、いろは文字四十七字程度しかよめず、ちゃんとした学問はない。だが、講談が大好きで耳学問だけはあった。講釈場にあらわれては、中入りする講談師にはなしかけるなどして楽しんでいた。この男が、落語好きの友人に講談をすすめていう。

「安さん、おめへはともかく、柳川やゑんてう（引用者注・三遊亭円朝）のつゞきばなしが、すきだけれど、チト講釈のはうをきいて見なせへ。そりやア、天下の御記録よみだから、又おとしばはしなんぞとはちがつて、実がある子。このせつ、駒形の席へ、昼は伯円、夜は燕尾〔伊東燕尾〕が出るが、なかくおもしろいぜ。おとしばなしもをかしくつて、いゝけれど、根がこしれへものだから、きいてしまツてからは、ゆめを見たやうな心持だが、そこは実録の、みつしりした徳にやア、太閤記でも後風土記でも、がうせいな物だヨ。〔後略〕」

〔『安愚楽鍋』岩波書店、一九六七年〕

『安愚楽鍋』は文明開化の象徴的風景のひとつ、牛鍋屋につどう人びとを、写実的、かつ風刺的に描いた作品である。この講談好きの男の滑稽さは、学問をきちんとせず、歴史についても講談で聞き知っただけの半可通にも関わらず、得意げにひけらかしているところにある。ただし、この男は演芸の通人ぶっているのではない。魯文は、流行の芸人の名を並べ立て、悦に入った男の姿を活写している。伯円の名は、流行のひとつとして登場する。世話物ではなく、「実録の、みつしりした」物を読む軍談家としてとりあげている。

伯円と魯文は江戸のころからの友人だった。魯文が、「いろは新聞」の明治十六（一八八三）年十一月二日から十二月十一日までの二十九回に分けて連載した「山県大弐順天禄《やまがただいにじゅんてんろく》」について、「いろは新聞」広告〔明治十六年九月二十九日付〕にはこうある。

一日《あるひ》友人松林伯円に会し所蔵の大弐記二帙を投与し得意の講談に演せしめんとせしも幕政の時伯円その異説に憚《はばか》りて此講談を開口せざる事既に二十余年現今山県氏の偉業稍世に公言す

るに際し昔年同氏が東向巳来尊王倒幕の大義遂に果ず一朝刑場の怨鬼となりしも時運百歳の後に全く猶《なお》幸ひにして其末葉現に山梨県下と東京府下に存せるにより此枝葉依て本末明瞭その伝記の実を得たり

江戸のころ、魯文は、伯円に相談して、山県大弐の事績を講談にして読んでくれるように頼んだ。しかし、山県大弐は、幕府から謀反を疑われ刑死した人物である。そうした人物に関する作品を公にすることは、場合によっては死の危険さえはらむ。宝暦の昔、講談師馬場文耕《ばばぶんこう》が、多数の幕閣を巻き込み、藩主金森氏を改易にまで追い込んだ郡上《ぐじょう》一揆（金森騒動）を講談として読み、みずから文章化して出版に呈したところ、幕府に捕らえられ、市中引き回しの上、打ち首獄門という極刑に処された例もある。伯円は舌禍を恐れて、講演をひかえた。

しかし、幕末に魯文から本を譲られて以来、山県大弐のことはずっと心にかかっていたのであろう。事績を求めて資料をあさった時期もあった。ただし、古い関心事というのは、なにか衝撃的なきっかけがないと実現にむけて進展しない。伯円を講演の実現に突き動かした一番の動機は、明治十三（一八八〇）年六月に明治天皇が山梨県を巡幸したことだ。二十二日、龍王村を通過した折、明治天皇は同村に大弐の墓があることを知って侍従を勅使として遣わした。天皇がその存在に敬意を持って留意したということは、その人物が尊皇の人であり、正義の士であると正式に認可がおりたも同然だ。また、「いろは新聞」の広告にあるとおり、山県大弐の子孫をみつけ、その話を聞くことができたことも大きい。山県大弐とその同志、竹内式部《たけのうちしきぶ》、藤井右門《ふじいうもん》の三人の事績を読んだ速記本『明和三幅対　勤王亀鑑』（イーグル書房、明治二十四年）には、日本橋区通二丁目九番地で医者をしている今村亮《いまむらりょう》という人が山県大弐の嫡孫であり、その子息は姓を山県にもどし、山県昌蔵《やまがたしょうぞう》を名乗っていることを知り、会いにいって話を聞き、資料をもらったとある。

山県大弐の講演は、「いろは新聞」掲載の魯文の連載と歩を合わせ、明治十六（一八八三）年十一月二日から「仮名垣魯文翁原稿　勤王百家伝之内」（「いろは新聞」明治十六年十月二十七日付広告）として高座にあげた。おおよそ二十年来の約束がかなったことになる。

伯円は、魯文がもよおした派手な悪ふざけにも参加した。有名なのは、明治十一（一八七八）年七月、魯文は猫たちへの追悼として、浅草奥山に猫塚を建立の費用を捻出するため、中村楼にて「珍猫百覧会」なるものをもよおした。魯文秘蔵の猫に関わる書画骨董を並べて展示し、入場料を集めようという算段であった。

当日は、九時開場、夜八時閉場。伯円はこの会の周旋補助を、絵師の大蘇芳年《たいそよしとし》や、武田谷斎《たけだこくさい》（尾崎紅葉の実父。素人幇間として有名であった）、三遊亭円朝《さんゆうていえんちょう》らとともにつとめた。また、会の最中、清楽の合奏会がひらかれ、音楽が奏でられるなか、伯円が祝辞を読んだ。海軍軍人の演説家堀《ほり》龍太《りゅうた》も猫についての演説をしている。歌舞伎界からは、尾上菊五郎《おのえきくごろう》や市川小団次《いちかわこだんじ》が来会した。

文人、芸人、俳優らが一堂に会し、まさに百花繚乱の風情だが、なぜ猫への供養がこんな賑やかなことになるのか。まず、この「猫」を動物の猫と勘違いしてはならない。「猫」というのは、魯文が使った芸妓の隠語であり、本当に猫の供養をしたいのではなく、みずからが筆誅を加えてきた猫＝芸妓を追悼するという趣向の遊びなのだ。魯文が愛憎をかたむけたのは芸妓であって、本物の猫ではない。魯文の菩提寺である永久寺（東京都台東区谷中）にこの猫塚がある。碑銘は、花柳界に通じた成島柳北《なるしまりゅうほく》による。伯円が読んだという祝辞の内容は伝わらないが、おそらく本物の猫と隠語の「猫」をあわせた戯文であっただろう。

知ってか知らずか、榎本武揚《えのもとたけあき》は明治十三、四年ころ、魯文に雌雄の山猫（本物の動物の猫）を贈った。が、環境があわなかったのか飼育方法が悪かったのか、あわれ、わずか一年で二匹とも病気になって死んでしまった。猫塚とおなじ永久寺に福地桜痴《ふくちおうち》による撰文で、「山猫めを登塚」が建っている。発起には十六名の「遊食連」（働かずに遊び暮らしている連中）を名乗る人々が名を連ねている。遊食連には彫刻家の竹内久一《たけのうちきゅういち》や、玩具研究家「おもちゃ博士」の清水晴風《しみずせいふう》、落語家の初代柳亭燕枝《りゅうていえんし》、狸の画を好んで描いた絵師にして狂歌師松本芳延《まつもとよしのぶ》らがいる。

魯文は、かの山東京伝《さんとうきょうでん》や滝沢馬琴《たきざわばきん》とおなじく、筆で生計を立てた江戸の戯作者である。印税制度も著作権法もない世のなかで、同業者は売文で金を稼ぐ必要のない金持ちか、それなりに裕福な武家の道楽者が大方だった。そのなかで魯文は、棒手振《ぼてふり》、つまり店舗を持たず、天秤棒をかついで魚を売り歩いた零細商人の息子であった。魯文は生きるために、注文をうければ筆がすさぶほど何でも書いて書いて書きまくった。明治六（一八七三）年から横浜に移住、神奈川県庁の雇員となり、月給二十円（当時としては悪くないそれなりの給料）をもらったが、気質にあわず役人を辞して、「横浜毎日新聞」の記者をし（役人をつづけながら記者を兼業したとも）、明治八（一八七五）年には「仮名読新聞」を創刊した。「仮名読新聞」は、知的階層を読者とした「横浜毎日新聞」と違って、総ルビの娯楽性の強い新聞で、庶民というより、芸人や、花柳界に向けた戯作者仮名垣魯文の個性濃く薫る新聞だった。それゆえ購読者が限られ、発行部数は伸び悩んだが、魯文にとっては面白味のある仕事だっただろう。

明治九（一八七六）年三月、そんな魯文に、地元横浜からスクープがまいこんだ。

三月一日、横浜の南仲通一丁目松野屋の丁稚《でっち》、五味浅吉（浅次郎とも）は、主人左右田金作の命をうけ、第一国立銀行へ入れるために三千円を持ってでかけ、そのまま帰らなかった。はじめ横領が疑われた。が、翌々日にははやくも強盗殺人事件と判明した。

その日、浅吉は、主人からあずかった金を持って南仲通四丁目の両替屋、雨宮忠右衛門の店の前を通った。雨宮忠右衛門は経営がうまくいかず、破産寸前に追いこまれていた。そこにやってきたのが、大金を持った浅吉である。おなじ商売柄、ふたりは顔見知りだった。雨宮は、寿司を喰わせてやるといって浅吉を二階によび込み、下女に寿司を買いに行かせ、ふたりきりになると、てぬぐいで浅吉の首を絞めた後、布団を掛けて踏み殺し、所持していた三千円を奪った。浅吉の亡骸を米びつに押し込んでいると、下女が帰ってきたため、三千円も一緒に米びつに隠し、何も知らない下女に手伝わせて下階に運び、近所付き合いのあった商家、椎津安兵衛宅に持って行った。主人は留守で、対応してくれた内儀に、自分の店は明日にでも差し押さえになるから、どうしても奪われたくない先祖代々の大切なものを米びつに詰めた。差し押さえを逃れるまでどうかあずかって欲しいと懸け合った。椎津の妻は、気安く請け負って、米びつをあずかってくれた。

死体の入った米びつを手放してほっとしているところ、雨宮は、刑吏によび立てられた。問われたのは別の要件であったが、罪を隠匿しておく緊張感に耐えられず、「小僧殺し」をべらべら自供した。そして、自供どおり、椎津にあずけられていた米びつを警察が開けると、三千円の札びらに埋められた浅吉の亡骸がみつかった。のちに雨宮は斬首となる。

印象からいえば、雨宮は、金に窮したあげく、突発的な殺人を犯してしまい、死体の処理に困惑して突飛な行動をとった気弱な犯罪者に感じられる。警察に別件でよびだされただけで、あっという間に自供に及んだということからも、この犯人が、罪を重ねた極悪人ではなく、ごく気弱な人間であったと推察できる。

現代人からみれば、よくある悲劇的な強盗殺人のひとつにすぎないこの事件が、奪われた額が高かったのと、被害者の遺骸を米びつに入れるという奇抜さゆえ、新聞や芝居といったメディアにとりあげられ、当時の人々の熱狂的な興味をさらった。

雨宮忠右衛門に判決がくだる前からはやくも横浜の芝居小屋で演じられ、多くの観客を集めていた。芝居の大半は、事件の詳細と、小僧の幽霊に苦しめられる犯人、あるいは、息子を殺された両親の愁嘆場といった内容であった。

魯文からこのネタを講談に仕立ててみては、と持ちかけられた伯円は了承して、被害者五味浅次郎の勤め先の主人、左右田金作を訪問して許可を得、また、園川清之助という町用掛に事件の経緯をたずねた。もちろん、事件の真実を追及しようとしてではなく、リアリティーの勘所を求めてのことだろう。というのも、伯円は、このありがちな強盗殺人を希有な猟奇事件とすべく、内容を盛りに盛ったからだ。どう盛ったかはあとにして、まずは講演について。

事件から四カ月、明治九年七月一日、いよいよ伯円が来港してこの「米櫃奇談三千円」を読むという。場所は富竹亭。

席亭富竹亭は、真砂町四丁目（横浜市中央区真砂町四丁目）馬車道通の角地にあった。明治二（一八六九）年に英国人技師ブラントンによって設計された吉田橋のたもとである。橋長二十四メートル、幅員六メートル、日本初のトラス鉄橋で、通称「鉄の橋」とよばれていた。現在は、鉄の橋を模したモニュメントと碑が建てられている。橋を渡った対岸は、当時、芝居小屋が立ち並らんだ繁華街、伊勢佐木通りにつづいていた。

経営者の竹内竹《たけうちたけ》次郎《じろう》は関内（幕末、吉田橋のたもとに関門が設けられ、馬車道側を関内、伊勢佐木町側を関外とよんだ）の繁栄をみて、当時、近辺に複数の寄席を開業した。『横浜市史稿　風俗編』（横浜市役所、昭和七年）によると、明治四（一八七一）年に太田町五丁目馬車道通りに講談席丸竹を開業、つづいて、太田町三丁目に深川亭、関外福富町二丁目に甲陽亭を経営した。明治七、八年ごろ、深川亭を弁天通り一丁目新道に移転させ、深川亭から丸竹に改名した。竹内は尾上町五丁目にも福竹という寄席を経営していた。『横浜市史稿』の記述によると富竹は明治十一（一八七八）年の開業というが、富竹の名は「仮名読新聞」（明治九年九月十一日付）広告欄に、「横浜新聞照忠奇談松林伯円演　馬車道　富竹亭」とあるから、開業時期はそれ以前ということになる。おなじ竹内の経営による席亭、丸竹、福竹、富竹の地理的な近さと名前の類似から、どこかで混同されたのか。

富竹は、繁華街の地の利もあって大いに繁盛し、明治十八（一八八五）年には三階を増設して、破風高欄造りとした。一階には茶葉屋や骨董屋、漬け物屋、旅館等の店を斡旋した。しばらく土地の名物とされて栄えたが、無理な増築をしていたのだろうか。明治期に建った木造建築にしては寿命が短く、三十年もたつと安全性に問題が生じ、明治四十五（一九一二）年には取り壊しの運命をたどった。

富竹は、伯円の栄光の象徴的な場所のひとつであった。伯円は毎年一月は横浜の富竹に出演することが決まっていた。円玉は記憶する。

ツヒ数年前まで横浜の鐵《かね》の橋の際《きわ》に富竹と云ふ寄席があつた、普請は宛然《さなが》ら寺のやう、それで此をお堂と云つた、明治二十年まで正月は必ず先代伯円が昼夜出た、茶番は客一人に就いて一銭の揚げ銭、此揚げ銭は席主の所得になる、初春の事と云ひ且つは人気ある伯円の出席と云ひ客は潮《うしお》の如く押し寄せる、満員は千二百人、昼は一時半に客止め、夜は七時になるとモウ入る事が出来ない、客は梯子段へ捉まつて首だけ出して聞いて居る、高座の後ろも横も見渡す限り客の山、恁《こ》うなると布団をとる者も火鉢を取る者もなく、又茶も買はぬのは置く場所がないからであつた、それでも客一人に就いて一銭の揚げ銭なので、茶番が伯円さんも宜いが恁う客を呼んでは俺の身代が堪らないと愚痴を滾《こぼ》した、是を聞いた伯円が客が少ないと云ふ愚痴は最であるが大入で困るとは今迄聞いた事がない、何にしても目出度《めでたい》事だと云つて大入祝をした事がある。

（「お堂の富竹」『娯楽世界』第六巻五号、大正七年五月）

客がひとり入ると、茶番は、席亭に一銭払って、その客に有料で茶や火鉢、座布団などを提供する権利を得る。客が茶や火鉢を用命してくれなければ、儲けがないのに権利料だけは支払わねばならない。かりに千二百人の客が来て、一銭の儲けもないとしたら、単純計算だが、十二円の損になる。これが一週間もつづけば、茶番の身代が吹き飛んでしまう大赤字となるだろう。伯円の人気がうかがい知れる。

伯円を横浜に招聘《しょうへい》するにあたり、魯文は、自分が持っている情報を伯円に提供した。伯円も、講演に際して魯文が情報をくれたことを述べている。

元来此話は決して伯円が筆を入れたの或は編輯をしたの文を綴つたのといふ訳はありませぬ亡友仮名垣魯文翁が横浜に居りましたる時分此講談のことに付いては色々甲府の侠客話から前回に述べた多門《おかど》隠居の顚末など皆な魯文翁が取調べて此草稿を伯円に呉れました夫れを伯

円が十四五回の講談に綴つたのでありますから決して拵《こしら》へ事とは伯円《わたし》も思ひませぬ実歴話と思召しましてお読分けを願ひます

（『横浜奇譚 米櫃 一名小僧殺』日吉堂、明治三十年）

しかし、魯文は魯文で、伯円にオリジナルの功を譲っている。

当港富竹出席の伯円は昼夜引つ切なしの大入で此間から披露した横浜新聞照屋奇談を今晩から読むといふ此講談は伯円が一世の丹精でわざ〳〵甲州まで探りを出し肝取五兵衛の年代から照忠に続くまでの事実《ことがら》は勿論年歴地理を悉く取調べ其中鬼神喜之助山本祐典の張合と花々しき闘場《しゅらば》あり後に千住の仇討終に照忠の一條にかゝる終局《くくり》まで聴人《ききて》の佳興に入《い》らぬ場《とこ》は有ません〔記者は筋を聞ました〕

（『仮名読新聞』明治九年九月十五日付）

ここで魯文がいう「肝取五兵衛」の話とは、伯円が「発端」の場に付け加えた、小僧殺しの犯人、雨宮忠右衛門の実父、通称「肝取り五平」の犯罪のことである。五平は、甲斐国《かいのくに》巨麻郡《こまぐん》下山村というところで居酒屋を開いていた。天保十（一八三九）年のこと、その居酒屋に、ひとりの見慣れぬ男があらわれた。男は、さる大名家につかえる医者で今村昌伯と名乗った。ある姫君の癩病《らいびょう》を直すため、中年の女児の生き肝を百両で買うという。医者の口車にのった五平は、金に目がくらみ、村の中年申の刻うまれのお猿《えん》という名の幼女の生き肝を抜きとり殺害した。しかし、いたいけな幼女を殺害して得た肝は今村に持ち逃げされ、「肝取り五平」は犯罪が露見して共犯者ともども、磔刑に処された。

米びつ事件よりもこちらのほうがよほど猟奇的だが、これは創作ではない。『天保雑記』（天保十年二月）によると、甲斐国巨麻郡のさる村で、米蔵という十歳の少年が腹を丁字に割かれて惨殺された。犯人は斧兵衛といい、喜悦という医者に騙され、寅年生まれの少年の生き肝は癩病の特効薬と聞き（江戸期、人の生き肝がハンセン病の特効薬という伝承があった）金儲けのためにハンセン病を患った数名の共犯者と語らって少年の生き肝を抜いて殺害した。

伯円は、雨宮が甲州出身であったことと、うまれた年代をてらして、同時期、近隣でおこった生き肝取りというショッキングな猟期事件と米びつ事件の犯人の生い立ちを結びつけた。

そして、この事件、魯文も著作『高橋阿伝夜叉譚《たかはしおでんやしゃものがたり》』（『高橋阿伝夜叉譚』が執筆されたのは、お伝が処刑された明治十二年）のなかで、高橋お伝のふたり目の夫、波之助がハンセン病に罹患したくだりで挿入している。そしてこの挿入されたストーリーの犯人の名は、斧兵衛ではなく、伯円とおなじ「肝取り五平」である。情報源がおなじなのだろう。

魯文の門下生であった野崎左文《のざきさぶん》は「『高橋阿伝夜刄譚』と魯文翁」（『増補　私の見た明治文壇』二、平凡社、二〇〇七年）で、「是は魯翁が『夜刄譚』を執筆する以前、或る処から聞込んで委しく書留めて置いた記録で、かねて僕等にもこんな残酷な実話があると談《かた》られた事もあつた（後略）」と述べている。

伯円と魯文、本人たちが述べることを信じるならば、この「肝取り五平」の事件は伯円が調べて魯文に情報を提供し、逆に、肝取り五平の息子、つまり米びつ事件の犯人が成長したのちに関わりを持つ甲府の侠客たちの消息については、魯文が事績をまとめあげて伯円に与えた。そして、共有した情報は、互いに自由に創作に用いた。

肝取り五平の息子は、うまれてすぐに雨宮村というところの農民、忠兵衛に引き取られていた。義父の名から忠吉と名づけられ、成長して甲府にでて商家に仕え、雨宮正作と名乗った。堅実な育ての親より、産みの親の性質を受け継いだ雨宮は、甲府で呉服問屋につとめるが、財産目当てにひとり娘を誘惑し、手をつけて店を追いだされた。数年後、その娘が別の男と婚礼をあげると聞いて、過去の関係をネタに店を強請りに戻ってきた。そこに調停役として登場したのが土地の顔役、多門《おかど》隠居である。話は一度雨宮の運命を離れて、鬼神喜之助による多門隠居の暗殺と、第一の子分山本祐天によるその敵討ちの話が挟まる。物語の梗概が目的ではないから以下は省略するが、因果は巡って、その後、雨宮は、山本祐天について新徴組に加わる。祐天が小塚原で敵討ちにあって殺害されると、新徴組にいられなくなって横浜に行って商いをはじめ、雨宮忠右衛門を称した。ここからようやく物語は米びつ事件へ走りだす。

小僧殺しは、「仮名読新聞」（明治九年九月十一日付）によると、

発端ハ　甲州下山村肝取五兵衛の伝を引く

雨の宮が因果応報の原由《はじまり》
第二回　鬼神喜之助山本祐典が賭博の不和は生死流転の修羅道場
第三回　新徴組の仇討は旧幕の古きを温《たず》ねて新らしきを知る今様新話《ばなし》
第四回　五味と照屋が血で血を洗ふ親類同士の系図買野魔商売《あきうど》
第五回　小僧殺しの陰悪も包むに余る金財布命は一刻三千円の米櫃
第六回　汝に出《いず》る神経病は汝が罪の招く所ろ檻倉の開化怪談

の内容で読まれた。第二回の鬼神喜之助と山本祐典の修羅場の原因が賭博の不和となっているところなど、現在残る速記『横浜奇譚 米櫃　一名小僧殺』（日吉堂）とは、若干違っていたと思われる。

伯円は、ほかの芝居作家たちが、演出として、せいぜい、加害者に被害者の少年の幽霊をみせたり、息子を失った両親が嘆き悲しむ場面を入れたりして、事件の悲劇性を強調するしかなかったなか、肝取り五平や、山本祐天の事績という、時代を幕末とし、場所を甲府として、合致したちょうどよいネタをみつけだして盛り込んだ。そうして、よくある強盗殺人のひとつにすぎないこの事件を世紀の猟期殺人とみせた。そして、小僧殺しに加えて、雨宮が長患いの妻を殺害するなど（おそらくやってもいない）犯罪行為を描き、ただの気の弱い犯罪者の雨宮忠右衛門を極悪人に仕立てた。猟奇と、スキャンダルと、芝居気に飢えた大衆を、見事に満足させたのである。

伯円は、人々の情感を煽るのに、小僧の幽霊など必要としなかった。「第六回　汝に出る神経病は汝が罪の招く檻倉の開化怪談」に該当する内容は、速記では、奉公先の主人、左右田が被害者の両親に見舞金を送ったことや、雨宮の処刑のことが手短に語られる後日談といったところで、かろうじて「怪談」といえるような部分は、自白ののち収監された忠衛右門が、罪の意識にさいなまれ、夜な夜なうなされるようになったという記述のみである。

ちなみに、幽霊を神経病としたのは明治初期のはやりであって、明治も後半になるにつれて、怪異の存在を科学で実証しようという方向に流れた。では、伯円が幽霊をどう考えていたかといえば、

一時明治四五年の頃は頻りに文明開化を主張致まして西洋学者が幽霊と云ふ者はない、是は神経病だと云ふ説が立ちましたから講談師も落語家も幽霊は神経病だと云ふ事を口蒼蝿《くちうる》さく述べましたが当今に至りますと又幽霊が必ず有と云ふ説が有ます、（中略）極上等の学者は必

ず幽霊は有と云ふ、是は哲学上から真理を究めまして人の霊は必ず形像《かたち》を顕はし其恨みを述べ恩を謝すと云ふ事は有事だと有神論家は固く執て是を申されます（中略）伯円《わたし》も此番町皿家鋪の講談を致しまするに就ては其哲学家の有神論の方へ持て参りませんと云ふと話に力が御座りませんから勝手につき幽霊は有ると云ふ方の論に基きましてお話を致します、又都合の悪い時には神経病だ幽霊はないと云ふ無神論の方へ傾きますかも知れません

（「小説番町皿家鋪《やしき》」『百花園』第三十四号、明治二十三年）

という日和見的な態度だった。幽霊はいるとほのめかすか、その存在を否定するか、その場の客の空気をみて変えていたのかもしれない。

伯円の「小僧殺し」の人気ぶりを示すエピソードがある。

ある日、伯円が町を歩いていると、商家の女中が、「表を小僧殺しが黒い羽織を着て通ります」と女主人にいっているのが聞こえた。伯円が振り向くと、女主人は気の毒げに、「あれは富竹といふ寄席に出る講釈師だアね」とただしたが、女中は納得せず「夫れでも皆んな彼の人のことを子僧殺〳〵と申します」（『横浜奇譚　米櫃　一名小僧殺』）といった。事件名があだ名になるくらい評判をとったということだ。

伯円と魯文は、その後も互いの作品のために協力した。

明治十（一八七七）年、仮名読新聞社を横浜から東京銀座出雲町に移転させた魯文は、明治

「三毒婦」のひとり、鳥追お松について、久保田彦作を著者にたて「鳥追阿松海上新話」の連載を開始している。時期は不明ながら、伯円もこれを「鳥追お松」と題して講談にした。お松は、非人小屋に暮らす、門角に立って芸を売る遊行芸人で、芸と美貌と性的魅力で男たちを籠絡《ろうらく》し、破滅させたとされる女だ。これに関しても、伯円はやはり魯文と情報を交換をしている。

此鳥追お松の話と申すは、明治初年に草双紙にも出ましたし又新聞にも出ました、故人仮名垣魯文翁が能く此事を知つて居つて、其時分の仮名読新聞にも続々出ました、伯円《わたくし》も魯文翁と共に此事には尽力致して、講談の原稿に宜しき所は先方から材料を送つて呉れ、又新聞続物に宜しき所は、此方から聞及んだ事をば書いて送りました

（「鳥追お松」『都にしき』第十号、明治二十九年七月）

という。おなじテーマをあつかっても求める素材が違うのだ。「鳥追お松」について、伯円は、『新編伊香保土産』第五編自序で「仮名読の鳥追於まつ海上新話が草紙の再興今流行の盛んなれど中古の風と事かはり実話を以て旨とすれば定めし佳境も少なからん」といっている。魯文は「実ヲ主トシ、虚ヲ客トシ」（『新聞雑誌』第五十二号）と宣言したが、伯円はべつに「嘘」をつかないとはいっていない。

講談は、報道でもドキュメンタリーでもない。実話・事実だけを語っていても講談にはならな

富竹亭（明治30年ごろ）
『横浜市史稿　風俗編』（横浜市役所、昭和7年）

いのだ。伯円が講談で新聞を読むといっても、新聞のように、真実の情報を、正確に、最速で民衆に伝え広めるという役割を果たしていたのではないということを頭にいれておかなければならない。

明治の内乱を講談にする

成立からわずか七年。明治政府はこれから明治十（一八七七）年までの三年間に存続の危機に直面する。江藤新平《えとうしんぺい》を担いだ佐賀の乱、前原一誠《まえはらいっせい》を首謀とした萩の乱、そして、西郷隆盛《さいごうたかもり》を戴いた西南戦争と、連発する内乱に立ち向かうことになった。かつて、ともに徳川幕府打倒のためにたたかい、新国家のために働いてきた盟友らが、叛旗をひるがしたのだ。

この三年間の内乱の危機は、脆弱な国家機構を叩きあげ、徴税や徴兵制など国の根幹をなす制度を固めさせた。

同時に、新聞等ジャーナリズムも真の進歩を遂げることになる。たとえば西南戦争をもって戦場のルポルタージュというものが日本にうまれた。「東京日日新聞」は、社長福地桜痴《ふくちおうち》みずから真っさきに戦場に乗り込み、「郵便報知新聞」は、当時記者であった犬養毅が、三月二十七日の田原坂の戦闘から「戦地直報」と題して「賊徒」を討伐に来た兵士たちの野営に混じり、弾丸飛び交う戦場に潜んで砲煙の臭い生々しいルポルタージュをもたらした。

西南戦争以前、庶民が内戦について手に入れることができる情報は極端に少なかった。とくに国家の大事となれば、情報は統制され、政府から与えられる情報のほかなかった。得られるとも考えられていなかった。伯円は、当時の情報収集の苦労を回想している。

其当時は只今と違つて、新聞なども少なうございまして、些《かす》かに東京市中に新聞の数も三四の外はありません、其他只今など出版物雑誌やうなものも少なうござひました、其の少ない物をば悉《ことごと》く取集めまして、講談の種にいたし、或は御愛顧を蒙むりまする貴顕のお話を聞かぢり、野にある所の紳士紳商学者の論を聞たり、又現に其の場に臨んだる所のお人から致して実地のことを聞出しましたりして、漸《よう》やくと講談にいたし、只今まで各席に於て喝采を博しました

（「明治叛臣伝」緒言『百花園』第百八十二号）

明治七（一八七四）年二月、佐賀で叛乱がおこったとき、新聞各紙は戦争報道の術を知らず、紙面に載る情報は、たいがいが政府から下されるお達しの引き写しだった。

叛乱終結からおよそ二カ月。仮名垣魯文《かながきろぶん》は『佐賀電信録』を書いた。これは魯文が、独自の調査によって、自分の筆で叛乱をとらえ直したものではなく、「横浜毎日新聞」に届いた「公聞電報」や投書をもとに、他紙の情報や実地を知る人への調査を経て、真実とみなされた情報を選んでまとめたものだ。伯円は、刊行前にその原稿を送ってもらい「佐賀伝法録」として講演した。『明治百話』によると、銀座亭で、伯円が佐賀の乱の「佐賀伝法録」を読んだとき、三百人の大入りであったという。

この一連の士族の叛乱について、伯円が講演した作品の多くは『百花園』（金蘭社）に掲載の速

記「明治叛臣伝」（自由民権運動壮士の銘々記、田岡嶺雲の同名の著作とは無関係）として残されている。明治二十九（一八九六）年十一月から三十年十二月にかけて二十六回（百八十二号から二百五号）連載された。当時、新聞等の記事を読み合わせて得た情勢や戦局の情報にわかりやすく解釈をほどこした解説に加え、その後得た様々な物語をおりまぜ、「君子は罪を憎んで人を憎まず、此の三豪傑の話を纏《まと》めたらば後世立派な太平記のやうなものも出来やうと、今を距《さ》りまする事二十年前より致して漸々《だんだん》と伯円《わたくし》も此の事に就て尽力いたしました」（「明治叛臣伝」緒言『百花園』第百八十二号）という意図のもと、年月をかけて洗練させた作品群である。

三つの叛乱を描いて『太平記』をつくりたかった伯円と、「彼《かの》太平記の如き（中略）空談妄説を混淆せる者と一束して看做《みな》す可からず」（『佐賀電信録』序文）といった魯文とは逆の立場であったわけだ。実際、当時の伯円の講演を聞いた伊藤痴遊は「西南戦争が始まると、すぐ西郷隆盛を題材として、薩摩隼人の活躍を語る。その代わり、潤色と技巧が勝つて、事実に遠ざかる弊はあつた」（『痴遊随筆 それからそれ』）といっている。

「小説めいたる蛇足の弁を飾るなど丶いふ事は一切廃しまして、成《なる》たけは実録に依てお話を致すつもりであります」（「明治叛臣伝」緒言『百花園』第百八十二号）といいながら、「明治叛臣伝」として残る伯円の内戦の物語は、血湧き肉躍る男たちの戦いよりも、小説めいた戦争の陰で勇敢な振る舞いのあった美女たちの物語が多い。

明治九（一八七六）年十月二十四日、熊本で神風党の乱が勃発。敬神党を名乗る百七十名が、熊本県令安岡良亮《やすおかりょうすけ》宅を襲い、同席していた県庁の役人四名を殺害した。同時に、熊本鎮台司令官種田政明《たねだまさあき》の邸宅を襲撃し、就寝していた種田を惨殺。その後、全員で熊本城内にあった政府軍の熊本鎮台に攻め入り、城内にいた兵士らを次々に殺傷、砲兵営を制圧した。

その夜、種田と同衾《どうきん》していた妾の小勝は、敬神党の襲撃の巻き添えで負傷した。このとき、安否を案じる東京の父に、「ダンナハイケナイワタシハテキズ」と電報を送った。簡にして要を得たこの理想的な電報文は仮名垣魯文によって和歌の体裁で「カワリタイゾエクニノタメ」と下の句がつけられ、ひところの流行語になった。伯円は、この小勝の物語を明治十三（一八八〇）年、魯文からくわしい話を聞いて講談に仕立てた。

この小勝という女。もとは芸者であったという。妾というから、金銭で割り切った関係かといえば、さにあらず。小勝は誠のある女性で、種田が殺害されたのち、その追善のため熊本に留まっていて、西南戦争に巻き込まれ、西郷軍の包囲をうけた熊本城に籠城することになった。

伯円の講談によると、西郷軍が攻め寄せ、籠城中の熊本城では物資が不足し、煙草も手に入らなくなった。ある巡査が、巡回しながら同僚と、食いものや酒がないのは我慢できても煙草が吸えないのはつらいと話しているのを耳にして、小勝がその巡査に手持ちの煙草を何気なく分けてやったところ、巡査は小勝の美貌に魅せられ、また種田の妾であった名高い女であることを知り惚れてしまう。しかし、明朝には、万死覚悟の突撃を控えた身である。順当に愛を乞う時間はない。そこで、その夜、小勝をおとずれた男は、死ぬ前に思いを遂げさせてもらいたいと詰め寄る。

が、小勝は死んだ旦那に操を立てると男を拒む。どうしてもというなら自分を殺してから亡骸を好きにしろ、とまでいわれ、男はあきらめた。では何か形見の品をと乞われ、小勝は芸者時代の小袖を与えた。翌朝、男は、軍服の上に小勝の小袖を重ねて、敵軍に突撃、奮戦し、戦死した。

小勝のはなしは、新派劇にもとりあげられ、電報の文章そのままの「ダンナハイケナイワタシハテキズ」という演題で、明治二十五(一八九二)年、川上音二郎《かわかみおとじろう》の一座によって市村座で上演され、かなりの評判と集客をえた。若き日の岡本綺堂《おかもときどう》は、新派劇の意外の好評に興味をひかれ観劇した。綺堂が観劇した日は日曜日であったため客席は満員であった。しかし、まったくの駄作で、綺堂の感想は「それは全くイケナイものであった。狂言といい演技といい、俗受け専門、場当たり専門、実にお話にもならないもので、わたしは苦々しいのを通り越して腹立たしくなった」(『明治劇談　ランプの下にて』岩波書店、一九九三年)。

伯円が小勝の物語を「芸妓の操」という題で、『文芸倶楽部』(第六巻第八編、明治三十三年六月十日)に速記を掲載した際、伯円は、新劇のネタを盗んだと疑われることを嫌って、自分の作品は明治十三(一八八〇)年から読んでいるものだと、ネタ帳まで示して、非難を先んじて封じている。著作権法が公布、施行されたのはその前年の明治三十二(一八九九)年のこと。著作だけでなく、美術や写真、脚本、講演までの複製や興行の権利が定められたから、その解釈にとまどう世間がやかましかったのだろう。

伯円が、「明治叛臣伝」として読んだ長い内戦の物語のなかで、聴衆(この場合は読者)の関心を持続させるために仕組んだのは、萩の乱をおこした前原一誠の物語だ。伯円は、似たような修羅場に陥らざるをえない三つの叛乱の物語に、前原のエピソードをちりばめた。とはいえ、伯円が関心を持って語るのは、前原一誠本人のことではない。主人公はあくまでも前原の恋の相手、魅力的な男装の麗人遠山滋《とおやましげる》である。

明治十二（一八七九）年、伯円のもとを大阪から石川一夢《いしかわいちむ》がたずねてきた。伯円が前原一誠についての話をまとめているというと、一夢は、前原にかかわった遠山滋という女の話をしてくれた。一夢は文化元年のうまれ、伯円よりも三十六歳の年長で、還暦をむかえた伯円を「此の子」とこどもか孫のようによんだ。伯円の話では、この速記をとった明治三十年、九十六歳で、なお矍鑠《かくしゃく》としていたという。年齢の記憶は曖昧で、四代目宝井馬琴「講談界昔話」（「都新聞」昭和三年一月十八日付）によると、一夢は晩年娘の嫁ぎさきの北海道にわたり、九十二、三歳で歿したという。

物語は、故郷萩の田舎で清貧の暮らしをしている前原の父は、東京で栄耀栄華の限りを尽くしている息子が心配になる。分をわきまえていないのではないかと考えたのだ。そこで、前原の父は東京にでて、故郷に戻るように息子を説得する。「明治叛臣伝」では、伯円は一貫して、前原一誠を評判に合わぬ、分に合わない男として描いている。

父親のいさめに従って一度は故郷に身を引いた前原であったが、父が亡くなると田舎暮らしがつまらなくなって再び東京に舞い戻った。そこでたまたま旧知の長岡重方《ながおかしげかた》と出会い、長岡が経営する貧乏学校をおとずれる。そこにいたのが、長岡の姪で男装の麗人、遠山滋である。そのころ彼女は故郷の母親の病気の治療代を工面できずに懊悩《おうのう》していた。それを知った前原は、学校への寄付を兼ね、千円の大金を寄贈する。もちろん、ひとめで心惹かれてしまった滋を手に入れたいという下心があった。

恩を受けた滋は、男装をやめて前原の妾となった。やがて、叛乱の首謀者と担がれ、郷里に戻ることになった前原は、後憂を断つため滋に別れを切りだす。滋は、前原に心配させぬため涙の一滴も流さす別れを受け入れ、ふたたび男装して、ひとり故郷の和歌山に帰った。

伯円は、一夢から与えられたこの話を「女書生遠山しげ子」と題して講演した。浅草の寄席、雷鳴亭でこれを読んだとき、聞きに来ていた河竹黙阿弥《かわたけもくあみ》が、芝居にしたいといって許可を求めてきて、二番目狂言として仕立てた。と伯円はいうが、黙阿弥による男装の麗人の物語「富士額男女繁山《ふじびたいつくばのしげやま》」（通称「女書生繁《おんなしょせいしげる》」）の初演は明治十年四月であり、一夢からネタを与えられたのが明治十二年だという伯円の記憶が正しければ、歌舞伎のほうが先ということになる。こちらの繁は、黙阿弥が、男装した書生が女に惚れられたという新聞記事があったと人から聞き、思いついたという。いわゆる散切り物（明治期の新風俗を取り入れた狂言）だが、前原の叛乱とは関係がない。

男子として育てられた主人公、妻木繁は、男装をして政府の高官神保正道《じんぼまさみち》の書生をしていたが、故郷の父が病気と知り、神保の金を盗んで故郷に向かう。途中、車夫の御家直《ごけなお》に男装がばれ、脅されて無理やり身を汚されたうえに、父を殺され、父にわたした金を盗まれる。のちに、神保に金を盗んだことをうちあけ、その妾になっていたが、御家直が父の仇と知り、敵討ちをする。

伯円の滋も、前原と別れ、和歌山に帰る途中、悪気なく背中を流そうと風呂に入ってきた車夫に乳房をみられ女と見破られる。が、御家直とは違い、滋の人格に敬意を払った車夫山田市太郎は滋の秘密を口外しないことを誓い、無事、滋を目的地まで送り届けた。見返りは滋の肉体ではなく、心づけとしては法外な二枚の五円金貨だった。

伯円の作では、事変ののちに萩を訪れた滋は、前原の最期を知って世をはかなみ、海に身を投げて果てた。


そして明治十年二月、内戦最大の戦い、西南戦争が勃発。伯円にとっては稼ぎ時である。伯円が西南戦争を読むといえばどこの席でも大入りだった。

ところが四月、伯円はのどに異常をきたした。医者に診せると、なるだけ声をださないようにと注意された。熱海で湯治をしたが、なかなか復調せず、五月、病気をおして義理のある横浜の富竹に出演したが、案じた妻の錦蝶が駆けつけて席亭に前払いしてもらった金を返し、休養するように夫に哀願した。富竹の亭主竹内竹次郎《たけうちたけじろう》は、ランプ翁というあだ名（富竹亭に大ランプがあったからか）で名物おやじだったが、そのランプ翁も、伯円に休息をとるように忠告した。

それで、さすがの伯円も夜席をやめて昼席のみに出演を減らし、七月は熱海と伊香保《いかほ》の温泉で休養をとった。

八月、ようやくに病が癒えた伯円は、西郷軍壊滅まぢかの戦場に乗り込もうとしていた。ところが、伯円の戦場行きの噂がひろまると、円玉の父親、本所相生町の樽問屋竹下屋久八が飛んできて、

「馬鹿々々しい、危ない思ひをして鉄砲玉の下を潜つて来ねば、講談が出来ぬ程の先生でもあるまい、こゝは一番世間のものを馬鹿にして、何処か近くの温泉場にでも遊んで来て、只今帰りましたと出るのが一等智慧があらう」（「故松林東玉伝」『天鼓』第三巻、明治三十八年四月）

と意見した。それもそうだと思った伯円は、九州に出発したふりをして、その実、箱根の塔之《とうの》澤《さわ》で湯治をし、しばらくして東京に戻り、両国の福本亭で、「戦地実見談」と称して犬養毅《いぬかいつよし》の「戦地直報」をネタ元にして西南戦争について講演した。と円玉はいう。

伯円の演ずる処の戦争実見談は、新聞の報道より遙に精細詳密を極めた者との好評を博したが、其実伯円は戦地に赴いたのでなく箱根塔の澤に足を留めて悠々湯治をして居たのであつた。

其講談の材料は大部分郵便報知新聞の戦地通信に依り、其れに常に愛顧を受ける同社の社長小西義敬氏から、新聞紙上に掲載を許されぬ通信を乞ひ得て、得意の弁舌に之れを潤色講演したのであつた。

（「悟道軒茶話」『娯楽世界』第二巻第十号、大正三年十月）

「新聞紙上に掲載を許されぬ通信」ならば、講談で公にすることも許されないのではないかと思うが、いずれにせよ、戦場に行ったといつわって温泉につかっていたという韜晦《とうかい》は、伯円にひどく似つかわしく感じる。が、実際は、伯円は「戦場」に行っている。爆煙弾雨の戦場ではなく、戦闘はすでに収束し、「戦跡」となりつつあった熊本の戦場の跡を遍歴したのではあるが。

明治十年の八月熊本県下の闘争は最早済した後に伯円《わたくし》も或貴顕の御手引を持て戦地を五十日程巡廻を致しましたが是は官の御用でも何でもない其筋の御愛顧に依て夫《それ》から夫つと随行の出来る身躰《からだ》でありましたのでお供を致しました

（「明治叛臣伝」『百花園』第二百五号）

と、みずからいっている。その戦地探訪中の日記をもとに読んだのは、伯円の戦地入りの手引きをしたと思われる「貴顕」の体験だ。本営に入るには関門があり、兵士が門衛についていた。戦地慰問に遣わされた天皇の勅使高崎正風《たかさきまさかぜ》と、それに随行した郵便報知新聞の藤田茂吉《ふじたもきち》（明治九年から主幹をつとめ事実上の社長であった）が本営にやってきたとき、彼らが名乗った肩書き、「侍従」と「新聞の探訪」の意味がわからず頑強に入門を拒んだ兵士がいた。本営に入って、山県有朋《やまがたありとも》に面会し、そのことについて話すと、山県は、「それでこそ兵士だ」と褒め、戦地と戦地における兵士というものはそのようなものだと、逆に注意をうながされたという話。

伯円の西南戦争に関する講演は、臨場感があり、情感に満ちて、物語は極上であった。明治十年九月、熊本から戻った伯円の戦地探訪を聞くため、伊勢本亭に五百名、米沢亭に二百八、九十名の客がおとずれた。のちに佐の座という横浜の劇団は、西南戦争を舞台にした劇を上演するに際して、参考のため伯円を招き、その講談を聞いたという。

伯円の西南戦争ものでとくに傑作とされたのはこれである。西郷隆盛を頂いて、例年にない雪のなか熊本に向けて進軍する鹿児島の叛乱軍が、熊本との境、亀山峠にさしかかった時、十代そこそこのこどもたちが二十名ばかり、隊列をつくってあらわれた。こどもたちは、戊辰やそのあとの軍役で父を失った遺児らで、軍に加えてもらいたいという。西郷は、その健気さに打たれながらも、理をといて帰らせた。「少年隊」といって、伯円の講談で、とくに客に袖を絞らせた場面であった。のちに市川団十郎が新富座で芝居にかけた。

ほか、伯円の講談をもとに芝居になったものは、黙阿弥の弟子、三世河竹新七《しんしち》が脚色した『鹿児島銘々伝記』（明治十二年、一村座初演）が知られる。

伯円が戦場でどれほどのものを見聞きしたのかはわからないが、外からもたらされる情報と想像力でじゅうぶんで、戦跡に行く必要などなかったかもしれない。

伯円が熊本を訪問した明治十年八月、西郷軍と政府軍の戦闘はすでに趨勢を決していた。和田《わだ》越《ごえ》の決戦で敗れた西郷軍は、十六日、軍の解散を宣言し、残ったわずか千名足らずの軍勢で、政府軍の重包囲をかいくぐって可愛岳《えのたけ》を突破、鹿児島に戻り、九月一日には、鹿児島の中心地鶴丸《つるまる》城《じょう》のかたわら、標高百八メートルの城山に立てこもった。残余の兵力三百五十余。対する政府軍七万。

明治十年九月二十四日、西郷隆盛以下、旗下将兵らは、包囲する政府軍に最後の突撃を試み、全滅した。

戦闘終結後、回収された西郷の首を検分した総司令の山県有朋は、

潸然《せんぜん》として落泪に及び

「如何に西郷死して顔色温和なるや有朋汝と戦ふ既に二十回軍署に暇あらしめたるものは汝あるを以てのみ今や我心漸やく下る、然れども汝は天下の豪傑なり、而《しか》して汝を知るものは有朋に如くはなし、又有朋を知るものは汝に如くはなし、悲哉《かなしいかな》汝にして事茲《ここ》に至らしめんとは」

と涙数行、真の英雄にして涙を流す、実に安い泪ではありません

（「明治叛臣伝」『百花園』第二百五十号）

という。事実、西郷の死にあって山県が落涙したというのは、講談師の見てきたような嘘ではない。徳富猪一郎《とくとみいいちろう》編の『公爵山県有朋伝』（中巻、山県有朋公記念事業会、昭和八年）に、山県の言葉として「英雄、英雄を知る」といった風な伯円の講談とほぼおなじ内容の文言が載り、落涙した

ということでは第三者の目撃の証言がある。当時第四旅団司令長官であった曾我祐準《そがすけのり》によると、西郷の首をわたされた山県は、

公は無量の感慨に堪へ得ざるもの丶如くに、其処に直立した儘、何とも言ふに言はれぬ顔色を浮べられてゐたが、泫然《げんぜん》涙を催され『西郷の顔色も以前と変りは無い。此の髭は三日前に剃つた位だらうと言ふて、其髭を撫してみられた後ち、其の首級を予に渡されたのであつた。

（徳富猪一郎編『公爵山県有朋伝』中巻）

敵味方に分かれたとはいえ「英雄」「盟友」の死を惜しんで泣くのはいい。また部下にその亡骸の鄭重な扱いを命じるのもよくわかる。だが、ふたりは、生首となった相手のひげを撫でるほどの親密な関係であっただろうか。首級のひげを撫でるなど、まるで夫婦や親子のような愛情でつながった者同士の振る舞いに思える。なぜ泣いたかではなく、なぜ首になった西郷のひげを撫でたかがむしろ気になる。山県が後年まで、西郷のような人望を勝ち得なかった人物ゆえであろうか、この行為に何かしらうそ暗い感情を感じてしまうのは気のせいであろうか。曾我は柳河《やながわ》藩という筑後国にあった幕末維新史にはまず登場しない藩の出身で、薩長藩閥に批判的であった。「其時の模様は、今でも尚ほ髣髴《ほうふつ》として、予の記憶に残つてゐる」（徳富猪一郎編『公爵山県有朋伝』）という曾我の記憶に残っているのは、字面から読み取れる「英雄」同士の敬愛と友情への

感動であっただろうか。それとも、みてはいけない人間の暗部に触れてしまった薄ら寒い記憶だろうか。

それはさておき、山県は伯円の積年のひいきであった。

山県は、明治七年ごろから、伯円をしばしば邸宅によんで講演させていた。一説には、極官にある山県が庶民の世情にうといことを気にして伯円を招いて話を聞いていたのだという。『扶桑新誌』（第三十号、一八七九年四月一日）では、その噂に対し、優秀な側近がいるのに幇間《ほうかん》にすぎない伯円などから世間を学ぶというのはおかしいといっている。無記名記事だが、『扶桑新誌』は肥後熊本藩出身の林正明《はやしまさあき》が創刊した。林は幕末に慶應義塾で学び、明治初期に英国留学を経験した知的エリートである。

おかしいのは、山県が芸人風情から世情を学ぼうとしたということ以前に、数年前まで、庶民といってもよい階級にあった山県（山県の生家は、長州藩の武家の奉公人中間《ちゅうげん》であった）が、うまれながらの大名か高位の貴族でもあるまいに、講談師の講釈から世情を知りたいなどといいだしたとすることで、事実ならば高慢をこえて滑稽である。長州人である山県が、江戸育ちの伯円から、東京人の気質や風情を学んでいた。というならばまだしも納得がいく。だが、まずおそらくは、たんに、山県は伯円の芸を愛していただけだろう。

山県が伯円をひいきにするようになったきっかけは、山県の妻、友子の兄がひところ伯円の弟子であったからだという説がある（「讀賣新聞」明治二十九年一月三十一日付）。友子の父は山口の大庄屋石川良平《いしかわりょうへい》で、友子は、近隣で有名な美少女であった。十三、四のときに、山県に見初められ、請われ請われて、十六歳で山県と結婚した。山県は二十九歳で、大庄屋の娘をもらうには分不相応な奇兵隊の一隊長であった。伯円の弟子となっていたという友子の兄の本名はわからないが、芸名を伯来といった。よい弟子ではなかった。道楽がすぎて勘当されたのだろう。落魄《らくはく》していたところ、伯円に弟子入りした。そして、ある程度芸を盗むと、伯円のもとをでていって、勝手に師の名を騙って日本中興行して歩いた。友子はそのことをずっと気に病んでおり、伯円がはじめて山県邸に召されてやってきたとき、懇ろに兄が世話になった礼を述べたという。

山県の伯円に対する愛顧は永くつづいた。明治十九(一八八六)年二月には、山県の沖縄視察に随行を命じられた。山県の旅の目的は形式的な視察であり、ナポレオンのエジプト遠征のように芸術家の随行の必要はなかった。伯円をよんだのは、もちろんみずからの勲《いさおし》を語らせるためではなく、ただ、長い船旅の無聊をなぐさめるためだ。しかし、途中、風が強く浪が荒れ、船に弱い伯円はひどい船酔いに悩まされた。山県から講談を所望されるたび、断るわけにもいかないから死ぬ思いをしながらなんとかお座敷をこなした。

沖縄に到着すると、人力車が用意されていた。ひとりひとり名前を告げるなか、末尾にならんだ伯円は、「まつばやし　はく」までを大声で告げて残りの「えん」を呑みこんだ。講談師松林伯円の顔を知らなかった現地の役人は、伯を爵位の伯爵と勘違いし、驚いて平伏した。あとでこのことを知った山県に「冗談も時に寄る」といって叱られたが、めげずに伯円はこの出来事をその夜の宴席で落語《おとしばなし》にして披露した。
「伯と仰せあるは爵位の伯でおじやるか」との役人の問いに、「イヤ其クセ、コウシヤクで御座る」（関如来編『当世名家蓄音機』）と落とした。

八重山島を訪問したときは、陸上に宿がさだめられていた。島民は一行を歓待し、山県に猪狩を披露し、猪を献上しようと申し出た。随行の一行はよろこんだが、山県ひとりは遊びに来たのではないから、一切の歓迎は無用といい張って船に引き返してしまった。一行はしかたなく、宿を御用船長門に戻した。遊山云々は建前で、実は風邪をひいていた山県は、船でゆっくり休みたかったのだ。

だが、島民は、山県に猪を献上することをあきらめていなかった。夜半、寝静まったころ、たいまつをかかげた小舟が長門を取り囲んだ。島民が、いま狩ったばかりの血がしたたる猪を二頭、山県に献上したいといって運んできたのだった。伯円が山県にとりつぐと、とりあえず受け取って、礼に菓子でもやれという。伯円はひきかえして、山県の威をおとさないよう、ことさら横柄に、島民に菓子折を「下賜」して、帰ってもらった。よろこんだのは船員たちである。猪など食べたことがない。もはや寝床に戻らず、明日は猪が食えると獲物をとりかこんで大騒ぎしていた。

翌朝、いざ料理という段になって、山県は軍医に猪を調べさせた。気候のせいか、残念なことに、猪はすでに腐敗に近い状態にあった。それを告げても、少しくらい腐っていても何ほどのことと、船員たちの食欲は一毫も衰えなかった。だが、無情にも山県は、さっそく海に投げてしまえとのお達し。それを告げねばならない伯円は、いかにして船員たちから獲物をとりあげるか考えた。山県の命だといえば何の苦もないが、さすがに場の空気を察するに長けた芸人。そんな無粋はやらかさなかった。伯円は、はちまき、縄たすきをかけてあらわれ、猪を小脇にかかえ、竜王に猪を捧げるでまかせの祭文を大音声でとなえ、一同があっけにとられているあいだに海に投げ入れてしまった。

高弟たちの弟子入り次第

西南戦争が終結した明治十（一八七七）年から十一（一八七八）年ごろ、伯円は練塀町から、浅草区茅町一丁目十六番地に家を建てて引っ越した。

人気絶頂の伯円のもとには、若者たちが続々、弟子入りを請うて寄り集まってきた。

まず、のちに、三代目伯円を継ぐことになる松林右円《しょうりんうえん》。もと銀座亭の下足番をしていた。本名を大宮庄次郎《おおみやしょうじろう》といい、嘉永七（一八五四）年うまれ。下総野田の醤油醸造元の三男で、三代目伯円となってからも、生涯、下総なまりがぬけなかった。森暁紅《もりぎょうこう》は、『芸壇三百人評』で伯円こと右円をこう評している。

百六十　松林伯円
顎を少しもちあげて、目をパチ〳〵やつて、堅い口調の際物読み、家康をえゝ康、明治を明ぜなど云ふ処一寸得難からずやイヤ失敬、兎まれ角まれ読み口にケレンの無いのは慥《たし》かに貫目をつける。
（森暁紅『芸壇三百人評』小林新造、明治四十年）

暁紅が皮肉なのは評した「三百人」全員に対してであるから、右円の芸がとりわけて悪いのではないが、なまりをあてこすられているのは一目瞭然。

右円のはじめの芸名は伯養《はくよう》（伯洋）といった。一度ちょっとした問題を起こして、伯円に破門されたことがあった。よるべなく田舎のどさ回り。そのときに、伯円の右にでる、といって、みずから名乗ったのが右円だった。気負いはいつまでもつづかず、結局は師にわびをいれて帰参を許してもらった。芸はまずくないが、性格に強引なところがあるのか人望がなかった。右円はのちに、さまざまな事件を引き起こすことになる。

そして、松林伯知《しょうりんはくち》。伯知は、安政五（一八五八）年、江戸日本橋の商家にうまれた。慶応三（一八六七）年十二月二十五日の薩摩藩邸焼き討ち事件を麻布三の橋から見物した少年、柘植正一郎《つげしょういちろう》である。武芸に凝った父親の影響で、千葉周作《ちばしゅうさく》の道場に通わされて豪傑肌に育てられた。九歳になるころ芝居を観て役者に憧れ、団十郎に弟子入りを願ったが軽くあしらわれて断られ、噺家にも興味があったから円朝に入門しようと思っていたところ、知人の講談師に誘われて、二代目伊東湖花《いとうちょうか》に弟子入りした。ちなみに伯円の師であった初代伊東湖花は、明治十三（一八八〇）年七月十日、七十一歳で卒去している（『遊藝掃墓史料』山口豊山）。

伊東湖花は「講釈ばかりではない漢籍の学者」（「猫遊軒茶話」「都新聞」昭和四年六月四日付）で、易学にも明るかった。伯知は湖花のお気に召して、入門を申し入れると、易を立てて占ってくれ「よろしい安心なさいこの卦は大いに吉い、将来お前は私の門人として天下に名を挙げるだらう、精々辛抱しなさい」といってくれた。湖花は、二代つづけて易学に通じ、二代つづけて未来をよむ才には恵まれていなかったことになる。無事弟子入りを果たしたが、伯知は雪の夜に師匠の車のあとを押して走るような下積みの苦労に絶えられなかった。

是れは講釈ではございませむ、所が何うでせう、師匠が云ふには雪が降つて車が重いから後を押せと云ふのです、私は泣きたくなりましたが拠《よんどころ》ないから其車の後を押して今戸町まで参りました、併し熟々《つらつら》考へて見ると給金を一文取るのではなし其上帰途《かえり》の車の後まで押すとは実に情けない、因果なことだ、ア丶詰らないと思ふとムカ〳〵と厭《い》やになりまして丁度開業から三月許《ばか》りでお止めに致しました　（「松林伯知の物語」「時事新報」明治三十三年八月十二日付）

昔の師弟のあいだではしかたのないことに思われるが、伯知にはこの「理不尽」に我慢ができなかった。そういうタイプの人間で、潮花のもとをやめて別の仕事をしても続かない。その後、横浜にでて質屋に奉公するが、それも続かず、東京に戻り、伯円に弟子入りした。伯円のもとでは、真打として大成したことをみると、少なくとも伯円は、講談とは関係のない「理不尽」なことに弟子を使ったりはしなかったのだろう。

最初に与えられた芸名は、知にやまいだれがついた伯痴であった。若いころは伯円一門のなかで一番の男前で、中年になって蓄えた顔半分をおおう長く濃いヒゲがトレードマークとなった。

伯知は、新聞ネタなどをすぐに講談に仕立てあげる即興性に恵まれていて、観客を得た。が、真打になって最初は、しばらく何をしても売れなかった。そんなときに飛び込んできたのが大久《おお》保《く》利通《としみち》暗殺の報であった。さっそく伯知は高座にあげた。客は殺到した。が、すぐに官憲が乗り込んできて講演は中止させられ、伯知は拘束された。厳しい説諭をうけたあと、貼ったビラをすべてはがせと命じられ、席亭主とともに一晩収監されて解放された。明治八（一八七五）年の新聞取締法から、言論の取締りが強化され、新聞記者がかたっぱしから投獄されて牢獄で呻吟していた折にしては寛大な措置だった。しかも説諭の内容は、家族の嘆きを尻目に大久保邸とおなじ区内（麹町区）で、それを講談にして読みあげ、捲きビラをするとは許し難いという多分に情実に係わることであった。しかも、その後、おなじ講談を麹町区以外で読んでもなんら妨害はなかったというのである。いくら危険視された内容の新聞記事をネタに読んでも、官憲は、さほど講談を取締りが必要な害のあるものとはみなしていなかった。

際物読《きわものよ》みを得意とする伯知の事件の選択は危うい。明治十一（一八七八）年八月二十三日、西南戦争終結後、戦後の待遇のあまりの不平等を不満として、近衛兵が天皇への直訴を目的として反乱をおこした竹橋事件が報じられると、好餌とばかりにくいついた。

ところが近頃は新聞記事が懇切丁寧詳細を極め、事件の裏表隅から隅までわかるように報道して下さいますから誠に座ながらにして何でもわかりますが、其頃の新聞はこれ程の事件でも報道は至つて簡単、くわしい事は一向に判らない、これを先ア一心に読み返して大体の筋立をいたしあとは斯うもあらうかといふ想像で捏ち上げ、それへ興味の衣をかけるのだから甚だ怪い講釈、安い天ぷらと同じで嵩張《かさば》つてはゐても衣ばかり、肝腎要《かんじんかなめ》の中身はあるか無いか判らないといふ、心細い読み物があつたものです（後略）

（「猫遊軒茶話」「都新聞」昭和四年六月二十九日付）

情報がないのはあたりまえで、明治政府は、この事件に対し極度の警戒心を抱き、首謀者とみなされた兵士たち五十三名は、事件発生後二ヵ月も経たないうちに形だけの裁判のすえ、無造作に銃殺されてしまった。新聞には、政府が許可した（明かした）情報だけが載って各紙ともに伝聞調で歯切れが悪い。当然、伯知も得られる情報が少ないのだから、すぐにネタが切れて場がもたない。伯知は最後まで、まさに「天ぷらの衣」のような話をしてお茶を濁しきった。「天ぷらの衣」でも内容が内容である。だが、このときは、官憲に説諭もされなかった。

明治十二（一八七九）年は、旧アメリカ大統領グラント将軍の訪日で沸き立った年である。アメリカ合衆国第十八代大統領ユリシーズ・グラントは、任期明けの一八七七年、妻をともなって世界一周旅行をはじめ、二年後の七月から二ヵ月の日程で日本に立ち寄った。国賓をむかえ、政府もそれに煽られた民衆もひっくり返るような騒ぎになった。七月二十七、二十八日の両日の昼夜、伯円も流行にあやかって牛込神楽坂上の八重垣神社で「グランド将軍の伝」を読んだ。この日の高座に、伯円は、アメリカ南北戦争を北軍の勝利に導いた英雄の伝記に、何を思ったか「徳川慶喜君の伝」という敗軍の将の物語を併せてとりあげている。余興には「月下の奇談」を添えた（「東京絵入新聞」明治十二年七月二十六日付）。

明けて、明治十三（一八八〇）年。伯円なじみの樽問屋竹下屋久八の三男、浪上義三郎《なみうえぎさぶろう》が松林伯義《しょうりんはくぎ》の名をもらって弟子入りした。のちの悟道軒円玉《ごどうけんえんぎょく》である。円玉は、慶応二（一八六六）年うまれ。この弟弟子について、伯知は「漢籍の素養はあり文筆は立ち、講釈師には珍しい学者」（「猫遊軒茶話」「都新聞」昭和四年七月八日付）とほめている。

円玉にとっては、とりわけ望んでした弟子入りではなかった。

そのころ円玉の実家はすでに衰運にあった。竹下屋は、大名や旗本屋敷に味噌醤油を納めていた都合、取引先の諸家に金を貸していた。それが、幕府の瓦解でフイになった。さらに、父親が起死回生に塩の専売に手をだして失敗、ついに、相生町の店を手放すことになった。円玉の兄、為次郎は、維新以来、家運をかけて洋学をたたき込まれていた。尺振八《せきしんぱち》の塾のほか、築地のアメリカ人について英語を学び、米国留学までさせられて学問をつけていたが、三男である円玉は、旧幕時代には与力の家に養子にいく話がすすんでいたが、世情でだめになり、とりわけた目的もなく方々の小学校や、漢学塾で学問を積んでいた。そこで、弟子入りではなくあずかってもらうということで伯円の家のやっかいになった。そのうち、呼吸器を鍛えて病弱な身体を治すという名目で、とくにやりたいとも思わず講談師の修業をはじめた。

伯義時代の円玉は、こどものころから父に連れられて講談や芝居に通って見巧者《みごうしゃ》、聞巧者でもあり、学問の下地もあったから、めきめき腕をあげたが、芸人として出世の欲がなく、どうしても前座読みからあがろうとしない。そうして伯義、二十二歳の春。ついに伯円はしびれをきらした。伯義が両国福本亭に出演する折、無断で、「伯儀改め五代目松林円玉」という丈長ビラをだした。円玉は驚き、顔を真っ赤にして激昂し、師を問い詰めた。伯円は、

「一体此円玉といふ名は松林派には大切な名、そも初代の伯円が初めて得た弟子の名で、茲《ここ》に続いて四代、めつたな者には与へぬのだが、お前を見込むで五代目にする、したが前に其の由を話せばお前は必らず辞退する事、されば此方で勝手に命《つ》けた、ビラを出した上はお客も合点をして了つた、左様赤くなるなよ」（森暁紅「空板先生」『演芸画報』第六巻第四号、明治四十五年三月）

と笑って諭した。それでとうとう五代目円玉をついでしまった。

「円玉」は初代をのぞく二代目以降はみな伯円の弟子である。個性的な者が多かった。とくに二代目円玉は、もとが櫛職人であったため櫛屋《くしや》円玉とよばれていた。本人は読み書きができなかったが、記憶力がよく、女房に本を読ませて一度聞けばなんでもすっかり覚えてしまった。芸才があって、読み口の歯切れがよく、人気をとった。なかなかよい男で、外で女をこさえては女房を泣かせた。そのたびに、女房は伯円に泣きついてきた。はじめは、売り出し中の芸人に遊びはつきものと、女房のほうをなだめていた伯円であったが、女房が、まったく稼ぎを入れてくれないというのを聞いて、櫛屋円玉をよびだし、

「其女と今日限り別れろ、併しお前も売出しの芸人だから決して外聞の悪くないやう、金がいるならおれが出してやるから綺麗に手を切つて来い」（「『私』の思ひ出話」「国民新聞」昭和四年五月八日付）

と意見した。

ちょうど雨の日であった。榧屋円玉は、師の仰せに従って、女のところへ行き、どろだらけの下駄で、傘をさしたまま座敷を歩きまわり、ひとことも口をきかずに裏口からでて行った。女は、男がおかしくなったと思い、たちまちに愛想をつかした。一円の金も使わず、後腐れもなく女と別れたわけだ。

ある両国の灯籠流しのとき、伯円は弟子たち一同をひきつれて川遊びをした。明治十年前後のことだろうか。伯円は洋服。弟子たちはそろいの浴衣がけ。賑やかに船に乗り込んだ。酒も肴もじゅうぶんに用意されていて、みな大いに酔った。川面は船でいっぱいで、すれ違いざまにぶつかり、どしーんと、衝撃がはしった。そのたびに若い弟子たちは酔いの勢いもあって「何をしてやがる気をつけろ」と怒鳴った。

ところが、みな浮かれ騒ぐ愉快な船中で、ひとり苦悶の脂汗を流している男がいた。榧屋円玉である。彼は師の洋服姿にあこがれて、一度自分も着てみたいものだとつねづね思っており、この日、うまれてはじめて洋服に袖をとおした。ところが靴が合わず、両国につく前に痛みにたえられなくなった。やせ我慢して、結局しばらく高座に座れないほど足がはれた。すっかり懲りて、その後一生洋服を身につけることはなかった。

船には錦蝶と女友達の女役者市川九女八《いちかわくめはち》もいた。

市川九女八の名はのちに市川団十郎《だんじゅうろう》の門下に加わってからの名であるから、この当時は岩井《いわい》粂八《くめはち》といった。女役者というのは、女優とは違う。当時、いまだ男女がともに舞台に立つことは許されていなかった。歌舞伎がすべて男だけで演じられるのとおなじように、女芝居では男の役も女の役も、みな女だけで演ずるのである。粂八は座長で、しばしば立役（主役級の男役）を演じた。男を演ずるのに、彼女は、市川団十郎の芝居を手本とした。それで彼女の芝居は団十郎とよく似ており、女団洲とあだ名された。演技もすぐれており、化粧をした芝居顔も美麗であった。明治二十三（一八九〇）年、男女合併興業が許可されたとき、だれしもが、団十郎や菊五郎の相手役として、粂八の名を思い浮かべた。だが、結局実現しないままに歳月が過ぎた。過ぎるままに粂八は老い、零落した。そして、帝国劇場ができ、男優とともに舞台で活躍する女優が社会に認められるようになって三年、粂八は寂しくこの世を去った。岡本綺堂《おかもときどう》は『明治劇談　ランプの下にて』に、彼女のために一節をさいてこう哀惜している。「彼女が晩年の流落はその性格によることとも勿論であるが、一面にはその不運であったとも言い得られる。彼女がもう少し遅く生まれたならば――わたしは女優という名を聞くごとに、いつも粂八の名を想い起こさずにはいられない」。

明治十三年も暮れた十二月十七日。伯円は、三十間堀の講談席春日亭に出演していた。そのとき、目と鼻のさき、銀座三十間堀の三丁目十番地、元秋月藩主黒田長徳《くろだながのり》邸で事件がおこった。臼井六郎《うすいろくろう》という二十二歳の青年が、父の仇を報ずるため、黒田邸をおとずれていた東京上級裁判所の判事一瀬直久《いちのせなおひさ》を殺害したというのだ。

旧幕時代、六郎の父亘理《わたり》は、秋月藩の家老職にあった。亘理が藩の軍政を洋式に改めることを主張したことで、当時、烈しい攘夷思想を持っていた一瀬らの憎悪をかい、ある夜、一家寝静まったところを襲撃され、父と、同室に寝ていた母を殺害され、幼い妹は斬りつけられて重傷、別室で祖父と（乳母とも）と就寝していた六郎は難を逃れた。このとき六歳。藩の正義は、少年の仇を報いてはくれなかった。明らかな闇討ちにも関わらず、殺された亘理が己の才を誇って他の恨みをかったことが事件の原因とされ、臼井家のみが減俸となり、殺害者は追及されることはなかった。親戚の養子として育てられた六郎は、ひょんなことから両親を殺害した相手を知り、仇討ちを決意した。成人すると、父の形見の短刀をたずさえ、仇を追って東京にでた。仇の行方を求めながら、山岡鉄舟に剣術を習い、牙を磨きつづけた。

そしてその日、黒田屋敷で一瀬とでくわした六郎は、短刀を抜いて一瀬に襲いかかり、一瀬が絶命するまでいくども短刀を突き立てた。

江戸期ならば仇討ちは武家の子弟の義務であり、し遂げれば名誉であったが、明治六（一八七三）年の第三十七号布告で「復讐ヲ厳禁ス」とされ、たんなる殺人となっていた。

仇討ちが罪であることは六郎も承知していた。一瀬を討ち果たすと、そのまま警察に自訴した。この事件は、最後の仇討ちとして世を沸かせた。

事件を知った伯円はすぐに情報収集をはじめた。黒田屋敷には、知人のす組のとび頭が出入りしていて、死体の片付けの手伝いをしたという。幸いにもこの人から話を聞くことができた。つまり、一瀬の亡骸の様子、殺害方法や、邸内で語られていたであろう事件の経緯などの特別な情報を入手し得たということだ。ちなみに、す組というのは、江戸期の町火消し制度で、江戸をいろは四十八組に分けて防火活動をしていたときの名残り。す組は南小田原町・舟松町・本湊町・木挽町・南八丁堀の消防を管轄した。

新聞で公表されたことに加え、関係者から得た独自の情報を加え、これを春日で読んだのは事件翌日の夜席。情報を知りたがっていた観衆がどっとおしかけた。ちなみに、伯円に情報を提供したす組のとび頭は、その後、寄席、銀座亭《マ　マ》を開業したという（「「私」の思い出話」「国民新聞」昭和四年五月十六日付）。さきに述べたとおり、銀座亭の開業は明治七（一八七四）年のことで計算があわない。「頭《かしら》」がはじめた寄席ならば料理屋松田の跡にできた金沢亭があるがこのす組の頭が開業した寄席か不明。

このころ開業した寄席について伯知の回想にはこうある。

それと同じ頃に今の時事新聞社の隣りへ鶴仙亭《かくせんてい》といふ艶物と義太夫をかける席が出来ました。

ところへ新橋の際の今シンバシ・カフエーのあるところへ繁松亭といふ講談席が一軒出来ますと、京橋の近くへも、松田といふ料理屋が煉瓦の表通りへ出るについて其の跡を出入の頭《かしら》が引受けて金澤亭といふ寄席を始めました。（中略）十二年の頃三十間掘三丁目角へ寿亭春日三郎といふ信州飯田の人が黒田子爵の依頼であの辺の家主を兼ねて寄席を開きました。

（松林伯知「銀座の寄席」『銀座』資生堂、大正十年）

演芸にとって、じつに華やかな時代だった。

六郎の不幸も、決死の仇討ちも、世間にとっては、文明開化の世をいろどる幻灯、祝祭のひとつとして消費された。しかし祭りが果てても個人の運命はつづいてゆく。臼井六郎は、そののち裁判で謀殺罪（原則は死刑）を適応されたが、士族身分を考慮され、無期徒刑《むきとけい》（旧刑法における終身刑）に処された。その後、明治二十二（一八八九）年の明治憲法発布に際する恩赦で減刑、明治二十四（一八九一）年に釈放された。その後は、大事をやり遂げた脱力感にさいなまれながら、ごく市井の人として残りの人生をまっとうした。

「開化」を掲げて関西興行旅行

講談を革新して世の役に立てるということを、伯円がどれだけ真剣に考えていたかは、明治十一（一八七八）年六月二十四日、親しく交流していた依田学海《よだがっかい》の宅をたずねて打ち明けた言葉からも伝わってくる。

某《それがし》の戯は、幕府の初にあたり太平記読てふものありて、よくその書をよみ、多く軍記を講じて人をつどえしが、近世やゝもすれば博徒・盗賊の事をときて、甚しきに至れば俳優の戯を為に至れり。変ずる毎にその趣いよ〳〵下るといふべし。某いかでその弊を改め世の名誉を得むとすれども、同業のともがら皆喜ばず。よりて談講《ママ》師の業をやめ、べちに官に請奉りて、その業をはじめばやと思ひ候はいかに

（『学海日録』第四巻、岩波書店、一九九二年）

と語ったという。驚くべき内容である。

だいたい、幕末以来、世話物講談を完成させ、「博徒・盗賊の事を」説いて流行させたのは、伯円自身なのだ。みずからが必死に水をやって育てた作物を、今度はその根を枯らすために悩んでいる。そのためには、今までのキャリアを捨ててもよいという。意外にも必死、捨て身の覚悟

で挑んでいたのだ。学海は、「やめる必要はない。今の境遇でできることをすればよい」と助言し、伯円も納得した。

学海に打ち明けたことは、気分でも冗談でもなかった。講談を改良し、世のなかの、また国家の役に立ちたいと思い、そうせねば、講談の未来はないものと思っていた。具体的にはまず、講演の方法の改革を試みねばならないと考えていた。

つねづね、伯円は、自分の弟子たちに、演説調の口調で講演をするように教えていた。

> 我師伯円は新しい頭脳の持主で演説をするやうなスンナリとした声で喋れと言つた、又歴史を講ずるにしても敬称を用ゐるなと言つた。徳川家康公であるとか太閤秀吉公であるとか、甚だしきは加賀騒動に出て来る織田大炊様なぞと云ふ、是が甚だ聴きにくいと云つて折り〳〵弟子共を叱つた
>
> （「円玉漫語」『痴遊雑誌』一巻二号、昭和十年六月）

敬称云々については、奇妙な敬称によって生じる、物語の客観性、臨場感の欠如を避けるためと思われるが、ともかくも、伯円にとって、講談の改良とは、講演の口調を演説調にすることと切ってはなせることではなかった。

そこで、伯円は、大阪の三代目石川一口《いしかわいっこう》に手紙を書いた。一口は、二代目石川一夢の弟子である。うまれは江戸。東京の講談師の名門、伊東燕晋《いとうえんしん》の息子で、本名を伊東徳次郎といった（「朝日

新聞」明治三十四年十二月三十一日付）。

「名に高き東京の講釈師松林伯円は本年《ことし》四月頃当地へ来て石川一口方に止宿し共に講釈師を残らず聚《あつ》め演舌会調に一変したいと一口方へ通信《たより》がありました」（「大坂朝日新聞」明治十二年二月九日付）。

それに対し、一口をはじめとした大阪の講談師からはぜひきてくれとの返信と招待があった。

ところが、ちょうど大阪でコレラが流行し、四月ごろを予定していた伯円の来阪は一年も遅れた。

その間、伯円が何をしていたかといえば、小説を書いていた。

伯円は毎年、夏場に湯治をするのを習慣としていたが、明治十一年の夏は、群馬県の伊香保に行った。伯円は木暮《こぐれ》武太夫《たけだゆう》（武禄）が経営する宿に止宿した。ちなみに木暮家は、温泉業等を営む伊香保の名家で、武太夫の名を代々世襲した。滞在中、伯円は印象深い話を聞いた。明治十年、前橋のふたつの監獄を破って、収監されていた囚人八十人ほどを引き連れ、西郷軍を名乗って県庁に攻め込もうとして失敗。捕らえられ、新聞を騒がせた関口文七《せきぐちぶんしち》の話である。伯円はそれを講談にして高座にかけたところ、大絶賛。松延堂の大西庄《おおにししょう》之助《のすけ》から小説として執筆の依頼をうけた。そこで、伯円は、文七の出身地、前橋に近い伊香保温泉の情緒を物語にふんだんに織りこんだ。

明治十二（一八七九）年三月三日に初編の三冊が松延堂の版本（「東京絵入新聞」明治十二年三月十一日付広告）で刊行された『新編伊香保土産』は、木版刷りで、全頁に挿絵が付された絵草子の体裁である。翌年四月までにおなじ体裁で五編、計十五冊が出版された。明治十九（一八八六）年には金松堂から、明治二十二（一八八九）年に版を改めて扶桑堂から石版の活字本が刊行されている。

『伊香保土産』の関口文七は、脱獄以来、心中しかけた恋人を助けて身の立つようにしてあげた り、泥酔して雪のなか眠りこけて狼に喰われそうになった僧侶を救ったりと、人助けをしながら逃亡している。一方、文七の妾のお若は、「写真のお若」（当時芸者たちが名刺代わりに配っていた写真のダントツの美しさで世間を沸かせた）といわれた美貌の芸妓であるが、文七を盗賊とは知らずして愛し、知ってからもその愛を断念することができず、獄にいれば差し入れをし、脱獄したときけば、何かの役に立ちたい、せめて一目会いたいと望みをかける。

伯円は、鉄火な美女が好みだったのだろう。あとに述べる『安政三組盃』の女主人公お染をはじめ、伯円の作品に、運命にうちひしがれて泣くだけの弱い女は登場しない。このお若も、金持ちの男をだまして金を奪い、文七を裏切った車夫の俥に乗って雪道に誘いだし、両目をかんざしで刺してつぶし、自分をおもちゃにした男を殺害したりと罪を重ねながら文七との再会を夢みて旅をしている。最後には文七とともに捕縛され、お若は斬刑。文七は、傷害、殺人に手を染めていなかったため死刑はまぬかれ、終身徒刑として石川島で苦役を受けることになった、という。

読んでいると、あたかも速記本のような感触だが、執筆当時、講談の速記はまだ行われておらず『新編伊香保土産』はあくまでも小説として発表された。第一編に富田砂燕《とみたさえん》の序文をもらって、席上はテーブルを控て体面を新にし高坐の机は著作に用ひて二役兼任乃ドロバウ上戸は寔《まこと》に名詮自称と云べし其乍然《さはさりながら》人の趣向を盗にあらず他の文章を切填《きりはめ》るにも非ず正真正銘の新作なりと咽を嗄《か》らして前口を叩《たた》くものは

先生が諸席の常連　　横浜の砂燕誌

とある。富田砂燕は、真の江戸の高等遊民といえる人だ。もとは日本橋の砂糖商堺屋のあるじであったが、遊興をこよなく愛して商いをおざなりにするため、親戚一同は、妹に婿をむかえて店を継がせ、砂燕を主人の座から追った。しかし、砂燕は、商売に患わされることがなくなったとかえってこれをよろこび、吉原がよいに、芝居見物に余念なく、また、音楽に才能があった人で、端唄、清元を極め、一中節に関心を抱き、さらに茶の湯をたしなんだ。慶応年間、パリ万博につてを得て同行し、その航海中の出来事を仮名垣魯文《かながきろぶん》に語って、『西洋膝栗毛』に話題を提供したことでも知られる。帰国後、横浜の海外の商館に主幹としてつとめて商事に奔放した。同時に、歌舞伎や演芸に金を費やし、役者や芸人を横浜まで招いて、たびたび大宴席をもよおした。伯円の『新編伊香保土産』に序文を記したのはまさにこのころだ。伯円にとって名誉のひいきであっただろう。明治二十二（一八八九）年、病を得て引退、明治三十三（一九〇〇）年に歿した（『歌舞伎』第五号、明治三十三年八月）。歌舞伎の二六連をひきいた劇評家でもある。

さて、小説の執筆を引き受けた伯円だが、思ったよりも講談の創作と勝手が違ってとまどい、物書きとして大先輩の魯文にアドバイスを求めてなんとか書きあげた。明治十二（一八七九）年の一月、高座を終えたあとだろうか。富竹亭の奥二階で洋酒を傾けながらほろよい気分で序文にこう記した。「卓に向って演舌と違ひ作者の方では初高座」（松延堂版第二編自序）。

伯円が文七、お若のことを作品にとりあげようとしていたとき、文七はすでに無期徒刑に処され、北海道釧路の監獄に服役していた。当時、長期・終身の徒刑となった服役者は、開拓の労働力として北海道の各監獄に送られ、過酷な労働に使役させられた。とくに、釧路監獄は、アトサヌプリ硫黄山で硫黄採掘に囚人を用いたため、失明する者や、作業中の事故での死傷者がたえなかった。

文七は過酷な環境を生き抜き、明治二十二年（大日本帝国憲法発布の恩赦にあずかったのか）、釈放され清廉潔白の身となった。ただし、釈放後、監視がついたため、しばらくは、硫黄山で働いていた。よく熊牛原野《くまうしげんや》（北海道川上郡弟子屈町）にあらわれ、開拓者たち相手に、調子たっぷりに自分の人生を語って聞かせたという。

明治二十四（一八九一）年の十一月末、伯円の留守宅を、四十八、九歳くらいのひげもじゃの男がたずねてきた。対応した下女に、手土産にひと包みの卵と、硯石をあずけて去った。帰宅した伯円は下女から報告を受けたが人物に見当がつかない。卵はごく普通のもの、硯石は、北海道産のめずらしいものだった。ふと、卵の包みから一枚の名刺がみつかった。そこには「関口文七」と記されていた。

文七は、北海道から故郷の前橋に帰る途中、東京木挽町の伯円の家に立ち寄ったのだった。訪問客はこの足で故郷に戻るといっていたと下女から聞いた伯円は、追いかけるように手紙を書いた。文七からの返事はすぐに来た。伯円が講談で、自分が善行を行ったようにいってくれたおかげで、はじめから官の信用も厚く、また、それが減刑となった遠因でもあろうと思い、礼を述べに参ったのだということが記されていた。伯円は、この文七の返書をのちのちまで大切に保管した。

文七は礼といったが本当は伯円にじかに会って真実が語りたかったのだろう。『新編伊香保土産』はほとんどつくりごとでできている。伯円自身は、「方今は正史に因りて編輯なすこと故各社の新聞を抜萃し或は伝聞の奇談珍説現今尚世に存する人の履歴を温ね以て一部の物語となす既に予が著述なす群馬県の新話の如きも白銀屋文七の実録に写真の阿若を合併し潤色なせしもの（後略）」（第三編自序）とか、「元来昔時の草紙の如く幽霊天狗仙人などを役者となして画様を変へる奇々怪々の作物ならず現今世にある人の履歴扇て空談も出し兼て聊実記を潤色なし」（第四編自序）などと記し、つくりごとではないが、事実に潤色を施したものと正直にことわっているのだ。

翌年の春、伯円は前橋市榎木町の文七宅をたずねた。当人から話を聞いて、今度は文七が語ったままを、前橋の劇場で、「関口文七　故郷の春風」という題で講演し、大成功を博した。利益を求めた興行とは思えない。文七へのはなむけだろう。文七もおよろこびし、伯円は満足して東京に帰った。

ところが、しばらくして、文七が、今度は、講談の内容を芝居にして欲しいといってきた。伯円は上京した文七を知己の市川《いちかわ》左団次《さだんじ》と尾上菊五郎《おのえきくごろう》に引き合わせたが、両役者ともに、障りがあるといって断られてしまった。両者とも、伯円の手前、巡業をひかえていることを理由にしているが、実のところは物語としてさほどの魅力を感じ得なかったのであろう。伯円自身が「実話を以て旨とすれば定めし佳境も少なからん」(『新編伊香保土産』第五編自序)というとおり、実録だけでは講談や芝居の台本として成り立たせるのは難しかった。実際、速記本『俠客故郷廼春風　一名関口文七実伝』(金松堂、明治二十六年)は、中年の男性が若いころを語るときにつきものの艶笑ばなしが鼻につき、あまり面白くない。

文七はがっかりし、伯円も頼まれがいがないと肩を落としていたところ、浅草公園の興行師、屋根屋の弥吉が尽力してくれ、浅草公園の常盤座で劇にして上演できることになった。市川紅車《こうしゃ》という若い俳優が文七を演じた。劇の半ばには、伯円が登場して十分ほど演説したのち、文七を舞台に連れだして、文七本人に悔悟の念を語らせた。文七は、捕縛されるときに、自害しようとしてつけたのどの傷跡までみせたという。好評で、麻布の盛元座でも同様の芝居が上演された。

速記本『俠客故郷廼春風　一名関口文七実伝』は、文七の真実の悔悟の人生を残しておきたいと、伯円みずから金松堂の主人辻岡文助《つじおかぶんすけ》にお願いして刊行に至った本だ。

『新編伊香保土産』と、とりわけ違うのが、ヒロインのお若のキャラクターである。実際のお若は、本名中村やすといい、父は旧幕臣で、上野の戦争に参加して戦死した。窮乏の末、お若は芸者となった。『新編伊香保土産』に描かれたように大変な美貌の人であったというが、伯円が描いた悪女ぎりぎりの鉄火な女ではなかった。もちろん犯罪も犯していなければ、刑死などしていない。桃川如燕《ももかわじょえん》の「写真のお若」（『文芸倶楽部』第十八巻第六号、明治四十五年四月十五日）では、文七が北海道空知《ママ》の監獄に苦役が決まると、同地について行き、女髪結いとなって働き、出獄とともに文七とともに前橋に帰ったという。円玉が伯円歿後、その読み口を追想し師の声色を込めて読んだ速記「講談の種　関口文七故郷の春風」（『文藝春秋』第六年第六号、昭和三年六月）では、北海道までついて行ったというのはおなじながら、同所で清元の師匠となって文七の出獄を待ったが、文七出獄の前年に病で歿したという。伯円が文七に聞いた話によると、お若は文七の出獄後も北海道の釧路で芸者をしており、文七は、彼女を前橋にむかえる準備をしていたという。が、お若をむかえるというのは結局うまくいかなかったのではあるまいか。文七の晩年には寂しい印象がつきまとう。明治末には、老い、零落して前橋の写真館で切符売りをしている文七の姿が目撃されている（朝倉喬司『明治・破獄協奏曲　白銀屋文七とその時代』毎日新聞社、二〇〇二年）。いつまで存命だったのだろうか。「釧路新聞」（明治三十九年六月三日付）には、文七が釧路を来訪した旨が報じられているが、その終わりは知れない。名もなき者として生涯を閉じたのだろう。

はなしは、関西興行に戻る。

計画から一年を経た明治十三（一八八〇）年五月、コレラの流行も収束し、伯円は、ついに関西への一大興行旅行にのりだす。旅の荷物や先々で配るみやげやらを、さきに一口の家に送らせてもらい、自分は横浜から船にのって海路、神戸へ。荷物は軽いが身軽ではなく、秋までの長旅を予定して、妻の錦蝶と、権妻のおけいをともなっていた。おけいは小倉屋の芸者で、「金春新《しん》道《みち》で一六居士の筆法を学」（「いろは新聞」明治十四年三月十五日付）んだ。能書家としても名高かった明治の高官、巖谷《いわや》一六《いちろく》（巖谷小波の父）に書の教えを受けたのか、宴席にはべったのか知らないが、一芸に秀でた女が好みの伯円にふさわしく、書画の心得が高く、天香《てんこう》という書号を持った才媛だった。

「新講談の巨擘《おやだま》松林伯円は此度大坂の演舌《おしゃべり》業石川一口其外の人から招待されたので正権の両妻迄も引連れ近日同地へ趣むき得意の弁を揮《ふる》ふて新古開化講釈を演舌《しゃべくり》夫より頑民教導兼金儲けのため神戸京都を経《めぐ》り帰路《かえり》は愛知静岡蝦夷松前（迄は行まい）秋冷《あきごろ》には帰つて来る由」（「いろは新聞」明治十三年四月二十四日付）。記事は仮名垣魯文による。

大阪に到着した伯円は、十七日、法善寺（大阪市中央区難波）境内、石川一口の寄席で関西興行の口火をきった。

法善寺は別名千日前といわれる。昭和のはじめ、織田作之助《おださくのすけ》が『夫婦善哉《めおとぜんざい》』の終わりに、蝶子、柳吉夫婦が「夫婦善哉」（一人前のぜんざいをふたつにわけて供する甘味屋お福の名物）を並んで食べる場面を描いて有名になった法善寺横丁は、かつては寺の境内とされ、「見世物沢山のところ」（日用百科全書シリーズ第十四編『旅行案内』博文館、明治二十九年）で、石川一口の寄席もそのなかにあった。ちなみに、『旅行案内』（博文館、明治二十九年）の「千日前」の箇所には、「京都の新京極と同じく、見世物沢山のところ」とのみある。そして、新京極の箇所には、「東京の浅草公園、大阪の千日村と同じく、見世物沢山のところなり」とある。永久ループに迷い込んだような案内だが、あきらめずに浅草公園までたどると、「劇場、見せ物、茶店、楊弓店《ようきゅう》、飲食店等、何でも御座れとならび、其賑かなること、実にうるさき計《ばか》りなり」とあり、見世物の内容がわかる。

伯円は、テーブルに椅子、演目は新聞ネタ。そして講演は、漢語を多用し演説口調で挑んだ。「流石東京の親玉だけに弁舌さはやかなること立板に水の譬も啻《ただ》ならぬばかりなれば薄暮より満場膝を容《い》るゝの余地なきほどに聴衆が嗔《む》咽せりといふ」（「朝日新聞」明治十三年五月二十一日付）と盛況だった。

しかし、東西の文化の違いに驚かされることもある。東京の寄席では、閉場《はね》前に、提灯に灯を入れて木戸の傘台にかけておく。ずらりと灯った提灯が並ぶ様子は壮観で、活気があって美しかった。伯円がはじめて大阪に興行にいったとき、連れてきていた妻錦蝶の弟の安は、東京とおなじように、閉場の前に提灯に灯を入れておいた。しかし、寄席からでてきた客はそれをみて、「こんな無駄なことをされては堪りゃへん」といって頭ごなしに怒った。浪費が華の江戸文化と、合理的な損得感覚のなかで生きている大阪文化との違いを実感した伯円は、「成程上方は節倹《せっけん》な土地だ、是から先金儲けは大阪人にされてしまひ、江戸子は悲惨を見るだらう」（辰巳老人「閉場の提灯」『娯楽世界』三巻五号、大正四年五月）とつぶやいた。

六月一日からは、御霊《ごりょう》神社（大阪府大阪市中央区淡路町）境内の芝居小屋（「大阪日報」には土田の席とある）で講談会をひらいた。舞台の設営にも気をくばって、釈台のかわりにテーブルはもちろんのこと、舞台の正面に花壇をもうけ、美しい緞帳《どんちょう》をたらし、テーブルの上には、白いクロスをしいて花瓶を飾った。石川一夢と一口師弟のほか、地元の有名な講談師も出場した。伯円の演題は、『八十日間世界一周』と「山城屋和助割腹の奇事」など。

六月二十三日、伯円は、御霊神社の講演を打ち上げたその足で、大阪を離れ、興行の場を神戸へ移した。

七月十日には、楠木正成《くすのきまさしげ》を祀る湊川神社（兵庫県神戸市中央区）内で興行。七、八百名の観衆がつめかけた。土地柄か、客のうち百五十六名は居留地に住む外国人であったという。明治十三年、居留地で暮らす外国人は八百五十八名（前嶋雅光他『兵庫県の百年』山川出版社、一九八九年）。老若男女問わずに計算すると五人にひとりはその日、伯円の講談を聞きにやってきた計算になる。西洋人のなかにも、講談に関心を抱いていた趣味人はいただろうが、明治三十三（一九〇〇）年に内地雑居法が制定されるまで、名目的ながら、外国人の内地への立ち寄りは、保養か教育の目的に制限され、しかも先だって届け出が必要だった。百人を越える大人数での外出というのはただ事ではない。はじめから、何かしら地元県庁等の官憲の援助、または要請があったものか。

この興行旅行中、伯円はのどを痛め、近くの有馬温泉で静養をとることになった。

これを機会に、「いろは新聞」を通じて「見聞有馬土産」（明治十三年七月二十九日・三十日、八月六日・八日付の四回）と題し、長らく留守にしている東京のごひいきに身辺報告をしている。

有馬温泉までは、住吉停車場（住吉神社の最寄り駅）まで行き、そこから駕籠をやとって六甲山を越え、有馬温泉まで十五里。人力で山道を約五十キロ。そうとうな時間もかかったのだろう。さきほどの『旅行案内』（博文館、明治二十九年）によると、駕籠賃は時間によって価格が違い、午後二時までは五十五銭、それを過ぎると八十銭になった。『旅行案内』の情報より十数年前の伯円は、時間に関わりなく七十二銭の駕籠賃を支払った。

六甲山の山頂「辻」といわれる地点に至ると、そこに一軒の茶店がある。店内は掃除が行き届いて清浄、飲み物のメニューも豊富。白玉やところてんが清水に冷やされて用意されていた。西洋人の旅行者は、この茶店に立ち寄るために、険路かまわず山を登ってくるという。

何やらいわくありげな榊原鍵吉《さかきばらけんきち》に似た三十あまりの亭主と、二十五、六の細君が店を切り盛りしている。亭主は、旧徳島藩士の有名な撃剣家であり、また細君の方も、士族の出で薙刀《なぎなた》の使い手だった。しかも「すこぶる別嬪」。伯円がこの茶屋に立ち寄る前年、賊が三人、武器をたずさえて、夜半、この屋に押し入ったことがあった。賊にとって不幸なことに、寝込みをおそった夫婦はともに豪傑であった。ひとりは飛び起きた亭主に背をたちわられ、残るふたりは夫婦に追い込まれて、雪の山道を一目散に逃げ、谷に落ちたか、崖を滑ったか生死も知れなくなった。

有馬温泉は、「四方山岳を連絡し松柏繁茂して日光を覆ひ有名の鼓が瀧は滔々たる鳴音木精に響き瀑布の名空からず李白は髭を濡らすべく許由《きょゆう》は耳を実洗ふに快たり仙境外ならず佳景此地にあり」という漢詩の似合う絶景。しかも冷涼で、大阪の新聞では九十度（摂氏三十二度）をうわまわったと記されたときも、ここでは正午でも七十度（摂氏二十一度）に過ぎなかった。伯円は、この涼しい有馬温泉街を、妻妾つれて歩きながら、かつてうだるような暑さの日、魯文と横浜の窟《くつ》螻蟻《ろぎ》の松の木陰で暑さをしのぎ、「暑すら通はで茂る樹の間から涼しき風のいかで洩くる」と冗談をいいあったことを思いだし「物のわからない妻妾より、魯文さんと歩いたなら一層楽しかろう」などといい気なものだ。

窟螻蟻とは、魯文が明治九（一八七六）年にもうけた新聞縦覧所である。茶代一銭で置いてある新聞を自由に閲覧させた。横浜野毛山にあり「背後に隠杉《めいず》の林を控え、前は芒草群がつて涯《がけ》をなし、四方に老松颯々の音絶えず、秋は月下の門を敲く僧俗も稀ながら、鳥は地中の樹に宿り、寂々寥々、殆んど市街《ちまた》の紅塵を脱離《はなる》るの閑あり」（『仮名読新聞』明治九年十月二十日付）となかなかに風光明媚なところにあった。明治十（一八七七）年に、仮名読新聞社を東京銀座の出雲町に移転させるに際して閉店している。

当時の有馬温泉は旅屋に内湯がなく、みな外にある湯場に通うことになる。一の湯、二の湯の二カ所の湯場があった。だが、富者と貧者はここでも平等というわけにはいかない。料金が三段階にわかれていて、もっとも高い金を払うと、幕に囲まれて他人に患わされず、貸し切り状態で湯に浸かることができる。中等、下等は、電車に例えるならば、中等がグリーン車で、下等は、自由席の電車と考えればよい。伯円が選んだのは中等だった。上等の金をおしんだのではなく、入浴しながらいあわせた相客と会話をするのが好きだったからだ。裸でくつろいで、他人とへだたりなく心打ち解ける温泉は、伯円にとって恰好の情報採取場であった。

有馬温泉といえば、伯円の速記本『藤田全盛鑑』（イーグル書房、明治二十五年）で、藤田伝三郎《ふじたでんざぶろう》と、盟友中野梧一《なかのごいち》との出会いの場とされている。藤田伝三郎は、藤田財閥をきずいた日本を代表する財政家であった。が、藤田が長州藩の出身者であったことから、つねづね、藩閥勢力とくに井上馨《いのうえかおる》との黒い結びつきが疑われていた。明治十一年、藤田組偽札疑獄事件がおこり、藤田をはじめ、中野梧一ら藤田組の幹部が一時逮捕、監禁された。真犯人が判明し、無罪放免になったが、真犯人とされたのが熊坂長庵《くまさかちょうあん》（平安末期の伝説的盗賊、熊坂長範に酷似した名）という怪しげな名だったことなどもあって、釈放後も藤田に対する嫌疑は、おりのように残った。

『藤田全盛鑑』は、藤田にかずけた明治版太閤記で、藤田伝三郎が何度も挫折を味わいながらも、どん底から這いあがって、ついに栄華を築く架空の立志伝である。若き日の藤田が、酒で身を持ち崩し、あまつさえ盲目になって有馬温泉で按摩をして口に糊していたところ、たまたま湯治におとずれた当時幕府の高官であった中野梧一（当時は斎藤辰吉）の揉み治療にでて、話をするうちに将来性を見込まれた。中野は藤田に百両の金をあたえ、横浜のヘボン博士に治療してもらうようすすめた。藤田は、中野の厚意をうけとり、言に従って光を取り戻したという物語だ。

藤田組偽札疑獄事件に接し、自由民権運動に共感する講談師たち（というよりも講談師の皮を被った民権運動家たち）はこぞって、この政商の「諸悪」を追及した。が、明治十六（一八八三）年、事件の首魁のひとりと目されていた中野梧一が原因不明の猟銃自殺を遂げると、その追及も下火になっていった。

この間つくられた十中八九が虚説の数ある伝三郎の経歴伝のなかでも、伯円が語った有馬温泉の話は嘘のなかでも傑作であったらしい。

男《だん》も又平生昵近者《じっきんしゃ》に対して「俺の若い時分のことは飛んでもない虚《うそ》が伝へられて居る、それ等を読んで見ると如何にも面白く書いてあるし、また立志伝中の人のやうに潤色されて居るが十中の七八までは虚伝だ」と話して居たそうな、例の有馬の温泉で按摩をして中野梧一に遭遇したなどといふことも全く無根ださうなが男は何時もコノ一節などは奇妙に出来て居ると云つて微笑んで居た

（「大阪毎日新聞」明治四十五年四月五日付）

この物語も、伯円が温泉に浸かりながら相客から得ただれとも知れぬ物語、藤田と中野ではない名もなきだれかの物語を、藤田の伝記のなかにしのばせたのかもしれない。

伯円は、七月の半ばには現場に復帰し、神戸港で興行している。伯円にはめずらしく、客筋を読み違えた。横浜とおなじ開港の港での講演で、伯円も張り切っていたが、初日こそ、好奇心で客があつまったが、徐々に数を減らし、三日目には百名ほどまでに数を減じた。東京に近い横浜と違い、神戸港の客は、港で働く労働者などが多かったのか、岩見重太郎や俠客伝のような痛快でわかりやすいものを望んだ。伯円の漢語で演説調の講談は、退屈であったろうし、理解しえなかっただろう。

七月二十八日には、兵庫県の県令森岡昌純《もりおかまさずみ》が、巡行の際世話になった官吏らの慰労のため、湊川北技師公園地の偕楽亭で豪華な宴席を張ったのによばれ、開化講談をやった。

この間、伯円は一口と連絡を取り合い、大阪に戻ったら何かご当地ネタをやろうと相談していた。

そして、八月一日。ふたたび御霊神社で興行。関西を去るにあたり、名残講演として、「京娘旭の聞書」『天保六花撰』『独逸賢嬢オチリヤ草子』を読んだ。一席目は新聞の投書の有平糖娘のはなしでこれが計画していたご当地もの、二席目が世話物、三席目が翻案物である。これまで開化ものでとおしながら、最後の名残講演にはサービスで『天保六花撰』をはさんでいるあたりが、聴衆の心をはなさない舞台構成に長けたところか。ともにご当地もののネタを編んだ石川一口も出演した。

講演は八月二十五日までで、その後、東京へ戻る伯円に、石川一口も、名古屋で興行するといって途中まで同行した。

一行は、再び有馬温泉で静養をとり、予定通り、名古屋、浜松、静岡と、東海道を講演しながらのぼった。十月十八日に、箱根の塔之澤温泉の玉の湯（現在の「福住楼」）に滞在して旅の疲れを癒し、秋風が吹く十月二十六日、半年あまりの興行旅行を終えて帰京した。

そして、休む間もなく、十一月一日には、東京で商売を再開した。


伯円は、この関西興行に自信を得て、翌明治十四（一八八一）年、この御霊神社の西門に、東京講談場という大阪における東京の講談師の拠点となす寄席をつくり、三月十九日、みずから出向いて開場式をとり行っている。その日は「臼井六郎復讐の始末」を読んだ。上々の客の入りで、十日間の出演で五百円の売り上げを得たという。

伯円は晩年まで定期的に大坂へ興行旅行を行っているが、この東京講談場を拠点にしたかは不明。東京講談場は、東京の講談師のみの出演の場として、地元の芸人の出演を拒んだことで、当初から評判がよくなかった。東京講談場がいつまで存続していたかもわからない。明治十五（一八八二）年十二月二十八日付の「朝日新聞」には、東京講談場が素人浄瑠璃の会場として用いられたことが記されている。伯円が開場してわずか一年あまりで、純粋な講釈場としては保てなくなっていたことになる。

ちなみに東京講談場の開場式には、権妻のおけいが急病で同行できず、独行のさみしい旅となったという（「いろは新聞」明治十四年三月三十日付）。権妻が病気ならば、言及されていない正妻の錦蝶はどうしたのだろう。

伯円夫妻の結婚生活は、幸福とはいえなかった。伯円と錦蝶は女児をさずかった。こま（菊とも）という。夫妻はいとおしんで育てた。明治五（一八七二）年、明治九（一八七六）年十二月十日、不幸にもこまはジフテリアに罹患して死んでしまった。しかし、わずか四歳であった。ジフテリアは現代日本では、ワクチン接種によりほぼ克服された疾患であるが、明治のころには死亡率の高い、きわめて危険な伝染病であった。

伯円は、この可憐な童女の亡骸を、医学発達のため大学病院にゆだね、解剖に付さしめ、ホルマリンに漬けて内務省に納めた。

幼くして亡くした愛娘の亡骸を解剖させるというのは、なまなかな親にできるものではない。かつて、試し切りや腑分けに使われたのは死刑になった罪人の死骸ばかりである。周囲の者も反対した。伯円にしてみれば、何事もなすこともなく死んでしまった娘の命を、何の、だれの役にもたたずに、なかったものにしたくはなかった。錦蝶がどう考えていたのかは伝わらない。母の思いとしては、苦しんで死んだ娘の肉体が切り刻まれるなど耐え難かったのではなかろうか。

そんなことがあったからだろうか。伯円と錦蝶の仲はしだいにしっくりいかなくなってしまった。『明治百話』（「松林伯円の一生」）によると、伯円は、錦蝶のために、浅草区茅町一丁目十六番地に建てた自宅に踊りの舞台をつくった。が、錦蝶は、その家に住もうとはしなかったという。

結局、ふたりの関係は修復できず、離婚した。

離婚の理由を、「中央新聞」（明治四十年十月十七日付）では、家庭に収まって欲しい伯円と、踊りをつづけたい錦蝶の気持ちがすれ違ったのだという。芸のない女に興味がなく、本当に踊りをさせたくないのなら、自宅に舞台などこしらえてやりはしないのではと思うが、男女のことを詮索してもしかたがない。「中央新聞」によると、ふたりは今でいう協議離婚で、平和裏に離婚し、その後も友人として交流したという。

第5章

猫も杓子も自由民権

自由民権の壮士、講談師となる

フルベッキは幕末の日本人の気質をこう回想している。

今の自由という事を思う者は誰もなかったのです。私がその時のお侍に自由の話をしたら、皆これを悪いことと思いました。危ないことと思いました。（「外人の見た明治話」『明治百話』）

このとき、フルベッキが侍某に語った自由が何の自由かはわからないが、信仰にしろ、思想信条にしろ、職業選択にしろ、結婚にしろ、住む場所であっても、おそらくいかなる自由であっても、侍某は危険なことと断じたに違いない。国民すべてに身分や身上の越境の自由をうばうことによって国家秩序が保たれていた時代であったのだから。

また、おなじ回想中、フルベッキは、当時、日本には安いものがふたつあったという。それは時間と生命であるとし、「極上等の人なら幾分値打があったのが、下民になると少しも値打ありません」と述べた。江戸期、人間が平等だと思っている人はいなかった。身分の低いものが斬り殺されているのがみつかってもよくあることとして処理され、犯人の調査もされない。それをだれも疑問に思わなかった。

ところが、明治もはじまって数年、平等も人権も知らなかったはずの日本人が突如として、自由と権利を求めて街頭で声をあげだしたのである。

世に自由民権運動とよばれる活動は、国内においては、藩閥の打倒、法に保証された人民の自由と平等を求め、海外に向けては、主権国家として不平等条約の改正をめざした。明治七（一八七四）年、板垣退助《いたがきたいすけ》が「民選議院設立建白書」を提出したあたりをはじまりとし、明治二十二（一八八九）年の大日本帝国憲法の発布をはさみ、明治二十六（一八九三）年に終結をみる、二十年の長きにわたる闘争であった。士族出身の知識階級から、都市部のインテリ層、地方の豪農等、西洋輸入の民権論の影響をうけた知識人のみならず、実際に不平等な状態におかれていた女性、車夫、被差別階級出身者、侠客等、あまねく国民がこの運動に加わった。

運動の中心は、まず演説と集会である。当時の政治演説熱はすさまじいものがあった。明治十三、十四（一八八〇、八一）年ごろには、新富座、井生村楼、中村楼など劇場や貸席では毎日のように名士の演説会があり、場所が不足すれば寄席まで演説に借りられてしまう。物売りまでもが路上で立ち止まり政治演説をはじめる。なかには、有名な論客の名をかたって客を集め、木戸銭をだましとるいかがわしい輩まで横行した。最盛期は、明治十四、五年。自由党が結成され、運動の求心力となった。

明治十五（一八八二）年前後には、講談師のなかにも自由熱にかられる者があらわれだした。とはいえ、多くは思想に共鳴したのではない。

講釈は大衆の嗜好風習を一半以上の生命としてゐるから、大衆が政治熱にうかされて自由民権で騒ぐと講釈も幾分これに釣られる。釣られずとも事実問題として、当時一代を風靡したからは政治熱と全然没交渉な講釈ばかりしてゐたのでは、大衆の支持を失ふばかりだ。だからいやでも応でも政治熱にふれた話をしなくてはならぬことになる。

（柳田泉「政治講談事始」『随筆　明治文学1』平凡社、二〇〇五年）

と、多分に営業的事情ではあるが、東京の講談師で、盛んに自由民権を取り込んだ講談を演じたのが、伯知と右円であった。伯知は「自由新聞講談」と称して、「自由新聞」に掲載された民権小説を講談にして読み、右円は、「八歳越自由新論」（内容不詳）という自由民権講談を得意とした。

伯知は「私などはこの流行に乗じて精々際物を読みましたが、これが又大に受け、自由党志士の伝などと名をつけて演りますと馬鹿なはまり方で連日大入といふ景気でした」（「猫遊軒茶話」「都新聞」昭和四年八月十四日付）と往時を回想している。若手の弟子たちでさえこの状況なのであるから、伯円の人気については、いうまでもない。

明治十五年の一月には、富竹亭で、自由党、立憲改進党の争いを読み物にして、一日に千五百人もの集客を得た（「猫遊軒茶話」でこう伯知は証言するが、自由党首、板垣退助の洋行費用の出所などをめぐって、自由党と立憲改進党が、内ゲバ的な闘争を繰り広げたのは明治十六年のことである）。

伯円は、同時代人から自由民権運動の理解者であるとみなされていた。自由党は、民衆に自由民権思想を啓蒙するという目的で講談に注目していた。そして伯円は、自由党講釈師部ができたら部長に選ばれるだろうと目されていた。

自由党を養成するは先づ下民より始むとの趣意と見えて自由党には此頃頻りに講釈師をして自由を説かしめんとの目論見中と聞きしが若し之が成就して自由党講釈師部なる者でも置かれたならば松林伯円抔《など》は真先に部長にでも撰挙せらるゝならん

（「明治日報」明治十五年六月四日付）

だからといって、伯円が、講談によって民権思想をひろめようとしていたとか、自由党の宣伝をしていたとかいうわけではない。

昨今の政談演説の流行をみて、伯円は、明治十六（一八八三）年二月一日、銀座亭の夜席に出演中、

「頃日《このごろ》は政談演説がめつきり盛ンになり十銭の高い坐料を払つた上鮓の様に大勢がギシ〳〵壓合《おしあ》う程なるも聴衆は日一日より培《ばい》し月一月より塤《ふ》え先を競ふて出掛る景況《ありさま》は中々以て我々講釈師が如何に顋《あご》の外れ咽から血嘔《ちへど》を吐くほど喋々喃々《おしゃべり》をしても追付ませぬ斯く時勢の気運が自由主義に

傾きしを見れば我々も此処に注目して愈々《いよいよ》講釈に改良を加へ人心の帰向《きこう》する処ろに従がひ前途の事を計画せざるときは我々講釈師は明治二十三年の暁に至らば忽《たち》まち命を失なふに至らん嗚呼悲しいかな面白いかな」（「絵入自由新聞」明治十六年二月三日付）

と述べている。これは、本心からの危惧なのか、皮肉なのか、政談演説が奇妙なくらい盛んなので、流行に乗らねば講談も未来がないようです、といって単に笑いをとろうとしたか、声の具合から判断できかねるうえに、実際に講演を聞いた聴衆の反応も、笑うものあり、感じ入るものありで、冗談でとったものと、本心ととったものがあったようだ。少なくとも、政談演説を「話芸」としては素人技と考えていて、その流行に苦笑していたことはわかる。

自由民権運動のひろがりに、政府もただ手をこまねいていただけではない。あらゆる手段で、懐柔、弾圧の手をのばした。明治十三年には新聞条例を発布して言論の自由を封じ、集会条例で、政治演説をする場合、事前に内容の届け出を義務化し、当日は警官が立ち会い、問題のある発言があれば、即時演説を中止させ、結社を活動不可能な状態に追い込んでいった。明治十六、七年になると政治演説に対する取締りが厳しくなり、多くの論客らが、演説禁止の罰則をうけて活動の場を失っていた。

そんな自由民権運動の取締りが尖鋭化していた明治十六年、伯円はしばしば「東洋民権百家伝」を読んでいる。江戸期、圧政に苦しむ人民のために、一命をとして直訴や一揆を起こした「義民」たちの物語である。

著者の小室信介《こむろしんすけ》は、板垣退助とともに「民選議員選出建白書」を提出した小室信夫《こむろしのぶ》の女婿で、自由党員。彼は、何にもまして褒めたたえるべきと考える「世の為め国の為め人の為に理《ことわり》の為めに、名誉をも利益をも財産をも子孫をも顧みず、わが一命を塵より軽んじて、盤石よりも重かるべき圧制に撓《たゆ》まず折れず、終に志を達せし仁人義士、今のいはゆる民権家てふもの」のため、自由民権を説いて遊説しながら、違う土地を訪れるごとに、寺の苔むした石碑をさぐり、廃屋の反故紙を集め、古老に話を聞いて、埋もれた民権家たちの事績を集めた。それが四十六名になったとき、「彼の仁人義士いはゆる民権家てふ人々の霊《たま》を黄泉《よみじ》の下に慰むることを得て、世の自由をすゝめ、民権を張ることにおいて、大いに補ひ益すところあらんかし」（『東洋民権百家伝』岩波書店、一九五七年）とみずからの筆のつたなさと、調査の不足を補正してくれることを願いつつ、明治十六年五月、刊行に及んだ。伯円は、この書が刊行されるや、さかんに高座にあげた。

十一月二日からは、両国の福本で、近江奉行堀家の苛政を直訴した「文珠九助伝《もんじゅくすけでん》」を、十二月一日にも同作を「春色桃山奇談」と題して読んだ。「自由新聞」（明治十六年十一月六日付）によると、伯円は、本書から講談に適した作品を選んで脚色し、順次講演するつもりでいた。師走の二十二、二十三日の両日には神田の白梅亭で「戸谷新右衛門伝《とやしんえもんでん》」を「高野山峰の夜嵐」として、加えて「新編大和錦」を読んだ（「自由新聞」十二月二十日付）。「新編大和錦」は、おなじく小室の作品『新編大和錦 ―― 勤王為経民権為緯』。天忠組で知り合って義兄弟となったふたりの男の運命を追った勤王と民権を結びつけようとした意欲作だが、未完に終わっている。

「高野山峰の夜嵐」こと「戸谷新右衛門伝」の伯円の講演は、速記が残っている。題は「義民の末路」（『百花園』第百七十一から百七十三号、明治二十九年六月五日から七月五日）である。

享保年間、紀伊の国（和歌山県）の高野山の寺領では、農民に年貢を納めさせる際、幕府によって標準と定められた京枡ではなく、讃岐枡をつかって計量しだした。讃岐枡で計量すると、京升より一枡につき二勺（約三十六ミリリットル、大さじ二杯と小さじ一杯）多くとられることになる。小室はこれを、微々たる量ではあるが、数年後、いや孫子の代になれば、塵も積もって膨大な量になって、農民は困窮することになるだろう。という趣旨で述べているが、これだけの米があれば赤ん坊の重湯の何食分くらいはまかなうことができる。裕福とはいえない農民にとって、孫子の代などと悠長なことはいっていられぬ少なからぬ増税だ。庄屋の戸谷新右衛門は、高野山に訴えたが相手にされず、江戸のしかるべき筋に直訴する決意を定めた。艱難辛苦の末、江戸にでて、寺社奉行所に直訴した。調査中の三年獄舎につながれたが、ついに訴えは認められた。しかし、戸谷は、裁定後、身柄を高野山に引き渡され、石籠めという、地中に掘られた穴に人を入れ、上から小石を投げ入れて生き埋めにして殺害するいう残虐な私刑にあって死を遂げた。ちなみに『大菩薩峠』の著者、中里介山《なかざとかいざん》は明治四十三（一九一〇）年に戸谷新右衛門の事績を元に長編小説『高野の義人』をものし、「若し篇中に何等かの生命ありて幾分が人心を動かすに足るものあらば著者の希望は酬ゐられたる也」（『高野の義人』初版）と緒言を記している。戸谷新右衛門の生涯には、言葉として残る以上に何か魂を揺さぶられるものがあるのかもしれない。

小室信介は、明治十八（一八八五）年八月二十五日、奉職先の外務省の任務で朝鮮出張から帰国して直後、盲腸炎で死去した。三十四歳。

小室が、戸谷の墓前に詞を捧げ、「嗚呼我自由ノ有朋《とも》ナル新右衛門君ヨ。我民権ノ知己タル新右衛門君ヨ。自由ノ為メニ一身ヲ犠牲ニ供シタル新右衛門君ヨ。民権ノ為ニ痛楚《つうそ》ヲ顧ミザリシ新右衛門君ヨ」と、自由と権利のために戦った民権家として高らかに讃美するのに対し、伯円の「義民の末路」は、祭祀が行わなくなって久しい、戸谷新右衛門の亡魂を慰めようという小室の意志を受け継ぎ、その筋をほぼ踏襲しながら、政府（公儀）に対する攻撃性が薄められている。小室の原作には存在しない敵役も、公儀ではなく道才坊という高野山の僧侶を設定している。政府の走狗であるはずの奉行所の役人（あえて大岡越前の手の者としている）が、江戸に向かう途中の新右衛門の危難を救う場面さえ挿入している。

伯円は時代の要望にこたえて民権思想の伝道書である『東洋民権百家伝』を読みながら、一方で政府への反抗の意図を薄めて、この物語を自己を滅して共同体に尽くすという道徳の涵養《かんよう》を目指すものとする二重の意図がとれるような読み方をしていたのではないだろうか。「義民」の物語は、二重の意味を持ちうる。ひとつは小室が意図した民衆の人権と自由を求めた圧政への抵抗者。もうひとつは、共同体の幸せのために命を捧げる自己犠牲の物語で、道徳感の扶育にもなりうる。

伯円が、だれよりも派手に、しかも弾圧が日増しに激化しているなかで民権思想のネタを題材に連日講演していながら、逮捕や講演の中止を強いられたことがないのは（少なくとも当時の新聞各紙には報じられたことはない）、民権思想を読むのも芸のうちであり、自由民権運動を歓迎する聴衆にはそのように、権力側にとっては、道徳心涵養のほうが重たく感じられる。そういう講演のしかたをしていたのではないだろうか。おそらく、それが芸というものだ。

伯円は、芸人であって思想家や運動家ではない。政府と争って自由や平等を勝ち取りたいのでも、ましてや政府を転覆したいなどとはみじんも思っていなかった。いや、仮に考えていたとしても、すべきは、講談の高座で気炎を吐いて大衆を扇動することではなかった。伯円は、講談を代表する芸人のひとりで、講談を政治思想の演説のために利用した民権の壮士たちとは立場が違う。そんなことをすれば、政府の弾劾をうけ、芸の存続を危うくするだけだ。そして、伯円の関心は、講談を芸として高めながら、いかにして世の要望にこたえ、また世の改良に役立てることができるかであった。しかも、さりげなく。円玉は師の志をこう回想している。

高座に上つて講釈を読むにしても、国民教化といふ事を常に心掛けてゐた。それも、露骨にその気振が出ては、無味乾燥なものとなるし、第一気障《きざ》で仕様がないことになる。その点、伯円は実に大人物であつたと思ふ。自分は飽迄《あくまで》芸人の立場で、読むものは如何にも面白い。しかし肚《はら》の底には大衆教化といふ事をチヤンと心掛けてゐる。だから、これが、芸の間に、ホンの少しづつであるが、最も有効に、昆布か鰹節のダシのやうに滲み出て、聴衆の精

神の肥料になるやうになつてゐた。（悟道軒円玉「名人『泥棒伯円』を語る」『雄弁』二十五巻十二号）

こういう人が、本気であからさまな政治思想など声高に叫ぶだろうか。

また、さきに述べたように伯知が、大久保利通《おおくぼとしみち》の暗殺や、竹橋事件という当時の政府のもっともナイーブな事件に触れておきながら、意外と寛大な措置をうけていることを考えると、講談と政治演説ではまったく違うものであると、官憲が暗黙裡に認めていたとも考えられる。

こうした取締りのゆるさと、講談と政治演説の表面的な類似に着目し、政治活動に利用したのは、政府の弾圧によって活動の場を失いつつあった民権派の壮士たちだ。

奥宮健之《おくのみやけんし》もそのひとり。のちに大逆事件に巻き込まれて刑場に散ることになるこの民権の闘士は、土佐のうまれ。自由党が結成されると勤務していた三菱の職をなげうって参画し、鋭い弁舌を武器に自由党の最前線で活躍した。

奥宮は、鉄道馬車開設で仕事が減少していた人力車の車夫たちを集めて、演説会をひらいた。『日本の下層社会』（横山源之助）に取り上げられる社会の底辺にいた車夫たちに注目したのは、腕力のある彼らを煽動して民権運動にとりこもうという算段もあったが、奥宮が、世のなかの大多数をしめる下層民も含めた最大多数の幸福を追求していたからでもあった（『自由民権の先駆者　奥宮健之の数奇な生涯』絲屋寿雄、大月書店、昭和五十六年）。この車夫たちのつどいは「車会党」と名づけられ、成功のきざしをみせたが、奥宮が憲兵と諍いをおこし、重禁錮四カ月と二十日に処せられたため、求心力を失って消滅してしまった。刑期を終えた奥宮は、張扇の使い方を身につけて戻ってきた。

こうしてうまれたのが政治講談だ。

明治十六年七月六日の夜、外神田広末町の千代田亭で「通俗演舌会」と題して、奥宮健之が中心となって、東京で初の政治講談が行われた。奥宮は『経国美談』を演じ、これに、伯円門下から右円と伯知が加わった。ほか、本職の講談師としては旭堂南慶《きょくどうなんけい》が参加している。三日間、客止めの大盛況であった。

勢いを得た奥宮らは、同様のもよおしを次々と計画、実行した。しかし、奥宮が壇上で「今日は大変暑いから、涼しいところに移動するなり、すだれを上げて空気を自由に入れ換えるなりしてください」という意のことをいったのを、監視していた官憲から政府の圧政を自由にするという暗喩であるとして講演を中止されたりともろもろ妨害を受け、軽禁錮を含む罪にも問われた。こうして民権家たちは高座から、演台から排除させられていったが、その間にも講談は変わらず行われていた。

奥宮は考えた。かりそめの講談師ではいけないならば、講談師の鑑札をとって、本物になればよい。本物の講談師の資格で「講演」することにした。そのときの芸名は「先醒堂覚明」であった。

講談師として「講演」をする民権活動家たちに手を焼いた政府は、講談界に民権派の連中と一緒になって政治演説じみた講演をしないように厳命し、また席亭には、そうしたやからに場所を提供しないよう、きつく申し渡した。講談界は、「以来政党とか自由民権とかを主唱なす者にかぎり弟子入り入門を申来るとも決して取合わず断然拒絶する」（「自由燈」明治十七年十月五日付）と宣言し、民権派を遮断することによって身を守った。民権派の壮士たちは、講談の人気と、政治演説との類似を利用したが、本職の講談師たちは、政府に背いてまで民権派と行動をともにしようとは思っていなかったのである。

せっかく鑑札をとった奥宮らも、政府の弾圧により、講談師の肩書きも免罪符にはならなくなった。演説禁止と収監を繰り返し、次第に追い詰められていった。明治十七（一八八四）年、名古屋で、政府転覆目的の軍資金収集（という強盗）に加わり、巡邏中の巡査に遭遇。二名を殺害した名古屋事件に関係して、無期徒刑に処され入獄した。明治二十二（一八八九）年には北海道の樺戸《かばと》監獄に移された。ようやく自由の身を取り戻したのは、明治二十九（一八九六）年。入獄から十二年の歳月がたっていた。

明治十六年には、自由民権運動の一角をになっていた自由党は度重なる政府の弾圧と懐柔政策のために解散し、残る立憲改新党も勢力を失っていた。政府の弾圧に追い詰められた壮士たちのうちには、武力をもって政府を転覆せねば理想を実現しないと考え、叛乱やテロ、暗殺を準備、決行する過激派が生じてきた。

そのひとつ、明治十九（一八八六）年、自由民権派の静岡岳南《がくなん》党の若者が、箱根離宮落成の祝典で、箱根に集まる政府高官を暗殺し、天皇をさらって政権を奪うという、荒唐無稽なクーデターを計画した。実行する前に密告者がでて、失敗。世に静岡事件とよばれる事件である。奥宮の盟友として自由講談で活躍していた伊藤痴遊《いとうちゆう》は、静岡岳南党の成員と交流があったため、くわだてへの関与を疑われ拘束された。痴遊は半年ほどで釈放されたが、事件に連座した仲間は、政府転覆を謀った国事犯ではなく、強盗犯として裁かれ、準国事犯として無期徒刑に処され、のちに北海道の各監獄に入獄させられた。

痴遊は獄中にある仲間に差し入れをしたり、残された家族の面倒をみるため、金が必要であった。ところが、捕縛をまぬがれた同志はみな極貧で、人の援助どころではなかった。そこで痴遊は、当時「めざまし新聞」の主筆をしていた加藤平四郎《かとうへいしろう》に相談し、金を得るために講談師になると宣言した。

そこで、痴遊は伯円に相談した。痴遊が相談相手として伯円を選んだのは、伯円ならば、理解して協力してくれるかもしれないという期待があったからだろう。「名人伯円に相談して鑑札を取りまして、寄席に出る事になつた」(「話術に関する解説(三)」『痴遊雑誌』一巻三号、昭和十年七月)という。伯円は痴遊になんらかの力添えをしてやり、痴遊は明治二十三(一八九〇)年、横浜で講談師の鑑札を得ることができた。

痴遊とおなじように身過ぎのため講談師になった社会運動家たちは、政治活動を再開できるようになると、講談師をやめて政治の道に戻った。だが痴遊は、政治活動を行いながらも、生涯、講談師として活動をつづけた。明治講談の最盛期を知る人間として、自由民権運動の生き証人として、講談界に独自の足跡を残した。

ただし、痴遊のような若者に手をさしのべてやる度量と思想に傾倒することは違う。伯円にとって、自由民権運動は、芸のレパートリーのひとつだった。

尾崎秀樹《おざきほつき》によると、伯円のすごさは、改良講談といわれた新講談と、これまでの伝統の軍談と江戸前の世話物、この三刀を武器として、しかも、使い分けたことだという。伝統の軍談と江戸前の世話物というのは、天保年間、従来の教育的要素に加え、娯楽性を高めつつあった講談の、教育的な要素を大切にして軍談読みとしての誇りを高く持した伊東燕晋《いとうえんしん》と、おもしろさこそ大衆に奉仕する芸人の第一の使命だと説いた桃林亭東玉《とうりんていとうぎょく》の立場である。

教育でありながら、娯楽。伯円は、先達が切り開いたその両面の立場を受け継いでいた。

彼は若い民権論者藤田茂吉《ふじたもきち》の「文明東漸史」にヒントを得てまとめた「高野長英夢物語」をききにくる連中と、白浪ものに心酔する客とを絶対に混同することはなかった。前席に「近代史略」を、後席に「鼠小僧」を読んで、性格のちがう聴衆の、異なった要求にそれぞれ満足をあたえている。伯円のえらさは、伊東燕晋と桃林亭東玉の傾向をふたつながら芸域に生かしたところにあった。

（尾崎秀樹『大衆文学』紀伊國屋書店、一九八〇年）

三刀を使い分ける伎倆は驚くべきものだ。しかし、このことは、伯円が観客に提供するどのタイプ話にも、自分自身は耽溺してはいなかったことを示している。客をみて提供する品を判断する、商人のようなまなざしだ。だからといって商人が商品を愛していないわけではない。自慢の品、思い入れの深いものもあるだろう。

明治十八年四月十七日、伯円は、一連の民衆教化への貢献が認められ、神道大講義（明治政府が国民教化のために任じた教導職の階級。十四階級のうち上から七番目）の辞令をうけた（「絵入朝野新聞」明治十八年四月二十一日付）。大衆を教え導く者として国から撰ばれたことは名誉だった。伯円は謹んで受けた。とまどいも衒《てら》いもなく、純粋によろんだ。

辞令をうけてすぐの四月二十六日、中村楼で開かれた保晃会寄付諸芸有志会に烏帽子《えぼし》、直垂《ひたたれ》で登場し、神風連の乱をとりあげた「散楓熊本異聞」を読んだ。伯知はこのときの講演について「私の師匠の伯円が何時《いつ》ぞや中村楼で演じました熊本の神風連の講談の中《うち》の阿部景器《あべかげき》の切腹《はらきり》の場、彼処《あすこ》が余程旨うございましたが其後寄席などで聞きますと、何《ど》う云ふものか彼《あ》の時やのう《ママ》な工合に行かないのです」（「松林伯知の物語」「時事新報」明治三十三年八月二十四日付）と回想している。「東京日日新聞」（明治十八年七月七日付）によれば、おなじ装束で「後醍醐天皇笠置落ち」を読んだという。速記の肩書きも、勲章のように「大講義」で飾った。もちろん政府におもねってのことではなく、努力の末に得たその肩書きが誇らしかったからだ。

『都にしき』第八号の口絵には「松林伯円事神道大講義若林義行君の肖像」として、衣冠に、木笏を右手に持った正装姿の小川一真撮影の写真が掲載されている。『都にしき』では、毎号、巻頭に出演者の写真を掲載している。だが、『都にしき』第四号（錦華社、明治二十九年三月）は、写真ではなく、伯円の容貌を写実的にとらえたエッチングが載せられている。「あの時のは御取消を願ひたいのであります、其訳はあの時は折悪しく写真の貯物《たくわえ》がありませぬ、然るに編輯者より何でも宜いから出して呉れと云ふ事で、種々捜しまして、先年箱根塔の澤に於て、或画工《えかき》が伯円《わたくし》の容貌《つら》を戯れに描いて呉れました、夫が一枚ありましたのを、之でも宜いかと間に合せに差出しました」（「洋婦の幽霊」『都にしき』第八号、錦華社、明治二十九年六月）というのが掲載されてしまった。画家の名はわからない。「夫《それ》は湯治場で遊んで居つた時の扮装《すがた》で、余りに不体裁であります」と伯円はいうが、その表情はどこか厳しく、温泉で遊んでいたというゆるさは感じられない。

「正装」した姿で掲載しなおしてもらった『都にしき』第八号で伯円は、次のようにいっている。

　尚《な》ほ本号に於て伯円が教導職の本体を失ひませぬ容儀《すがた》を、尊覧に供します、或は伯円は発狂したかなぞと云ふ御嗤笑《おわらい》もありませうが、全くさに非ず、是は小川大教正から借受けました正服でありますから、是がほんの狩衣《かりぎぬ》でもありませうが、飛んだ御茶番で、天神様に魔の魅《さ》した様な訝《あや》しい肖像を、御睡気覚し御笑柄《おわらいぐさ》に御覧に入れます（「洋婦の幽霊」『都にしき』第八号）

べつにコスプレを楽しんでいたのではあるまい。が、さすがに少々照れくさかったのだろう。とはいえ、神官姿となることをためらったのではない。明治二十五（一八九二）年に病後の保養のため吉野へでかけた伯円は、後醍醐天皇をはじめとし、建武の新政の功臣らを合祀した吉野神宮に詣で、旅の荷物にいれていた烏帽子、直垂をとりだして身につけた。そして、大講義の資格をもって、まだところどころ造営がつづく宮に祝詞を捧げた。

通り過ぎるものは、「万歳なりと云ふもあり、或は神官が気が狂《ちが》つたと云ふもあり」というありさまであったが、「是等も花の旅の一興なるべし」（「山陽美談岡山文庫」『百花園』第七十五号、明治二十五年六月）と余裕げに語る。かさばる装束を旅先まで持っていった時点で、はじめからどこかで身につける意志があったことはあきらかだ。興津要《おきつかなめ》は、

神官のような衣装で新講談を口演した伯円の姿は、〈実〉に徹し、新時代に忠実に生きようとした後半生の象徴でもあった。

（興津要『仮名書魯文』有隣新書、平成五年）

という。時代がかった神官の装束は、芸人らしいおどけたパフォーマンスであると同時に、教化に取り組む伯円の覚悟をあらわしたものであったかもしれない。

自由民権運動の種火が尽きかけた明治二十一、二年ごろの四月のことだ。常磐亭で夜席に出演

していた伯円の楽屋をひょっこりたずねてきた男がいた。

二十代半ばのその青年の名を川上音二郎《かわかみおとじろう》といった。

伯円は、ちょうど楽屋にいた弟子の円玉と黒猿《こくえん》（当時左円）に川上を引き合わせ、高座で客に紹介してやるようにいった。のちに新派芝居をひきいて時代をリードした川上であったが、このときの黒猿の印象では、そのような可能性を秘めた人間にはみえなかった。「川上と云ふ人物は其頃から多少異つて居る所はありましたが、彼れ程の器量人とは思ひませんでした、今になつて見ると実に意外です」（空板生「故森林黒猿」『文芸倶楽部』第十二巻第三号、明治三十九年二月）とその初対面の印象を語っている。

このとき川上は、政談と、オッペケペー節を披露したが、あまり客のうけはよくなかった。オッペケペー節というのは、「権利幸福きらいな人に。自由湯をば飲ましたい。オッペケペ。オツペケペッポー。ペッポーポー」からはじまる風刺歌である。

伯円は、このときに限らず、川上がひょっこりやってくれば、高座にだしてやり、いくばくかの金を与えた。

川上は、増長した才子の印象をもたれるが、実際は非常にまめな人間だった。明治四十一（一九〇八）年、岡本綺堂《おかもときどう》は、川上から脚本執筆の依頼をうけた。ところが、その翌日から、日に二度も進捗をたずねる電話がかかってくる。さすがに腹を立てた岡本が執筆を断ると、本人が汗をかきながらやってきて岡本を口説き落としてかえった。川上は、大事な交渉ごとは、書面や他人にまかせずかならず自ら足を運び、件の脚本による巡業がはじまると、地方からも報告のたよりをよこし、ときには大入り袋を送ってくることさえあった。「本さえ書いてもらえばもう用はないというような遣り方でないところが、さすがに可愛くも思われた。いろいろの批難をうけながらも、彼があれまでに漕ぎ付けたのは、やはりこういう点が人をひいたのではないかと察せられた」（岡本綺堂『明治劇談　ランプの下にて』）。伯円もまた、川上の人格にどこかかわいらしいところをみいだしていたのかもしれない。川上は、伯円の配慮に感謝するところがあったのだろう。伯円来阪の折には、梅田の駅前で、赤シャツを着て馬に乗り、幟を持って出迎えるという常人では受け止めきれない歓迎ぶりをしめした。

川上一座は、明治二十四（一八九一）年六月の浅草・中村座でオッペケペー節をやって大ブレイクを果たした。が、歌は流行したが、自由民権運動はもはや風前の灯火だった。

明治二十二年二月十一日は、大日本帝国憲法が発布された日だ。憲法の発布と翌年の議会成立は、自由民権運動の目標であり、成果ではあったが、けっして勝利ではない。民権派が望んだ国民主権はかなえられず、国民の権利は法によって保障され、また制限された。しかも、権利の方は戒厳令がくだれば、簡単に国が奪ってしまえる脆弱な権利だ。政府が望んだとおりの天皇を中心とした立憲君主制が、仕組まれたとおりに明文化されただけだった。

だが、当時の多くの庶民は、内容のことなど考えず、お国からよいものが下される日として祝った。「絹布の法被」がもらえると思って喜んだ者さえいたという。

二月九日（東京）

東京全土は、十一日の憲法発布をひかえてその準備のため、言語に絶した騒ぎを演じていたるところ、奉祝門、照明《イルミネーション》、行列の計画。だが、こっけいなことには、誰も憲法の内容をご存じないのだ

（トク・ベルツ編『ベルツの日記』上、岩波書店、一九七九年）

お雇い外国人として日本に滞在していたドイツ帝国の医師、エルヴィン・フォン・ベルツが浮かれ騒ぐ人々に向けたまなざしは冷たい。

じつは、伯円もそんな大騒ぎをしたひとり。憲法発布の日、伯円は新富町の中村屋に芸者や幇間をよび、大酒宴をもよおした。その日の宴会は、伯円にとっては憲法発布の祝いであり、酒との決別の宴であった。酒好きであった伯円は、その日、名残りとばかりにビールを二ダースと四升の酒を飲みほし、それを飲み納めとして、以後、生涯一切の酒を絶った。かねてからの大酒に、医者から注意をうながされていたこともあるが、改良の世にもはや酒でもあるまいと見切ったのだともいう。

中江兆民《なかえちょうみん》は、民衆が帝国憲法発布に浮かれ騒ぐなか、醒めていたひとり。ようやく発布された憲法が、民権派が望み望んだ憲法が、民権派の理想も要求もすべて換骨奪胎され、政府が民衆

を支配するためのものだと気がついていたのだ。中江は、憲法発布の翌年の第一回衆議院議員総選挙で、かつての被差別部落、大阪四区に本籍を移して出馬し、当選。立憲自由党を結成して衰えた自由民権派を支え、政党再建に力を尽くしたが、政府の策略にあって、翌年、アルコール中毒を自称して辞職した。

そして、明治二十六年二月十日、天皇が和衷協同の詔勅を発し、自由民権運動は終わった。

中江兆民は、日本の演説に対して評価が低い。「演説に至ては、その行はるる日なほ浅く、弁士最巧なるものといえへども、能く流滑《りゅうこつ》にして語句を錯《あや》まらず、即ち雅馴《がじゅん》を失はずといふに過ぎず、その筆記を読み文章として称美《しょうび》すべき者は、恐らくはあることなし」(『一年有半・続一年有半』岩波書店、一九九五年)つまり、うまく、流暢に語ることはできても、文章にして読んですばらしいものはないだろうといっている。つまり、実際の内容は空疎だということだ。

寄席芸を愛好していた中江は、落語家、講談師に対してはもう少し評価が高い。

如燕《じょえん》、伯円、円朝、柳桜《りゅうおう》の口頭の文、これ一種の記事文、若くは叙議夾雑体《じょぎきょうざったい》の上乗なり。但《ただし》その筆記を読むと直ちに聴くとは霄壌《しょうじょう》の差ありて、余が記事文の上乗といふは、筆記をいふにあらずして、その話頭《はなし》をいふなり、即ちこれまた叙事体演説といふべきもの耶

(『一年有半・続一年有半』)

叙事文と議事文がまじった文としては最も優れたものといいながらも、筆記と実際に聴くのでは天と地ほどの差があり、中江が最良というのは、速記されたものではなく、彼らが演じた場合のみをいう。「叙事体演説」というのは、伯円の目指した講談の理想を言い得ているように思う。

ちなみに『一年有半』には「余近代において非凡人を精選して、三十一人を得たり」（『一年有半・続一有半』）として非凡人の名が列記されている。その三十一人とは、藤田東湖《とうこ》、猫八《ねこはち》、紅勘《べにかん》（紅屋勘兵衛）、阪本龍馬、柳橋《りゅうきょう》（後に柳桜）、竹本春太夫《はるだゆう》、橋本佐内《さない》、豊沢団平《とよさわだんぺい》、大久保利通、杵屋《きねや》六翁《ろくおう》、北里柴三郎、桃川如燕、陣幕久五郎、梅ヶ谷藤太郎、勝安房《あわ》、円朝、伯円、西郷隆盛、和《わ》楓《ふう》（松永和楓）、林中、岩崎弥太郎、福沢、越路太夫《こしじだゆう》、大隅太夫《おおすみ》、市川団洲《だんしゅう》、村瀬秀甫《しゅうほ》、九女八《くめはち》、星亭《ほしとおる》、大村益次郎、雨宮《あめみや》敬次郎、古川市兵衛（『一年有半・続一有半』）。

これをざっくり肩書きに変えると、思想家、物真似芸人、大道芸人、幕末志士、落語家、義太夫節の太夫、幕末志士、文楽・義太夫節の三味線方、政治家、長唄の三味線方、医学者、講談師、大相撲力士、大相撲力士、政治家、落語家、講談師、政治家、長唄の唄方、常磐津節の太夫、実業家、教育家、文楽・義太夫節太夫、義太夫節の太夫、歌舞伎役者、囲碁棋士、女役者、政治家、兵制家、実業家、実業家となる。

文化人や知識人が、みずからの知識を誇示しようと気負って選んだ雰囲気がない。神にも仏にも哲学にも煩わされない、中江の自由な精神が感じられる実に非凡な人選だ。

右：塔の澤湯治中の松林伯円の肖像
（『都にしき』第４号（錦華社、明治29年３月）
左：「松林伯円事神道大講義若林義行君の肖像」
（『都にしき』第８号、錦華社、明治29年６月）

だが、もし風流を解するごく市井の人に、「あなたの身近な時代の非凡人をあげてください」と頼んだとしたら、中江とおなじような人々の名が並ぶ気もする。この「非凡人」たちの名前をながめていると、明治の寄席の、街の、巷の賑わいが聞こえてくるのだ。

自由民権の時代に育った生意気な弟子たち

明治十八（一八八五）年、伯円は、再婚した。

相手は、まんという。小柄で、立女形の名優三代目澤村《さわむら》田之助《たのすけ》によく似ていたので田之助娘と評判をとった美貌の人だった。吉原の引手茶屋《ひきてぢゃや》下駄万字の次女で、十六、七歳のころから、姉のまるとともに芸妓として宴席に侍したが、幼少のときから仕込まれた歌舞音曲の技芸に、持ち前の美貌、さらに身持ちの堅さがあいまって、人気があった。

吉原の引手茶屋は、客が妓楼にあがる前に、幇間や芸者をよんで遊ぶ場所である。遊んでいるうちに指名の花魁が客を迎えに来た。ほかに、はじめての客に相性がよさそうな花魁を選んで引き合わせたり、支払いを管理したりと、客が余計なことに煩わされることなく遊べるよう万端整えるのも引手茶屋の役目だった。

引手茶屋は、座敷芸の洗練の極地が披露される場でもあった。吉原最後の引手茶屋となった松葉屋の女将、福田利子《ふじたとしこ》は『吉原はこんなところでございました』（筑摩書房、二〇一〇年）のなかで、妓楼にあがることが目的ではなく、引手茶屋の洗練された遊びを目当てにやってくる粋客もいたと語る。

江戸文化の凝縮した場でうまれ育ち、色香に頼らず芸のみ売った吉原芸者をしていた人というから、まんは諸芸に通じ、人あしらいにも長けた洗練された女性であっただろう。

伯円は、新富座の出入りの茶屋、中村屋でまんと出会った。まんは、大年増を六つ越えた三十六歳。当時としてはもう若いとはいえない年頃になっていた。伯円が身の上話をきくと、まんは、それなりのところがあれば縁づきたいといった。まんが伯円に粉をかけたのかはわからない。だが、まんの気っ風と美貌に惹かれた伯円は、

「乃公《おれ》の所へ来て呉れまいか」（「中央新聞」明治四十年十月十七日付）

と結婚を申し込んだ。まんは承知した。このとき伯円はすでに老境にさしかかった五十二歳だった。錦蝶と別れ、独り身のさみしさが身に沁みてきたころであったかもしれない。

まんをむかえるにあたり、伯円は反対するものがないか弟子たちに相談した。異議を唱える者はなく、九月、晴れてふたりは夫婦になった。

一見、傲慢でエキセントリックに思われる伯円の毎日は単調といえるほどストイックだった。

朝五時に起床。伯円の一日は日本各地から取り寄せた数種類の新聞を読むことにはじまった。

円玉は回想する。


根が厳格な武士《さむらい》の家に産れた人故、何事も几帳面で、朝は五時に起き五六種の新聞を読んで、其れから入浴《ゆ》に行き、昼席があると空板の小僧さんより早く出かけて、目を閉《つぶ》つて弟子の講談を聞いて居ります、其れが何十年となく続いて少しも怠ける事がない、其れに行儀の

宜い人で、幾ら暑い日でも肌を脱いだ事もなければ、膝なぞを崩した事はございません
（「鼠小僧」『娯楽世界』第三巻四号、大正四年四月）

あいた時間はたいがい読書に費やしていた。伯円が注意を凝らして読んだのはとくに雑誌で、雑誌という雑誌にはすべて目をとおしていた。もちろん講談のネタを探すためである。読書の要領のよい人だったのだろう。読んだ内容をよくおぼえていたという。

同時代の小説も読んだ。伯円のいちおしは、幸田露伴《こうだろはん》の「対髑髏《たいどくろ》」である。「何ぞ其想の崇高にして奇抜なるや、予之を愛読して已まず」（「伯円の小説家評」『文芸倶楽部』明治三十一年一月）と絶賛する。「対髑髏」の物語自体は、古来からいくらでも類似した話がある。山中で道に迷った主人公（主人公の名は露伴）が、たまたまみつけた山小屋に一夜の宿りをこう。対応にあらわれたのは、こんな山家の小屋にいるはずもない怪しいまでの美貌の麗人。一夜もてなされて物語りし、翌朝、朝日とともにみれば女は死して歳月を経た骨、髑髏がひとつ残るばかりという物語。奇抜なのは、男女のキャラクターである。一組しかない寝床の熾烈な譲り合いにはじまり、埒があかないから同衾することにすると、女は大胆にも、寒さしのぎに男を抱いて寝ようと体をからめてくる。男はまるで童貞の少年のようにおびえて、「文帝遏慾文」という女難を退ける呪文を必死にとなえる。ある種、定番の場面かもしれないが、露伴の浩瀚《こうかん》な漢文知識に裏付けられた美文で語られると、文体の落ち着きと、状況のくだらなさがアンバランスでおかしい。伯円のいうとお

り、「露伴子の人物の高さに因るならむか」。尾崎紅葉の小説も愛読していた。「上下の社界の風俗を写し、口吻を直写するの巧なる驚くべきものあり」という。ほか、村井弦斎《むらいげんさい》の小説は講談師仲間は好材料になるのでみな愛読しているそうだ。自分にとって役に立たず、面白くもないのが村上浪六の小説であるという。

新聞・雑誌、小説からじゅうぶんに養分を吸収した伯円は、今度は創作にかかる。主題に決めたネタを中心に置き、枝葉を付けるため、読書から得た知識や噂や巷説やもろもろを頭のなかに並べ、パズルのように組み直す。伯円は、伊藤痴遊が、「此伯円には創作の力があつて、それは殆んど天才ともいふ可きものであつた」(『痴遊随筆　それからそれ』)と賞賛するとおり、実際天才であった。が、高慢を演出した高座姿からは想像もできないが、大変な努力型の天才であった。それは、苦渋のすえ絞りだすといった様子で、傍でみていた円玉が痛ましく感じるほどだった。

創造の才能は確かにあつた人だ。しかし、人一倍の努力は、蔭で見てゐる者の胸に傷ましく感ずる程で、苦吟沈考、終夜まんじりともせぬ。話の筋を考へてゐるのだ。そしてポンと膝を打つ。やつとうまい考へが浮かんだのだ。もう夜のしら〳〵明けである。ホッとしたやうな顔で莞爾《にっこり》する。『お茶を――』といふ。今迄一滴も飲まず、お茶は冷え切つてゐる。それを替へて飲んで、安らかに眠りにつくといふ、そんな夜が度々であつた。

(悟道軒円玉「名人『泥棒伯円』を語る」『雄弁』二十五巻十二号)

明治十九（一八八六）年の夏。伯円夫妻は本所区松井町一丁目に住んでいた。伯円は、どういうわけか長いあいだ一箇所に定住せず、しばしば住居をかえた。東京市十五区のなかで住んだことがない区がないくらいだった。

その日は寄席がなく、家でくつろいでいると、夜、円玉が遊びにきた。そこで、ともに一杯やろうと近所の酒屋へビールを取りに行くように頼んだ。伯円は、まだ舶来ものとして一本五、六十銭もしたころに、英国製のビールをわざわざ銀座の函館屋からダースで取り寄せて飲んでいた。このころになると、国産のビールも製造され、ドイツ産のストックビール（ドイツ・フレンスブルク醸造所。明治十八年頃、日本に輸入され爆発的に流行した）をはじめとし、ビールの輸入量が伸び、広く一般に流通するようになっていた。

師命をうけた円玉が酒屋につくと、なぜか人だかりがしている。ついさきほど店に強盗がはいったのだという。

犯人は、当時、世間を騒がせていたピストル強盗清水定吉《しみずさだきち》という。清水定吉は、按摩の格好をして夜道を歩き、目星をつけた商家に押し入っては、ピストルをぶっ放して、店員を殺傷、威嚇し、金品を強奪していた。

このピストル強盗は、捕縛される前、本所松坂町二丁目の長屋に住んでいた。忠臣蔵で有名な吉良上野介《きらこうずけのすけ》の屋敷跡にあった長屋であったことから、上野《こうずけ》長屋とよばれていた場所だ。

そこに、伯円の弟子のひとり松林伯一《しょうりんはくいち》（のちの四代目田辺南龍）がたまたまおなじ長屋に部屋を借りていた。しかも、共にひとりものであった清水と伯一は、無聊《ぶりょう》にまかせてよく互いの部屋を行き来していた。円玉は、伯一の住まいに遊びにいって、清水とも将棋をさして過ごしたりした。夜釣りだけが趣味のごくおとなしい男だと思っていた。

のちにこの清水が、ピストル強盗と知った円玉はぞっとした。もう少しはやく酒屋に到着して、強盗と鉢合わせしていたら、顔見知りの円玉はかならず殺されていたに違いない。清水とおなじ長屋に住んで、親しく交流していた伯一は、さらに驚いたことだろう。

若いころの伯一は、傍若無人な人格で、伯円さえも扱いに困ることがあった。ある日、師にも兄弟弟子にも告げずに、本所の緑亭という席亭で一枚看板をあげ、木戸銭を一銭に引き下げた。

明治三十六（一九〇三）年の講談席の木戸銭は、大場の昼席は五銭五厘、夜席五銭を頭として、場末では、出演者の看板によって相当の木戸銭を定めていた（空板生「講談師社会」『文芸倶楽部』第九巻十六号、明治三十六年十二月）。おなじころ、歌舞伎座の観覧料が五円五十銭（明治三十六年『値段の明治大正昭和の文化史』朝日新聞社）であった。もちろん、歌舞伎の観覧料金には、菓子や弁当、夜食の寿司などがついた。が、数銭で堪能できる講談がいかに手軽な庶民の娯楽であったか推測できる。だが、ただでも安い木戸銭を勝手に一銭に引き下げられては、ほかの真打の席亭との交渉に影響する可能性があるし、むやみな安売りは、芸の品格をおとしめる。

憤った兄弟子たちは伯円に注進した。伯円も驚いて、すぐさま伯一をよび、

「巳は木戸銭三銭五厘取る真打だから同じ松林と名乗る貴さま、責めては二銭位の真打に為つてくれろ……一銭の真打たア余んまり情子ー」（「讀賣新聞」明治二十九年七月二十八日付）

叱りつけるでもなく、じつに優しい物言いだ。しかし、師の懇願をものともせず、伯一は、「木戸銭をいくらに下げても夫れは私《わっち》が自由の権です決してお構ひ下さるな」（「讀賣新聞」明治二十九年七月二十八日付）

とはねつけた。自由民権思想をかじった世代の若者らしい憎体な物言い。伯円とその弟子たちの関係をみていると、江戸期に成人をむかえた人間と、明治と同時にうまれ、文明開化と、自由民権運動のなか成長した若者のジェネレーションギャップを感じる。まだ若いせいでもあろうが、小生意気で、理屈くさい。さすがにかっとした伯円は「夫なら勝手にしろ」と追い返したが、そのままにしておくこともできない。

緑亭にでかけていって、三枚続きの大ビラに、

　　伯一と按摩の様な名を付けて
　　上下《かみしも》よんでたッた百文
　　（「讀賣新聞」明治二十九年七月二十八日付）

とでかでかと墨書してかえった。伯一という芸名は、伯円があたえたものではなく、本人に請われてつけてやった名だった。当時、按摩といえば、『天保六花撰』に登場する数の市や、佐の

市（尾崎紅葉「心の闇」）といった具合に、末尾に「いち」のつく名を名乗った。

師の報復の効果は高かった。やってきた客たちは伯円の落首を痛快だと思って笑った。この落首の噂がひろまり、伯一は、東京にいたたまれなくなって、しばらく地方巡業にでたという。

反骨の弟子といえばもうひとり。その名も森林黒猿《もりはやしこくえん》という。読んでわかるとおり、師の名をもじった芸名だ。もともとこんなふざけた芸名であったのではなく、弟子入りした際は、松林左円の名をもらった。黒猿の名は元来、奥宮健之《おくのみやけんし》が講談師をしていたとき、伯円の向こうをはる気で名乗ったのだという（空板生「故森林黒猿」『文芸倶楽部』第十二巻第三号）が、実際は、奥宮の次兄健吉が、明治十七（一八八四）年ころ通俗政治講談をやっていたのに使っていた名である。ひところ、弟と行動をともにして政治活動をしていたが、刑場に散った弟とは違い、健吉はのちに公証人となって静かな後半生を送った。松林左円は、健吉と師弟関係はおろか、名を使う許しもえずに、勝手に森林黒猿を名乗った（田岡嶺雲『明治叛臣傳』日高有倫堂、一九〇九年）。

黒猿の本名は天野節《あまのせつ》といって、静岡県の出身。十五歳のとき、家を飛びだして三代目一龍斎《いちりゅうさい》貞山《ていざん》に弟子入りした。やがて自由民権運動の大流行。黒猿も流行にのって演説家となった。

当時は自由党の全盛時代で、口に民権とか自由とか唱へて、巡査でも罵倒しさへすれば、訳もなく歓迎されたのであるから、生意気盛りの年配の同人は面白半分、新聞の論説などを論拠に、諸方を遍歴する内青森県の松前で官吏侮辱に問はれて、一ヶ月十五日と又北海道の函館でも同罪で三ヶ月の懲役処分を受けたことがある。

一度ならず二度までも処分を受けたので、少し怖気付いて演説屋が厭になり岡崎（引用者注・同行していた慶應義塾大学の卒業生）に別れて再び以前の講談師となり（後略）

（空板生「故森林黒猿」『文芸倶楽部』第十二巻第三号）

流行にあおられて面白半分であったものが、官吏侮辱の罪に問われて、二度も懲役処分をうけるとすっかり怖気づき、講談師にもどった。その後、東海道筋を興行しながら旅した。しかし、しっかり修業を積んだわけではないから、覚えたネタはわずか三日で切れてしまう。

明治二十（一八八七）年、名古屋の富本亭で伯円の講演を聞いた黒猿は、その芸に憧れ、円玉に知己を求め、伯円に弟子入りした（このときは左円）。伯円の帰京について上京し、しばらく伯円の指導のもとで前座を読んでいた。やがてそれにも飽きて、ふたたび、ぶらりとでていってしまった。ふたたびあてのない旅暮らしの最中、名古屋で桃川東燕《ももかわとうえん》と知己を得た。上京をすすめられ、伯円の名をもじった森林黒猿を名乗り、真打となった。なんたる不義理と思うだろう。それでも、その後もやはり伯円の弟子なのである。このあたりに、伯円の心の広さがうかがわれる。

高弟のひとり、松林伯鶴《しょうりんはっかく》（本名大島光利、のちの初代大島伯鶴）は、伯知のひとつ年長で安政四（一八五七）年うまれ。白河藩の武家の出身である。

ある日、前の持ち主が賊に殺害され、幽霊がでると評判の家を五十五円で購入した。どうして幽霊屋敷をあえて購入したのか、とたずねる人があると伯鶴は胸を張ってこたえた。「御不審は御道理なれど講談稼業の小生永く此家に棲む中に若しも噂の如く妖怪変化が出たらば其模様を委しく見届け之を趣向《しくみ》て講談となし世上の高評を得る……」とまでは伯円でもいいそうだが、つづきがある。「世上の高評を得る暁には独り小生が出世のみならず今日の五十五円は他日幾百円の利潤を得て戻らふかと存じます」。「利潤」とか述べていい加減に計算高いあたりがさかしらでおかしい。新聞にのった事件をネタとして用いたのは、師や同門とおなじだが、ただネタにしただけではなく、足尾鉱毒事件に際しては、裁判を傍聴して講演するだけでなく、「被告人家族救援会」を立ち上げ、被害者に寄附を行ったり、慈善講演をして収益を捧げたりしているあたり、筋がとおっている。伯知によると、伯鶴はかつて代言人をかじったことがあり、「一寸法律も解する達弁家」(「松林伯知の物語」「時事新報」明治三十三年九月十九日付)であったという。

色気のある芸人で、しばしば色恋沙汰で新聞を騒がせたが、女運が悪いのか、少し抜けていたのか、悋気の強い老女に深情けをかけられて困惑したといった話が多い。

だいたい伯知にしても、明治十六(一八八三)年には伯円の名をかたって函館から青森、宇都宮、会津若松にわたる長期の興業旅行を行ったことがあった。何度か見破られて逃亡を余儀なくされることはあったが、なかなか堂々たる芸であった証拠に、のちに本物の伯円が函館に乗り込んだとき、にせもの扱いされて思いがけない不入りとなった。不入りには不機嫌になった伯円だが、伯知が勝手に名前を使ったことについてはとやかくいわなかった。

興行の実入りを巡って、不満を持つ弟子もいた。

宝井琴窓《たからいきんそう》が円窓《えんそう》といって伯円門下にあったころ、師につれられて京阪へ巡業に行ったことがあった。一行は、師伯円夫妻と、前座の円窓と、左円（のちの森林黒猿）、それに夫妻が可愛がっていたみいという三毛猫一匹。大阪北の新地、此花館へ乗り込んで連日連夜の大入りであった。伯円のふところには、一晩で二十円近い金が入ったと思われるのにも関わらず、前座をする弟子たちに渡す給金は、円窓に十五銭、左円に二十五銭ぽっきり。加えて、伯円夫妻が逗留する宿は一円五十銭の特等で、弟子たちは最下等の二十五銭の部屋だった。師と弟子の違いがあるのは当然で、それはまあよい。

それよりも弟子たちが腹を立てたのは、自分たちよりも猫の待遇がよかったことだった。伯円は猫のために特別駕籠をあつらえ、客室はもちろん師夫妻とおなじ。特別な料理を与えていた。円窓は、自分は、猫よりも師に愛されていないと感じ、不満をつのらせていった。黒猿は、「技芸は日本一の名人であるが、邦〓《あんな》分らない者の弟子になつて附随《つ》いて歩くのは厭だから」（「先師伯円の訓誨」『文芸倶楽部』第十三巻第二号、明治四十年一月）といって千秋楽の前日にぷいとどこかにいってしまった。伯円はそんなことにはいっこうにかまわず、大阪公演を終えて京都に乗り込んだ。すると、土地の講談師が、弟子としてぜひ前座をつとめさせていただきたいと申し出てきた。黒猿が抜けて、人手が不足していたところであったから引き受けて、仮に「黒円」という名を与えて前座をさせた。円窓が不満を爆発させたのは、伯円がその「黒円」に給金として五十銭も渡しているのを知ったときだ。

円窓が不平をいうと伯円はこう諭した。

「お前は銭に雇はれて居るのか伯円に使はれて居るのか、たゞ銭が欲しい為めに高座へ上がるのなら、今の若い身空で伯円の前座なんぞは読まない方が能い、乃公《おれ》はお前を彼の黒円と同じには思つて居ないから、今の内は銭のことなど兎《と》や斯《こ》う云はずに芸の方を一心に勉強するが能い、銭は大きくなると何程でも取れるが、芸は年を老ともう取ることは出来ない」（「先師伯円の訓誨」『文芸倶楽部』第十三巻第二号）

伯円は、弟子たちに働いた等価の「賃金」を支払おうとはしなかった。金でつながった絆ではなかったからである。伯円は金によって心や人間関係を支配されることを嫌った。

名人気質も手伝つて、金の勘定も知らぬ位ゐ、派手な金遣ひで、何かといへば弟子に「羽織をこしらへてやらうか」で、方々との附合ひも広く、人に頭を下げるのは嫌ひ、贔屓《ひいき》客にだつて奢らせるやうな事はしない。いつでも対等に自分で金を出す。だから、金はいつも一ぱい一ぱいだつた。

（悟道軒円玉「名人『泥棒伯円』を語る」『雄弁』第二十五巻第十二号）

伯円は、「人気」について、浮いたところのない冷徹な感覚を持っていた。人気の頂点にありながら、それをはかないものと考えていた。

つねづね「芸人は売れる時は大いに威張れ」といっていた。「老込んで了ふと席亭が門口を通つても寄るものでない、其れを知らない新聞記者などが団十郎は増長して居るといふが俺は其れをエライと思ふ、苦労しない新聞記者如きに何が分かるものかと」（森暁紅「どろぼう伯円」『文芸倶楽部』第十七巻第六号）。

芸に生きるものが、芸で人気を得るというのはなまなかなことではなかろう。そして、頂点をきわめたものが、その短い万朶《ばんだ》の花の時期を世評におびえて逼塞して、どうして後進に希望を持たせることができよう。伯円は、遊ぶときには、大いに金をつかって派手に遊び、客にも新聞記者にも席亭にも強い態度で対した。増長してみられたのは伯円もおなじであっただろう。

だが、けしておごっているのではなかった。伯円は、弟子がたずねてくると、自分で立って座布団をだしてやり座らせた。だが、席亭がきても、みずから座布団をだしてやるようなことはしなかった。弟子が遠慮すると、「いいから敷きな、席亭さんはおれが達者でもうけさせるうちはたずねてくるが、役に立たなくなればくる人ではない。弟子とは情がちがう」（『明治の群像』第十巻、三一書房、一九六九年）といったと伝えられる。では、弟子と席亭ではどう情が違うのか。

「弟子といふものは大切なものだ。俺の芸を継いでくれるんだからな。だが、席亭はさうぢやない。成程、席亭は俺達に金を持つて来てくれるが、俺達もあの人の為に働いてゐる。謂はゞ相身互《あいみたがい》だ。対等だ」（悟道軒円玉「名人『泥棒伯円』を語る」『雄弁』第二十五巻第十二号）

金銭でむすばれた席亭に対しては、商談の売買契約のような冷静さ。対し、弟子は、芸を継ぐ者。娘に早世されたのち、命を継いでくれるこどもに恵まれなかった伯円にとっては、我が子のようなものである。

師にも、弟子を統制してのばすタイプと、ある程度自由にやらせて、時々助言を与えてのばすタイプがいる。伯円は、講談の技術や、芸に対する気組みの持ちようは教えたが、個人の生き方や考え方にまでとやかくいうような支配的な師ではなかった。弟子たちのわがままや、生意気、自由を許すおおらかな師弟関係を築いていたのだろう。

第6章

ことばを写真に撮る

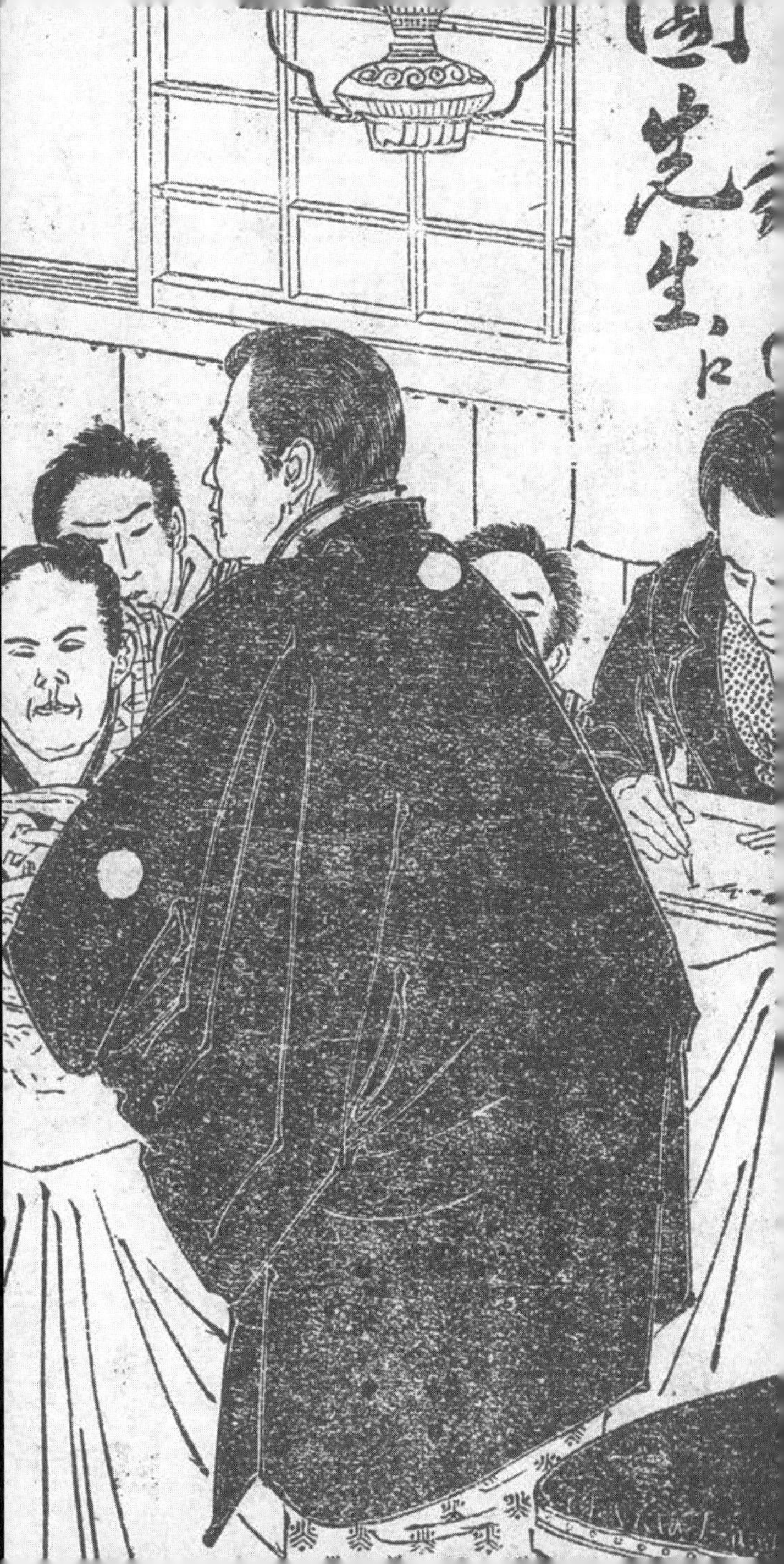

口述速記の誕生まで

講談のみならず、話芸全般、ひいては日本の言語文化にかかわる大事件は、明治十五（一八八二）年、明治法律学校（現明治大学）にかようふたりの青年の出会いにはじまる。若林玵蔵《わかばやしかんぞう》と酒井《さかい》昇造《しょうぞう》である。彼らは、通学の途中いつも道連れになるので知らず知らず親しくなった。

ある日、ふたりは「日本傍聴筆記法講習会」という講習会が学校で催されることを知った。若林はこれより前、千葉県会の書記の仕事で議会の筆記をしたことがあり、関心があったから、ふたりで通ってみることにした。しかし、六カ月の講習を受けた結果、覚えたのは、普通文字を筆記文字に書きかえるテクニックだけであった。

煮え切らないふたりは独自のトレーニングを開始した。当初はひとりが本を読んで、もうひとりが書き取るという練習法を用いていたが、読まれる言葉にまったくついてゆけない。ふたりは、演説や講演を実地で筆記して練習することにした。しかし、当時、演説といってもそう頻繁に催されているわけではなく、せいぜい、週に一度、日曜日に嚶鳴社の政談演説会があって良質な演説にあずかることができたが、練習には足らない。そこで、浅草本願寺の僧侶やキリスト教の牧師の説教を聞きに行っては筆記した。

そうした地道な努力が実って、次第に話し言葉をそのまま写し取れるようになってきた。身につけたスキルがついに商品として売り出せる域に達したとして、明治十七（一八八四）年、若林は速記法研究会を発会した。教えを請いにやってくる者が増えていった。

そんなおり、いつもとは毛色の違うところから仕事の依頼がはいった。稗史《はいし》出版会社の社員、中尾某、近藤某という人物がやってきて、円朝の高座を円朝が噺すそのままに速記してもらいたいというのである。

これまでに文芸分野の依頼がなかったわけではなく、若林は、矢野龍渓《やのりゅうけい》の政治小説『経国美談』の口述筆記を行ったことがあったが、舌耕芸を速記したことはなかった。若林は、落語は、言葉が平易であるから問題なかろうと思い引き受けた。しかし、はじめてのこととあって間違いがあってはならないと、盟友の酒井昇造を誘ってともに会場となった人形町末廣亭に向かった。十五日間、楽屋で円朝の噺を聞いて速記した。『怪談牡丹灯籠《かいだんぼたんどうろう》』である。

講談や落語を文章にかえるという発想はすでになされていた。もともと講談師の種本には、要点だけを記した点取と、喋るとおり、速記本のように「ございます」まで書かれた丸本があった。また、噺家や講談師にしゃべらせて、その内容を引き写すという発想は口述筆記の前からあった。さきに紹介した『落語講談新聞図解』一号（永島福太郎、明治十年）もそうだし、伯円が執筆した『新編伊香保土産』にしても、すでに書肆が講談を文章にした場合の娯楽性の高さに目をつけていたからこその依頼であろう。時代は、口述速記まであと一歩のところまで来ていながら、話されたそのままを文章に録音するという発想には至っていなかった。

できあがった速記は一席ごと雑誌体にまとめられて、週に一度のペースで刊行された。すばらしい売れ行きであった。
若林は、演芸に興味があったわけではなく、第一に速記の可能性の追及と、普及を願っていた。稗史出版会社版の刊行後、この速記の成果を文事堂から一冊にまとめて刊行し、序文でこう述べている。

恰《あたか》も其実況を見るが如くなるを従て聞けば従て記し、片言隻語《へんげんせきご》を洩さず子が笑へば筆記も笑ひ子が怒れば筆記も怒り泣《なけ》ば泣き喜べば喜び嬢子の言《こと》は優にして艶に傖夫《さうふ》の語は鈍にして訛《なま》る等所謂《いわゆる》言語の写真法を以て記したるがゆゑ此冊子を読む者は亦寄席に於て円朝子が人情話を親聴《しんてい》するが如き快楽《けらく》あるべきを信ず

（『怪談牡丹灯籠』文事堂、明治十八年）

言葉を書きだすというだけでなく、生きたままの言葉を感情もそのままに写すという発想は若林の探求心と、円朝の芸がうんだ。話芸を速記する場合、何より正確さを要求される議会の演説とは違い、いかにその情感を写し取れるかが要となる。読めば、あたかも録音のように、語り手の声が、芸が再生されなければしかたがない。速記を頼んだ相手が若林であったことと、選んだ相手が円朝であったことが、稗史出版会社の依頼をエポックメイキングなものにした。
口述速記が世に与えた影響は大きかった。とくに、言文一致といわれても、なにをどうしてよ

いか戸惑う文人たちにとって大きな指標となった。二葉亭四迷《ふたばていしめい》は、『浮雲』執筆に際して、言文一致の文体について坪内逍遙《つぼうちしょうよう》に助言を求め、円朝の落語のとおりに書いてみるようにすすめられた。明治二十（一八八七）年のことである。

もう何年ばかりになるか知らん、余程前のことだ。何か一つ書いて見たいとは思つたが、元来の文章下手で皆目方角が分らぬ。そこで、坪内先生の許へ行つて、何うしたらよからうかと話して見ると、君は円朝の落語を知つてゐよう、あの円朝の落語通りに書いて見たら何うかといふ。

（二葉亭四迷「余が言文一致の由来」『文章世界』明治三十九年）

円朝の速記本をだして見事、大当たりした稗史出版会社であったが、その後経営状況が悪化して、第二弾をだす能力をなくしてしまった。話芸で速記の可能性をもっと追求してみたいと考えた若林は、自分の速記法研究会で速記本をだしてみようと決意し、ひきつづき円朝の『塩原多助一代記』や『英国孝子ジョージスミス之伝　西洋人情話』『業平文治漂流奇談』をだした。円朝の要請もあって本の体裁に凝ったので、さほどもうけはでなかったが、口述速記の普及には大いに役立った。

講談速記『安政三組盃』

円朝落語の速記で評判をとった若林は、落語だけでなく、ほかの話芸でも速記を試してみたくなった。そこで目をつけたのが、円朝と並ぶ演芸界の双璧、松林伯円である。選んだ演目は、『安政三組盃《あんせいみつぐみさかずき》』。ひところは伯円の十八番《おはこ》だったが、改良や教化にこだわりだしてからは、あまり高座にあげていない演目だった。

若林の依頼をうけて、明治十八（一八八五）年十月、上野広小路の本牧亭で伯円の『安政三組盃』の速記が行われた。若林は二十日間、毎日出張って高座側で速記した。成果は、『牡丹灯籠』とおなじく、一席ないし二席をまとめた小冊子として売られた。一冊七銭から七銭五厘、全冊セット一円二十五銭で、速記法研究会から発売されたが『牡丹燈籠』のときのような爆発的な売れ行きはなかったという。

『安政三組盃』の物語は、江戸末期の安政年間にはじまり、明治十（一八七七）年に大尾《たいび》をむかえる。円玉は、この作品がはじめて高座にかけられたのは、明治二（一八六九）年という（「講談の種　安政三組盃」『文藝春秋』第六巻四号、一九二八年四月）から、初高座のときにはまだ物語が完結していなかったことになる。おそらく明治初年から徐々に継ぎ足されていったのだろう。

速記法研究会版『安政三組盃』の一巻には、「徳川盛世日記序」という文章が巻頭におかれている。明治十八年十月、署名は大講義松林伯円。

「徳川盛世日記序」では、明治の開化の恩沢についての定型文に加え、旧幕時代、奉行所の上席与力であり、潤澤掛《じゅんたくがかり》という江戸市中の物価調整に携わる役職についていた鈴木藤吉郎《すずきとうきちろう》のことに触れている。

鈴木藤吉郎は実在した人物である。「橋場まで行かず藤吉旗を揚げ」「藤吉ははしばでなくて花川戸」と川柳に詠まれた彼の花川戸の屋敷は、三千石の旗本の屋敷のようで、当時、法によって禁じられていた三階建ての建物さえあったという。その名が豊臣秀吉の旧名とおなじ藤吉郎であったことから、「今太閤」とよばれ、財力、権勢並びなく、さらに、庶民の目には、「話のわかる」魅力的な人物とうつっていた。『幕末百話』（篠田鉱造、岩波書店、一九九六年）には、そうした藤吉郎の一面を示す逸話がある。

両国吉川町に三吉という遊び人がいた。賭博をして捕まり、南町奉行所に連行された。そのとき、奉行所で吟味、裁きを行った役人が、藤吉郎だった。

三吉は、手錠を卸されて町内預けとなった。手錠は役人に袖の下をおくれば、ゆるいものが与えられる。つまり、平時ははずしておいて、奉行所に出頭するときだけはめて行けばよいという暗黙に認められた慣習である。

ところが、三吉が手錠をはずして遊びに行っていたところ、家が火事になって、置いてあった手錠も焼けてしまった。慌てたのは三吉をあずけられた町内五人の名主である。事が表沙汰になると、吉川町は連帯責任で閉町を命じられて、一定期間、商売ができなくなるからである。三吉は、紙と糊で張りぼての手錠をつくり、悩める地主らの寄合に持って来た。外観は本物そっくりであった。ほかにすべなく、当座はこれでしのぐことにした。そして、ついに奉行所からよびだしがあったとき、三吉は、この紙の手錠をはめて出頭した。吟味にでたのは、またしても藤吉郎だった。

「三吉、其方《そち》の手錠は大層キレイだな」と声が懸ったから、スワと一同手に汗を握りましたが、「ヘイ、御大事に致して居りました」。「少し緩いようだな。コラ外のと取返えてやれ」との二の声で、一同ホッと呼吸《いき》を吐き、無難に納まったというお話ですが、こうした感心な方もありましたヨ。（篠田鉱造『幕末百話』）

贈賄の事実があからさまだが、汚職に対しては一切の非難はない。庶民は「感心な方」の粋なはからいとみたのである。

ただ法に厳格というのではなく、状況をみて融通を利かせるおおらかさ、これが粋というもので、逆に、潔癖に法を遵守して、三吉の罪を問い、吉川町を閉町にするようなきまじめさは、野暮であった。

藤吉郎の前半生は謎に包まれている。だから、伯円はこんな架空の生い立ちをつくった。

鈴木藤吉郎は三歳のとき（数えであるから満年齢なら一歳から二歳の設定であろう）、八幡宮に捨てられていたのを出羽秋田藩佐竹家の家臣渡辺源兵衛がみつけた。赤ん坊と一緒に、九郎三郎秋広の業物《わざもの》、蒔絵《まきえ》の印籠が置かれていた。こどもに恵まれなかった渡辺は、神仏が授けてくれた子と思い、拾って我が子として育てた。

成長して源之助と名乗り、武芸学問ともに励んで、将来を嘱望される人に育ったが、ある日、養父を守るために人を殺し、養家をでて出羽秋田藩を去ることになった。

立ち寄った越後国村上で、偶然暴れ馬から布屋吉兵衛の息子の命を救い、しばらく布屋にやっかいになることになった。布屋にはあさという妙齢の娘がいて、源之助に恋心をいだき、また両親もその人柄を敬い、婿に来てくれるよう申し出るまでになった。しかし、ある日を境に布屋夫妻は源之助に対し急に態度を硬化させた。布屋に出入りしていた篠原大助という浪人が、源之助が所持している刀と印籠は、自分がかつて穢多頭《えたがしら》に売ったものと密告し、源之助の出自が知られたからだった。

源之助に変わらぬ思いを抱いていたあさからことの次第を聞いて、己の出生の秘密を知った源之助は、布屋に密告した篠原大助を斬り捨て、実の親に会いに旅立った。

実の親は穢多頭の紫太夫といった。江戸期、不当な差別をされてきたこの階級の人々は、革細工等の特定の職業を独占していたため、巨万の富を持っていたが、差別された階級であることにかわりはなかった。紫太夫はこの身分から解放してやりたくて心ならずも息子を捨てたという。

ここから渡辺源之助こと鈴木藤吉郎の世に対する反抗、復讐がはじまる。

『安政三組盃』の残りふたつの「盃」は、津の国屋の令嬢お染とその恋人に配した杉田大内蔵《すぎたおおくら》である。

神田今川橋の材木問屋、津の国屋の令嬢お染。歌川豊国が「江戸名所百人美人」にその姿を描き、さらにその画を押し絵の羽子板仕立てたものが売りだされたという稀にみる美貌が秋田出羽二十万石の藩主佐竹候の目に留まり、側妾として差しだすことを強制され、お染は、親の商いを守るため、身を犠牲にする。

だが、この娘、悲劇の深窓の令嬢というにはほど遠い。大変な酒好きで、一升、二升の酒を飲み干し、かつ酒癖が悪い。酔えば親だろうがだれだろうが悪口雑言をつくし、はては暴れ回るという。ある日、佐竹候にすすめられて一升酒を飲み干し、請われて三味線を弾いていたお染は、老女松崎に商家出の身分をあてこすった嫌みをいわれたのに腹を立て、伝法な物言いでののしり返したあげく、松崎の頭を三味線でぶん殴って気絶させてしまった。意識を取り戻した松崎は、受けた侮辱に耐えられず自害してしまう。お染は座敷牢に幽閉されることになった。

いかにも伯円好みの鉄火な女だが、お染は実在した女ではない。白戸満喜子の「創られた女——『安政三組盃』の津の国屋お染」(『日本文学』四十六巻十号、一九九七年十月)によると、神田今川橋に、津の国屋という材木問屋は存在しなかったし、「江戸名所百人美女」のなかに、お染が描かれたとされる、赤い振り袖、文金の高髷の商家の娘の姿はないという。

モデルはいたと考えられている。さる大名の妾であった小さんという芸妓が、酒の席でその大名の頭を三味線で殴ったという話を伯円が聞いて、お染の人格を思いついたという。無礼をいわれれば、相手がだれであろうと、三味線でなぐりつけるような鉄火な女の人柄を面白いと思ったのだろう。

また、森鷗外によると、当時、両国に小染という名の芸妓がいてこれがモデルになったという。だが、この芸妓を伯円が席によんだことがあったとか、気風を気に入っていたとかいう話は伝わらない。小染という芸妓がいた、というだけでは、芸や容姿が伯円好みの女であったのか、『天保六花撰』の「三千歳」のように、ただ「小染」という名が気に入っただけなのかわからない。

さて、座敷牢に閉じ込められたお染であるが、実家、津の国屋では、娘を下げ渡してもらうため手を尽くすが、相手は大名家、どうすることもできないまま、いたずらに歳月が過ぎて行く。

そんなある日、見知らぬ侍が津の国屋をおとずれた。立派な身なりの侍は上野の宮の側用人をつとめる杉田大内蔵と名乗った。この杉田、実はかつて繁蔵といって、こどものころ津の国屋の小僧をしていた。泥棒に狙われそうな場所に気がつき、主人に注意をうながしたところ、かえってその心根を疑われ、店を放逐され、親からも捨てられた。寄る辺なくさまようちに東叡山上野寛永寺の高僧に拾われ、学問をさずけられ、宮様師、やがて側用人を任されるまでに出世した。津の国屋を訪問したのは、かつての仕打ちの復讐をするためではなく、あのとき店を追いだしてくれたからこそ、今の自分があるのだと礼を述べるために来たのだという。

杉田の人柄に感じ入った津の国屋の主人は思い切って、杉田に娘の救済の助力を請うた。とまどいながらも引き受けた杉田は、上野の宮様に頼み、佐竹候にお染を実家に戻すように圧力をかけてもらった。杉田の骨折りで実家に帰ることができたお染は、礼を述べるため家族揃って根岸の杉田の屋敷をたずねた。そこで杉田とあいまみえたお染は、すぐに彼を愛してしまった。成田屋（八代目市川団十郎）にうりふたつの美男という設定の杉田の容貌もさることながら、仇を恩で返した杉田の美しい心根に動かされたのだった。

お染に愛を打ち明けられた杉田は、世間の噂が去るまで三年間、待ってくれるならば結婚すると約束する。

約束の歳月を待つあいだ、ほかの縁談などに煩わされないよう、お染は柳島の津の国屋の寮に母親と乳母の三人で引きこもることにする。ところが、ある夜、寮に忍び込んだ強盗に母を殺害されてしまう。お染は、強盗を騙して油断させ、首を絞めて母の仇をうつ。お染は、いくら親の敵とはいえ、人をあやめた汚れた身で、津の国屋の清廉な紺暖簾を相続することはできないといって家をでて、身につけた三味線、清元、茶の湯等の諸芸を活かして、名を小染と変えて芸者になる。

結婚は三年待とうと約束をした杉田は、お染が芸者になったと知れば、もはやはばかるものはないと、足しげく小染のもとに通い、えらく金のかかる豪勢な遊びをした。東叡山上野寛永寺宮様の側用人は、格式は高いが、けして俸禄がよいわけではない。どこから金がでているのか、ふたりは豪奢な逢瀬を重ね、幸せな時間を過ごしていた。

しかし、そこに横恋慕するものがあらわれた。鈴木藤吉郎である。

ここでふたつの物語がつながる。藤吉郎の設定は、現実とおなじく奉行所の上席与力で、あり余る金と、権勢を持った男だった。彼が小染を見初め、手に入れるため、じゃまな杉田を排除した。杉田は登場したときは、仇を恩で返す清らかな人格にみえるが、実は宮様のお手許金を横領するような小悪党である。杉田が小染と遊ぶのに使っていた金は、宮様のお手元金であり、杉田は、同役とともに、すでに千両の金を私消していた。藤吉郎はそれをあばいたのである。杉田は、捕縛から逃れるため、小染と別れて江戸を離れるほかなかった。藤吉郎は杉田を失って悄然とした小染を追い詰めて、ついにむりやりに妾として囲ってしまう。

しかし、全盛にあった藤吉郎にも破滅のときがやってくる。穢多の子であるという事実が露見し、捕らえられ、そのまま牢死をとげるのである。

藤吉郎が穢多の子であるという設定は、伯円のオリジナルというわけではない。

ある日、石川一夢《いしかわいちむ》がたずねてきて、こんな話になった。

「お前さんは花川戸に居た鈴木の殿様を知つてゐるか」（「講談の種　安政三組盃」『文藝春秋』第六巻第四号）

「知つてゐるともあの方は市中潤沢係りで飛ぶ鳥も睨めば落とすやうな勢があつたが嫌疑に依つ

て入牢となりとう〳〵牢死したさうだが俺も二三度花川戸の屋敷に呼ばれたこともある、何《ど》うしてあの方が牢に入れられたか、定めし勤役中に悪いことをしたことが露見した為であらう」

と、伯円が、藤吉郎入牢の原因について語ったので、一夢は会心の笑みを浮かべた。

「そのことだ、あの鈴木の殿様は出羽の米澤在の乞食頭の倅ださうだ、身分をかくして与力になつたことが発覚して捕へられたと聞いた」

という。一夢のとっておきのネタだったのだろう。一夢の弟子、石川一口も「私共幼年の頃ほひ、師匠一夢が寝物語りに伝へられたるお話でございまして、尚《ま》だ講談に仕組ませぬ前から一口《わたくし》は大旨承知を致し居りました」（『安政奇聞　鈴木藤吉郎』博多成象堂、明治三十一年）といっている。

一夢がどこでこの話を仕入れたかは不明だが、藤吉郎の権勢を知るだれしもが、その突然の凋落に驚き、汚職が露見して捕らえられたという理由に得心がいかなかった。そこで、藤吉郎の出自の噂がまことしやかにつぶやかれたのだろう。

だが、伯円がはっきりと藤吉郎を被差別階級の出身と設定し、広めたことは、子孫の心を傷つけた。「絵入朝野新聞」（明治二十年十一月十五日付）には「また松林伯円」という見出しで、親戚だという前川清吉と菅谷やへが、伯円と若林玵蔵のふたりに対し訴えをおこしたことが報じられている。彼らの要求は、「二号活字を以て向ふ三百六十五日間謝罪文を全国新聞紙に記載すべし」（「讀賣新聞」明治二十年十一月十九日付）であった。費用の概算は千三百円。伯円は予審判事の大倉という人物に取り調べをうけたが事件はあっさり解決がついた。「絵入朝野新聞」（明治二十年十一月二十六日付）には、「右被告人共誹毀事件予審を遂ぐる処本件は悪意の誹毀即ち刑法上の犯罪を構成したるものにあらず即ち罪と成らざるものと認るに依り治罪注第二百二十四条に照し被告人両名へ免訴言渡を為す者也」とある。

前川清吉と菅谷やへの訴えは退けられたが、この物語がはじめて講演されて数十年経ってもなお、藤吉郎の親族は伯円を許すことができなかった。大正になって、森鷗外のもとを越川文夫という人が訪ねてきた。越川氏というのは、現実の鈴木藤吉郎の妻、勢喜の実家で、越川文夫は勢喜の従兄弟の子にあたる。越川は、祖先への冒涜をどうしても許すことができず、法にではなく、鷗外に助けを求めたのだ。彼は、「安政三組杯辨妄《べんもう》」という全十篇、補遺三篇からなる自稿をたずさえてきた。あいにく鷗外は外出中であったたが、この越川の意を汲んで「鈴木藤吉郎」の一文をものすことになる。「鈴木藤吉郎」は「東京日日新聞」に大正六（一九一七）年九月六日から十八日にかけて十二回に分けて連載された。

あいかわらずの衒学的文章だが、歴史好きの手すさびではない。越川を気の毒に思い、とりわけ、泉下《せんか》の鈴木藤吉郎を誤解から救ってやりたいのだという俠気を感じる。

松林伯円は安政三組杯を作つて藤吉郎の屍に鞭《むちう》つた。越川氏が起つて其冤の幾分を雪いだのは、実に多とすべきである。三組杯は藤吉郎を以て穢多の裔《すえ》となした。穢多の裔たるは固《もと》より辱とするに足らぬが、其説には何の根拠もない。三組杯は藤吉郎を以て酒色の奴となした。

酒色の嗜は材能の士のために必ずしも病とするに足らぬが、是も亦無根の言である。三組杯には情婦小染の名があるが、佐久間氏の云ふを聞くに小染は同時代両国の名妓であつたので、伯円は只其名を藉《か》り来つたに過ぎぬらしい。

（「鈴木藤吉郎」『鷗外全集』第十八巻、岩波書店、昭和四十八年）

島崎藤村が『破戒』を世に問うたのは明治三十八（一九〇五）年のことである。鷗外の進歩的頭では、「穢多の裔たるは固より辱とするに足らぬ」と理解できても、この時代、被差別階級の出であると知られれば、厳しい差別がついて回る。もっとも、越川の心を傷つけたのは、祖先を「穢多の裔」とされたことに加え、越川の一族であった鈴木藤吉郎の妻、勢喜の存在を消し去り、現実の藤吉郎は愛妻家であったのに、伯円の藤吉郎は、芸者になどうつつを抜かしたとして、その人格を矮小化していることだ。

「鈴木藤吉郎」をものして、鷗外は、鈴木藤吉郎について当時知りえた真実を示すことはできただろう。そして、歴史的考証によるならば、伯円が語った鈴木の生い立ちや、行状のほとんどが真実でないことを証明しえた。しかし、鷗外の義侠は、伯円から、ひとことの弁明も謝罪も引きだすことはできなかった。というのも、「鈴木藤吉郎」が連載されたとき、肝心の伯円はすでに十数年も前に泉下の人となっていたのだ。そして大衆に蔓延した鈴木藤吉郎像から「辨妄」を消し去り、奪われた名誉を挽回してやることはできなかった。この件に関して鷗外は無力だった。

なぜなら、伯円が作りだした鈴木藤吉郎は、悪党として、また、身分への反逆児として、じゅうぶんに魅力的な人物であったからだ。

矢田挿雲《やだそううん》は、『江戸から東京へ』（第四編、東光閣書店、大正十一年）に「反抗児鈴木藤吉郎」の一文を書いた。初出は大正十一（一九二二）年で、当然鷗外の「鈴木藤吉」にも目を通しており、文中で鷗外の論があることには言及しているが、内容については黙殺した。矢田にとって、鈴木藤吉郎の人間としての魅力は、人生に重くのしかかる出自という宿命に反抗して生きたことであり、また、その宿命との戦いに敗れて牢死を遂げたという、ジュリアン・ソレルのようなロマン主義的な生き方にあった。

ストーリーに心躍らせながら物語を聞くものにとって、地味な現実など失望でしかない。ただ、当事者やその人物を記憶している親族が存命のうちに、無責任に創作を行えば、当然それらの人々の心を傷つけ、怒りをかうのが当然のことだ。が、当時、犯罪を犯した者本人、またその家族のプライバシーを守るなどという発想は存在しなかった。また伯円もそうしたものに配慮を示すという考えはまったく持たなかった。

たとえば。明治二十（一八八七）年、世間は自分の箱屋を刺殺した花井梅の話題で盛りあがっていた。

お梅は秀吉《ひできち》という源氏名で新橋の芸者をしていた。旦那に銀行の頭取がいたが、彼女は、役者の四代目沢村源之助《さわむらげんのすけ》に惚れて、こっそり情夫としていた。それを旦那に告げ口して、水をさしたのが峰吉である。にもかかわらず、お梅はなぜかその峰吉を自分の箱屋として雇った。箱屋というのは、座敷に向かう芸者の三味線を持ってつきそう護衛兼付き人、兼マネージャーのようなもので、芸者の稼ぎのなかからいくらかの割り前をもらって暮らしを立てた。

そして、旦那に「酔月」という待合を持たせてもらってひと月の六月九日、お梅は、峰吉を刺殺した。犯罪の直後は極度の興奮状態で足腰が立たなかった。翌日、父親に連れられて自首したが、犯行の理由の証言は一定しなかった。激情にかられて行った犯罪だったのだろう。事件自体は大したことではない。だが、事件をおこした花井お梅は大変な美貌で、評判の芸者だった。

伯円は、芸者時代のお梅を席によんだことがあり、その容姿も芸も人柄も知っていた。これはネタになると踏んだ。

伯円と五代目尾上菊五郎は、裁判を傍聴した（「讀賣新聞」明治二十一年二月二十九日付）。弁護（代言人）には大岡育造《おおおかいくぞう》と角田真平《つのだしんぺい》が立った。花井梅についての講談は、明治二十年六月から「梅雨衣酔月情話《つゆごろもすいげつじょうわ》」と題して「東京絵入新聞」で連載された（一月後の七月二十九日には裁判の結果が出ていないことを理由に打ち切り）。伯円は、公判の模様や弁論の真似を取り入れて講演したり、梅と恋人沢村源之助との痴話げんかを色気たっぷりに演じて場を沸かせた。しかし、こうしたゴシップを題材にしながら、伯円のお梅は下品ではなかった。伊藤痴遊は、伯円の技倆で「花井お梅を語ると、恰《まる》で生世話《きぜわ》に砕けて、何ともいへぬ情趣を味はせる」（『痴遊随筆　それからそれ』）と感想を述べている。芝居では、河竹黙阿弥《かわたけもくあみ》の脚本で『月梅薫朧夜《つきとうめかおるおぼろよ》』となり、尾上菊五郎一座が明治二十二（一八八九）年に上演した。

花井梅事件を題材にした伯円の講談は連日大入りで、会場になった福本亭には二階の階段までいっぱいに客が詰めかけた。お梅の父親の花井専之助は、裁判への影響を心配して「お梅の今回の事はまだ予審中でもあり、滅多なことを述べられては迷惑するから中止してくれ」（「私」の思ひ出話」「国民新聞」昭和四年五月十八日付）と抗議にやって来た。抗議というより、娘の運命を案じる父の陳情に思えるが、伯円はただ売られた喧嘩として対応した。円玉が花井専之助のところに使いにだされた。もちろん喧嘩口上を述べに行ったのではない。

「師匠伯円はお梅さんを芸妓時代からよく知つてゐるから決して本人のため悪しかれとて講談に演ずるのではない、要は江戸子芸妓の心意気を説くのが目的故、これを聞けば寧《むし》ろ同情を寄せるやうにもなる、もしそれを御うろんと思召さばあなたの御席を設けて置く故、今晩から是非聴きに御出で下さい」（「私」の思ひ出話」「国民新聞」昭和四年五月十八日付）

円玉は、こう述べてかえり、さっそくに講演のある福本の常連場に「花井専之助様御席」という札をだして席を設けておいた。

花井専之助は姿をみせなかった。だが、お梅の父親の顔をみてみたいという客が群がって、いつもに増して大入りとなった。

花井梅は、死刑をまぬがれ、無期徒刑に処された。十数年後、恩赦によって出獄し、しるこやをはじめた。だが、はじめ物珍しさに集まっていた客もいなくなり、しるこやは廃業、洋食屋や小間物屋をはじめてみたがこれらも失敗。梅は女優として、よりにもよって「お梅の峰吉殺し」を演じたり、色香の失せた容色で芸者にもどって生計を立てた。大正五（一九一六）年に五十三歳で歿するまで、己の罪を飯の種として生きるほかなかった。

さて、『安政三組盃』である。鈴木藤吉郎によって江戸を追われ、姿を消してからの杉田大内蔵はどうしていたか。

捕縛される直前の藤吉郎から暇をもらって自由の身となった小染は、知人のひとりからこんな話を聞く。

江戸を逃れた杉田が、癩病《らいびょう》に罹患して、今は河原の小屋で死を待つばかりになっているというのである。小染は身の回りのものを処分して、杉田のもとにかけつけた。

しかし、それは大内蔵の小染の心を試すための狂言で、しかも、みずからは名を変えて大店の入り婿となっていた。あまりの不実に怒った小染は、杉田と別れて再び芸者生活に戻る。そんなある日、商売の河岸を変えようと、小染が旅をしていると、休憩した茶店に罪人を乗せた藤丸籠がとまる。籠のなかにとらわれていたのはなんと杉田であった。かつて宮様の手元金を横領したことが露見して江戸に連行される最中であった。これがふたりの終生の別れとなる。

一度は二世をちぎった杉田大内蔵は刑死、心ならずも一度は妾となった鈴木藤吉郎は獄死。小染は、この時に及んではじめて己の罪深さを噛みしめた。そして、周囲にふたりの菩提を弔う旅にでるといって船に乗ってでかけていき、それっきり、ぷつりと消息がとだえた。

小染はどうなったのか。

なんと乗った船が嵐にあって難破、ハワイに漂着したというのである。一命をとりとめた小染が、ハワイの一宿に宿泊して困りきっているとき、「ジャンセン」という宣教師と出会った。男といえば、自分に性欲を持って迫る者しか知らなかった小染は、親切に身の振り方の世話をしてくれながらも、いやらしいことは何一つ要求してこない、口にもしないジャンセンの人柄に尊敬を深めるとともに、女としてではなく、人としての自己に目覚める。ジャンセンの紹介でサンフランシスコに移住、クリスチャンとなり、女学校で日本の音楽を教えて過ごした。西暦一八七七年、つまり明治十年、すでに代替わりした実家、津の国屋に、遙かアメリカからみずからの消息を知らせる手紙を送り、そして、ふたたび故国の土を踏まずに、明治十四（一八八一）年に彼の地で生涯を終えた。

ハワイ移民二世のジャーナリスト川添善市《かわぞえぜんいち》が著した『移植樹の花開く』（同書刊行会、一九六〇年）には、井上友一郎《いのうえともいちろう》の『津の国屋小染』のあらすじと、矢田挿雲の記したハワイ漂着以降の小染の消息が紹介されている。井上友一郎の小説は、戦後の昭和三十（一九五五）年に発表されたものだけあって、鈴木藤吉郎の破滅は出自のせいではなく、実は彼自身が大盗であったという落ちになっている。

驚くべきは、川添が、小染の存在を実在のものと信じ、その足跡がハワイに残らないことを惜しみさえしていることだ。「さて小染の泊った布哇《ハワイ》の宿がどこか、又ジャンセーという宣教師が誰だか、薩張《さっぱ》り解らない。史実探求家の木原隆吉氏なども血眼になっているが杳としてつかみ所がない」（川添善市『移植樹の花開く』）。

「講談師見てきたような嘘を言い」を越えて、すでに偽書である。伯円の張扇は、ひとりの野心的な能吏を生まれに抵抗して生きた反逆児とし、ひとりの架空の女に実在の命を与えた。

伯円は、じつは『安政三組盃』の速記のできにわずかながら不満があった。ある日、円玉にいった。

「若林氏は速記の技術は熟達して居るが講談は門外漢のため往々不備の点がある、これは講談其物をよく知つて居る者が速記したなら一層完全なものが出来るであらうから、お前速記を習つて見ないか、お前なら必ずそれが出来るにちがひない」（「私」の思ひ出話」「国民新聞」昭和四年四月二十四日付）

そして、若林に速記を習いに行くことをすすめた。

円玉は、もともと虚弱な体を健康に保つため、気が進まぬなりに講談をはじめた。しかし、師のことは敬愛していて、ある席亭で急病の真打に代わってピンチヒッターを無事つとめて、伯円にほめられた。それがうれしくて、ようやく講談修業に身を入れるようになったという少年のような慕い方をしていた。だから師の言葉には絶対の力があった。円玉はさっそく若林のもとについて、速記の符号の習得からはじめ、一心不乱に稽古をし、ついに速記法を身につけた。速記者浪上義三郎《なみうえぎさぶろう》の登場である。

伯円のみこみどおり円玉の速記は優れていて、高座のかたわら、浪上義三郎名義で、師伯円や兄弟子の伯知等の多くの速記を残すことになった。

ちなみに、伯円は自宅で速記のための講演をやらなかった。自宅では気が乗らないことに加え、家族に気を遣わせては申し訳ないという思いから、速記をとる時には、かならずよそに行き、四、五席ぶんまとめて読むのを常とした。内にも外にも気をつかう「常識的」（岡鬼太郎「近世名人評伝三　泥棒伯円」『新演芸』九巻五号）な人であった。

口述速記を円朝や伯円の芸の再生装置とするならば、それはあくまでも実際にその芸に接したことのある人限定の再生装置である。

正岡容《まさおかいるる》は「かつて一度でもその人の話術に接したものにはいろいろの連想を走らせながら親しむこともでき、従って話風の如何なりしかをおもい返すよすがともなるのであるが、そうでない限り、話術のリズムや呼吸、緩急などは、絶対分らないといってよかろう」（「附　我が円朝研究」『小説　円朝』河出書房新社、二〇〇五年）と述べた。たしかに、講談速記を読んでも、聞いたことのある芸でもなければ、絶対にその声を思い浮かべることなどできない。物語と、その文章の調子から推測するのみだ。だが、今や話者の声を偲ぶ唯一のよすがでもある。

『安政三組盃』（イーグル書房、明治19年）
口絵。速記をとる若林の姿が描かれている

話芸のあじわい方として、寄席で聞くだけでなく、本として読むという楽しみを切り開いたことが社会に与えた影響は大きかった。こののち、新聞、雑誌には、講談の速記の掲載が不可欠となり、大衆娯楽小説が社会に根付くまで、講談の速記が、読み物の娯楽の世界に君臨した。

若林と酒井の試みの成功をみて、講談、落語の速記が世間に普通に行われるようになると、若林は急速に関心をなくし、以降、話芸関係の速記は、もっぱら酒井昇造が担当することになる。

舌があるやうでは到底《とても》満足に喋舌《しゃべ》れるものでない

伯円は高座を休むことが多い芸人だった。

客もそのことを知っていて、伯円があまりに休まず高座にでると、明日は休むのではないか、と案じて来場を渋るくらいだった。そこで、伯円があまりに精勤をつづけると、呼吸をこころえた席亭の方から、「先生明日あたりはお欠席《ぬけ》になつては如何です」（「円玉茶話」『江戸趣味　傑作情話集』）と勧めた。伯円が一日休むと、それでは明日は来るだろうと、客が安心して詰めかける。客は木戸口にきて、伯円の姿をみつけると、安心して「ア、先生は来て居る運が好かつた」とよろこんだ。伯円の人気はすさまじく、円玉は「客は宛然酔て居るやう」だと思った。

明治十九（一八八六）年暮れから翌二十年の年頭ごろ、伯円はすでに住んでいなかった浅草の家を七百円で売却した（『新編伊香保土産』金松堂版奥付、明治十九年十月にはまだ浅草の住所が記されている）。ところが、その金を、賭博のため一日でなくしたという。当時の七百円は現代感覚で千四、五百万円になる。事実ならばじつに豪勢なことだ。だが、伯円にとってはたいした問題ではなかった。

明治二十年代、伯円の人気はかわらず絶大で、金のことなど考える必要もなかったのだ。

講談師の社会には、急に高座を休んだとき、自分のかわりに出演した人から一定の割り前をもらうという変わった習慣があった。これを「やぐらを切る」といった。休んだ人が、自分の名で客をよんだのだから、いわば、名前代を支払ってもらうということだった。ある日、伯円は、新富座にどうしても観たい芝居があって、高座を昼夜ともに欠席した。そうして一日遊んで暮らしたというのに、やぐらを八円とった（辰巳老人「やぐらの事」『娯楽世界』四巻一号、大正五年一月）。

伯円の芸とはどのようなものであったのか、弟子たちの記憶から探りたい。

若き日、川口松太郎《かわぐちまつたろう》は、文学修業をかねて、悟道軒円玉の家に住みこんで口述速記のアルバイトをしていた。後年、呼吸器を病んだ円玉は、高座をあきらめ、もっぱら口述速記を雑誌に発表していたのだ。速記と講談の両方の息を呑み込んでいる円玉の速記は、大衆小説が熟してくるまで、巷の娯楽としておおいにもてはやされた。関東大震災前、円玉が住んでいたのは、江戸情緒の最後の薫りをとどめた深川森下町の路地の狭い二階屋だった。円玉は亡き師を敬愛し、川口にしばしばその思い出を語った。

川口の私小説「風流悟道軒」や『風流馬鹿物語』は、森川町時代の円玉とその周辺につどった人々の思い出が源となっている。森下町の円玉の家には、歳をとった伯知もしばしばやってきた。川口松太郎の短編「歌吉心中」や長谷川時雨《はせがわしぐれ》の『近代美人伝』にも描かれているが、伯知の妻は芸者の置屋、吉田屋の女主人でお孝といった。吉田屋抱えの芸妓は、お孝と前夫とのあいだにうまれたふたりの娘。お孝は、最初の夫を歌吉という芸妓と心中されて失い、残された娘たちに運命をかけて芸者に仕立てた。姉娘たき子は益田孝《ますだたかし》男爵を旦那とし、妹娘の貞子は山県有朋の権妻となった。芸者として最高の出世を果たした義理の娘たちを持って、伯知は芸をつづけながらも楽隠居の身分だった。

老年の講釈師で、頬から顎へかけて美事な長髯を垂らしそれがもう半白に染まりいつもあらい紺絣の書生羽織を着て来る。円玉は芸人の中でも伯知に最も敬意を払っていた。口の悪い彼は大抵の芸人を呼び棄てにしたが、伯知だけは蔭でも「伯知さん」と敬語をつかった。信吉は寄席でしばしば伯知の講釈を聞き、際物師が年老って零落れたような気がして嫌いであったから人物に接しても好意は持てなかった。

（「風流悟道軒」『風流悟道軒』桃源社、一九五二年）

川口の印象では、どうもパッとしないが、伯知の若いころの人気はなかなか盛んだった。新聞ネタを優れた即応能力でただちに講談に仕立て、勢いのある高座をして大当たりをとった。印象だけならば、伯円と伯知はよく似た芸の師弟だった。そう思っている人は多かった。『銀座百話』には、「松林派は即席講談といいますか、時事講談といいますか、世間に起った事件をつかまえて、すぐ講談に仕組み、人気を博したものです。師匠の伯円がソレでしたが、伯知も同断（後略）」（篠田鉱造『銀座百話』角川書店、昭和四十九年）という。しかし、それは伯円の芸のほんの一面をとらえているにすぎない。

伯円は際物ばかり読んでいた伯知を、「伯知の芸は若いうちだけのものだ。年をとっちゃァやっていられめえ」（川口松太郎「風流悟道軒」）といって案じていたという。

「伯痴は俺の出《で》来《き》損《そこな》いだ」

と、師匠伯円が嘆じたほどに、江戸前の世話講談とは縁が薄く、場当りの際物師で別な人気を持っていた。松林派といえばきめの細かい江戸前の芸で、前受けや場当りを避け、まっとうな芸人ばかりなのに、伯痴だけは例外で、師匠の教えも守らずに、場違いな際物読みですさまじい当りを取っていた。（川口松太郎「歌吉心中」『人情馬鹿物語』講談社、一九八一年）

伯円はそこまで伯知の芸を評価していなかったわけではないだろう。ある日、何にうんざりしたのか、名をゆずって引退するということを考えたことがあった。この気まぐれのあおりをくったのは伯知であった。師のよびだしをうけた伯知が行ってみると、伯円は、「乃公《おれ》は廃《や》め度《た》い（中略）就いては伯円をお前にゆづる」（「遊猫軒茶話」「都新聞」昭和四年十一月十七日付）といいだした。腹立ちまぎれにしても、まったく評価していない弟子にこんなことはいわないだろう。一番の高弟ではない伯知はためらったが、伯円の意志は固く、後援してくれる人もあって、襲名の決意をかためた。

面白くなかったのが兄弟子の右円である。伯知に直接、三代目を継がれては困ると談判しただけでなく、伯円や周囲の人間にもうるさく働きかけたのだろう。とうとう伯円は名をゆずることを断念し、伯知の伯円襲名の沙汰はうやむやになった。

おさまらないのが伯知である。結果、松林派内の争いに巻き込まれ、破門の憂き目にさえならんという時、仮名垣魯文が仲裁に入り、猫遊軒《みょうゆうけん》という新しい亭号を名乗ることで解決した。しかし猫遊軒とは、ずいぶん遊惰な亭号を与えられたものだ。「猫」というのは魯文が用いた芸妓の隠語である。伯知は魯文が「仮名読新聞」に連載していた「猫ぢやらし」を高座にかけて大好評を博したこともあった。

亭号が変わったからといって師弟の縁が切れたわけれはない。だが、完全な和解には数年かかった。「讀賣新聞」（明治二十四年五月九日付）の広告に、伯円の名で「松林伯知　拙者門人伯知儀事故有ツて数年間猫遊軒と片書致候処今般更に改正致候此段御愛顧諸君へ謹告仕候也」と発表している。故あって数年間、伯知は猫遊軒を名乗っていたが、今般名前を松林に戻すことになったというお知らせである。おそらくこれで、数年越しのわだかまりは解決したのだろうが、その後も伯知は松林と、猫遊軒を使い分け、師の歿後はほとんど猫遊軒を名乗った。

伯知は際物ばかりではなく、軍記ものや、歴史ものも手堅く読んでいる。際物よりむしろ、「川中島軍記」や「大久保政談」などに堅実な、独自の味を残していると『講談五百年』にはある。また、『金色夜叉』や『不如帰』などの文学作品を読んで、講談に新境地を開いた。

天性の美音、それに長髯を撫して講席に立つた姿などは洵《まこと》に堂々たるもので、若い時分は頗るつきの艶聞家で、新橋の錦糸との情話も伝へられてゐるが、晩年には人格者で通り円満そのもの長者の風があつた、大江広元《おおえのひろもと》といふ綽名もその辺から出たものであらう。ながく講談組合の頭取をつとめ、昭和七年三月に歿した。（佐野孝『講談五百年』）

と、晩年は、そのおおらかな性格で、衰運にあった講談界を長老のひとりとして支えた。川口の文句で注目すべきは、伯知に対する評価よりも、川口が、松林派の講談師たちを、きめ細やかな江戸前の世話物を読む「正統派」の講談師ととらえていたことだ。恐らく、円玉もそのように語っていたのだろう。伯知もまた、「私の師匠は時代物よりも世話物の方に長じて居るかと存じます」（「松林伯知の物語」「時事新報」明治三十三年八月二十八日付）といっている。いまさらながらであるが、世話物という分類は、歌舞伎、浄瑠璃に対しても使う言葉で、歴史的な事件ではなく、町人社会に取材した事柄を描いたものをさす。条件はそれだけで、恋愛、怪談、どろぼうなんでも含む。落語の人情話に該当する。

それでは、世話物、庶民の生活を扱う場合、講談と落語のどこかどう違うのだろう。講談と落語のいちばんの違いは、釈台や張扇の使用の有無ではない。円玉は「人情話（引用者注・ここでは落語のこと）と講談の世話物との区別は頗《すこぶ》るむつかしい」（「人情話と講談の世話物」『娯楽世界』第二巻第十二号、大正三年十一月）とことわった上で、人情話は飽《あく》までも軽い味を含まして、座談のやうに喋らねばならぬ。然しことわり口調は厳禁すべきであることわり口調とは、例へば八五郎が差配人《おおや》の所に行くにしても、表の格子をガラ〳〵と排《あ》けて上へ上りました八五郎が、偖《さて》差配人さんと、恁う格子を排ける所から上るまでことわるを素人口調として落語家は嫌ふ、ソンナ事を云はずとも、会話の内に格子を排けて座敷に上つた事を知らせるやうに喋《しゃべ》るのが黒人《くろうと》である、然し是は人情話に関した事で講談の世話物は、又是とは大いに異つて居る。（「人情話と講談の世話物」『娯楽世界』二巻十二号）

という。つまり、落語は、ト書きを可能な限り省いて、芸で仕草をみせて会話によって成立させる。たとえば人が斬られる場面を語るとして、「人情話の方は刀を抜いたと云はずに、形で見せるとか、さもなくば、殺された者の悲鳴を聞かせるとかして、徴客《ききて》に刀を抜いて切つたと云ふ事を知らせる、講談の方は、一足《ひとあし》後へ退つてブツリ鯉口を切つた、ウーンと玆《ここ》で始めて殺されたもの丶悲鳴を聞かせる」（「人情話と講談の世話物」『娯楽世界』第二巻第十二号）これが人情物（落語）と講談の違いだという。

元来講談は戦《たたかい》とか諸家の記録を読むを主として生れたものであるから、世話物にしても、何処か野暮な所があるが、其野暮な所に古風な味がある、世話物の内にもドッシリとした貫

目があるのを可《よし》とする

（「人情話と講談の世話物」『娯楽世界』第二巻第十二号）

野暮に状況を説明しながらも、言葉を選び、磨き上げて贅言を省き、登場人物の感情をことさらに叫び立てることなく、余情で知らせる。これが講談の世話物である。

だが、伯円は、みずからがひきいる松林派を世話物専門だと思われるのは心外だった。

松林派は人情物が専門で修羅場は駄目だと云ふのは誤解さ、（中略）土台が修羅場で出来上つて居るんだから、人情物を専門にやつても、堅いものは堅いもので、又講しられるのだから、松林派は徹頭徹尾人情物専門と思はれては困る

（小野田翠雨「故澤太郎左衛門と松林伯円」『同方会報告』第十三号）

本来、松林派の読み口は、軍談語りに適して、固い読み口であったという。世話物はあくまでも芸の応用のひとつであった。伯円の芸の特色を述べるなら、それは芸域が広いこと。つまり、得手不得手がなく、どんな対象でも見事にこなした。伯円の技倆は、時代物だろうが、世話物だろうが、名人の名にふさわしい絶対的な水準に達していた。

ある年の十二月二十八日の千秋楽の晩、両国福本で、伯円は「雪月花」と題して、三人の女の物語を講演した。雪は南部坂雪の別れの瑤泉院《ようぜんいん》（瑤泉院は浅野内匠頭の未亡人、南部坂雪の別れは、仇

討ちを決めて挨拶に出向いた大石内蔵助との別れのシーン）。月は玄冶店《げんやだな》のお富（互いに死んだと思っていた与三郎と横櫛のお富が偶然の再会を果たす場面）、花は、品川の御殿で慶喜に対面する天璋院。

その夜は、常のテーブルと椅子をやめ、昔ながらに高座に釈台を置き、左右に百目ろうそくを立てて、張扇を用い「徳川初期中世幕末と時代を追つて読み分けたのは、此上なく聴衆の感興を惹いたのであつた」（「円玉茶話」『江戸趣味傑作情話集』中村書店、大正十五年）と円玉はいう。従来のテーブル講談を見慣れた観客にとって、古い演出はかえって新鮮であったろう。年おしつまった静夜、ろうそくの薄暗さのなか伯円の至芸で語られる、哀に、艶に、賢に、まったくタイプと時代の異なる三人の女たちの物語がいかに観客の心に迫ったか想像に難くない。

円玉がみた伯円の芸はこなれて、ほとんど神業にいたっていた。

それにこの人は高座で少しも骨を折らない、どんな熱い時でも汗を流してゐるのを見た事がなかつた。これは芸が飽く迄も円熟してゐたので、まるで高座で遊んでゐるやうに見える程に芸に余裕があつた

（「講談中興の名人　松林伯円」『国本』十五巻十号、昭和十年十月）

伯円はみずからが得た芸をどのように弟子たちに伝えていたのだろう。

たとえば、音響のない時代、広い会場に声を通す方法。かりにがらんどうの室内で、観客が静粛であったとしても、音響を用いずに数百人、多いときには千人近い人間の肉体を圧して声を通

すというのは、それだけでも常人にはできかねる芸当である。しかも、大声を張りあげて一本調子にがなりたてるのではなく、巧みに情感を表現するのである。

伯円の声はしゃがれていて、けっしてよく通る声質ではなかった。にも関わらず、その声は会場の隅々までよく聞こえた。「師匠の調子は何方《どっち》かと云へば訥弁《とつべん》の方でございますが、併し広い所で遣りましても調子が寂びて居る為め却つて能く通る聲でございます」（「松林伯知の物語」「時事新報」明治三十三年八月二十八日付）と伯知も追想している。どういう秘密があったのだろうか。

「声で語るのではない」と、伯円は弟子たちに教えた。

「無声の声――つまり、ホラ、手真似で話す呼吸があるだらう。あれだ。もつと進んで以心伝心といふやつだ。人間には霊《たましい》がある。霊と霊のエレキ（電気）は、人間の精神が最高潮に達した時、火花を出す。惚れた同志は一寸《ちょっと》した身振りで千万語を話すよりも深い気持を伝へるといふあれだ。声に頼つてたんぢや堪るものぢやない。どんな大きな声だつて限りがある。霊の働きは、そこへ行くと限りがない。霊を籠めて、相手の霊を摑んで話すまでにならなくちや、講釈は一人前といへないよ」

（悟道軒円玉「名人『泥棒伯円』を語る」『雄弁』第二十五巻第十二号）

伯円がいう「霊《たましい》」に特別な宗教的、心霊的な意味はない。伯円は、若いころから天神を深く信奉していたが、ほかに特別な信仰や神秘思想などに傾倒してはいなかった。宗教、思想を介在せず、芸を磨きあげて体得した感覚なのであった。

またある日、伯円は弟子たちにこんなことをいった。

「講談も落語も舌があるやうでは到底《とても》満足に喋《しゃべ》れるものでない、舌を無くして後始めて上手の域に至る、お前方も早く舌を無くすやうにしな」（「講談と舌と眼」『娯楽世界』第三巻十二号、大正四年十二月）

舌があるからこそ物をいうことができる。これを聞いた弟子たちは、師匠のいうことの意味がわからなくて「師匠も頃日《このごろ》は大分焼が廻つて謎言のやうな迷語《よまいごと》を云ふ」と影口をたたいた。しかし、伯円は「何うもお前方はまだ舌が有つていけない、モット勉強しな」（「講談と舌と眼」『娯楽世界』第三巻十二号）というばかりでその真意を説明しようとはしなかった。

まるで禅問答である。これと似た、まさに禅問答を聞いたことがある。

噺家でありながら、無舌居士《むぜつこじ》と号した三遊亭円朝と山岡鉄舟《やまおかてっしゅう》のあいだで交わされた問答だ。鉄舟は剣客でありながら、無刀流という剣術の流派を打ち立てた人物。山岡鉄舟は円朝に三度の質問をして、禅の悟りに導いた。一度目は、およそ落語の演目になどならないおとぎばなし「桃太郎をやってくれ」といった。二度目は、「客であくびをしているものや途中で席を立つものがいたら気になるか」と問うた。最後に、「円朝子は落語家《はなしか》の中《うち》に於て有名なれば。舌を動かさず口を結びて話を為得らるべし」（『三遊亭円朝子の伝』朗月散史編、鈴木金輔、明治二十四年）といって詰め寄った。円朝は脂汗をかいて考えるうち、突如、無舌の意義を悟ったという。

伯円は、弟子たちを悟りに導いているのではないから、自分のいう意味をよくよく考えさせたのち、こう説明した。

「お前方の高座を聞いて居ると只ベラ〳〵舌ばかり動かして荒木又右衛門も宮本武蔵も名前だけ変つて人物は些《すこし》も変らない、其れは舌が邪魔になるから思ふやうに人物が出て来ない、上手になると無念無想になつて、自分が喋舌つて居るのか、前の客が聴いて居るのか忘れてしまつて無我に入る、自分を忘れる位であるから舌なぞは有るか無いか判らない、其故お前方も一日も早く舌の要らぬと云ふ立場に到達するやうに勉強するが宜い、此を超越《とびこ》すと今度は無我に入る、然うなれば先《まず》上手と謂はれるであらう、何うだ舌を無くすやうにしろと云つた事が判つたが」(「講談と舌と眼」『娯楽世界』第三巻十二号)

語っている我なく、眼前の客もなく、ただあるのは物語のみ。おのれが消えて、ある絶対のものに同化する神秘体験、エクスタシーにも似た無我の境地である。

鉄舟の導きによって悟りをひらいた円朝は、もはや客の様子など気にならなくなったという。伯円は、「前の客が聴いて居るのか忘れてしまつて」といいながら、さきに述べたように、五十代になっても客の講談を聞く態度にうるさく、態度の悪い客がいると、高座から叱りつけたりしていた。

伯円と円朝のいうことは似ているようで、まったく似ていない。伯円は宗教色を含まない、あくまでも技術的なことを述べているのだ。だが、もはや技術を超越してしまって、弟子たちの得心がゆく説明ができなくなってしまった。

日頃の伯円の指導は、観念的な部分がなく、精神論がなく、具体的かつ、実際的だった。たとえば、世話物を読むに際し、伯円は弟子たちに次のような注意を与えていた。


堅いもの……例へば評定物など金襖物《きんぷすまもの》を読む際には成るべく羽織を脱がず、端物を読む場合にはそれと反対に羽織を着て居ぬやうにせよと。

それから張扇や扇子は、時に脇差にも匕首にも使ふ必要があるのだから、今夜は人を殺す処を演ずるのだなと思つたら、其場に至るまで張扇や扇子を使わぬやうにして居なければならない、さうすればイザ人を殺すと云ふ時に此張扇なり扇子を脇差或は匕首に使つて始めて非常に活用することが出来る。

世話物を読む場合には、決して即ちだの然らばだのと堅苦しい言葉を使つては成らない、さうして成るべくしやべり過ぎぬやう余情を持たせるやうに注意せねばならない。

（「悟道軒茶話」『娯楽世界』十二巻八号、大正十三年八月）


という具合。

さきに猫より待遇が悪いことに腹を立てた円窓（宝井琴窓）が、義士伝の堀部安兵衛《ほりべやすべえ》の婿入りを演じたとき、のちの安兵衛の婿入り先になる堀部家の弥兵衛老人が「一日も早く娘にはなに良い婿を迎えて安心がしたいものだ、南無阿弥陀仏〳〵」（「先師伯円の訓誨」『文芸倶楽部』第十三巻第二号）と読んだのを聞いていた伯円は、「お前読み出しに、十月十二日のお会式《えしき》で堀部弥兵衛の妻と娘が、堀の内の妙法寺から雑司ケ谷の鬼子母神へ参詣に行つた、と云つた処を見れば弥兵衛の家は日蓮宗としなければならない」だから、そこは念仏ではなく、「南無妙法蓮華経」とお題目をとなえさせねば前後矛盾して嘘になると指摘した。「這麼《こんな》ことは鳥渡《ちょっと》したことのやうでも、能く注意して喋舌《しゃべら》ないと人に笑はれるからと、訓誨を加へられましたが、伯円と云ふ人は流石名人だけに、斯かる点には能く注意したものでした」（「先師伯円の訓誨」『文芸倶楽部』第十三巻第二号）という。

第7章

芸に皺は寄せない

東京改良演芸会の時代

明治期、「開化」についで流行した言葉が「改良」である。当時の新聞・雑誌をみれば、見出しに「改良」を頂いた記事にあふれ、社会に家庭に地方に、いかに世間に「改良」すべきものが溢れていたかわかるだろう。もちろん、演劇も演芸も改良しなくてはいけない。

まず、改良演劇会として、歌舞伎の改良が計画された。演劇の改良はまったく庶民のためなどではない。外国から賓客が来日した際、みせるべき演劇も劇場もないことを恥じて、歌舞伎を西洋のオペラに代わる接待用の見世物としようと画策したのだ。外国人に恥じないよう立派な「うつわ」も建設した。仕上げに、歌舞伎の格をあげるため、明治二十（一八八七）年、鹿鳴館時代の立役者、井上馨《いのうえかおる》邸に明治天皇が御幸した際、天皇の御前で上覧された。

歌舞伎につづいて、演芸の改良が計画されたのが明治二十一（一八八八）年。

演芸の改良は、上中流階級のほうを向いていた。演芸の多くは庶民、大衆の娯楽であり、当時客となる大衆といえば、ほとんどが成人男性であった。芸のこなれていない芸人は、下ネタや色気のある話題を挟んで、客をよろこばせた。

だが、西洋人のように家族で演芸を楽しみたい上中流の人たちには、それが妨げであった。演芸の改良は、そうした上中流の人たちに演芸を開放するために行われた。それは、明治二十一年に東京府に提出された「東京改良演芸会設立趣意書」をみればよくわかる。

「今ヤ風俗改良ノ中ニ就テ漫然抛擲シ去ルヘカラザルモノアリ、演芸ノ一事是ナリ、従来諸寄席ニ於テ興行シ来ル所ノ落語・講釈其他種々ノ演芸ヲ事トスルモノヲ見ルニ、多クハ旧習ニ拘泥シ、猥褻野鄙僅ニ下等人民ノ歓心ヲ得ルニ止リ、意ヲ人情世態ニ注カズ、世ノ開明ト共ニ推移変遷スルヲ知ラザルニ因リ（後略）」（『渋沢栄一伝記資料』第二十七巻、同書刊行会、一九五九年）

つまり、落語・講談などの演芸は、時代の変化に目を向けず、昔ながらの猥雑で下品な内容の講演をし、「下等」の人々のみによろこばれているという。改良演芸会を設立した理由は、そうした講演内容の問題のみならず、旧来、演芸が提供される会場は狭く、不潔で、「上流」の人士は足を踏み入れることができなかった。と、「趣意書」にある。ようは、演芸を改良するには、妻子連れでだれでも入っていける、開放的で清潔、健全な「うつわ」が必要と考えたわけである。会の目的はこう決まった。新聞にもいう。

構造完全なる演芸場を新設し専ら世態人情に適合すべき高尚閑雅なる技芸を演じて上等者流の耳目を楽ましめ間接に風俗改良を図るにあり（「讀賣新聞」明治二十一年五月二十五日付）

こうして「旧来ノ寄席芸ヲ改良シ、上流人ノ鑑賞ニ供スルト共ニ風俗改良ニモ資センコトヲ目的」（『渋沢栄一伝記資料』第二十七巻）に改良演芸会の建設が予定された。場所は日本橋区蠣殻町三丁目十一番地（旧津山藩中屋敷）に決まった。

健全なうつわを造ることが第一義であったから、改良演芸会は、会の名前というより建物の名称である。別名、友楽館という。

竣工は、明治二十二（一八八九）年六月、設計者はジョサイア・コンドルに建築を学んだ中村達太郎、施工者は清水満之助。外観は洋風建築だが、内部は和洋折衷である。二代歌川国貞による浮世絵「東京改良演芸会之図」をみると、客席に土間と桟敷があって、観客は椅子ではなく、敷物をのべて座っている。入場料はやや高額で、「特別客」が三十銭で、「普通客」が十銭だった。演芸を生業とするほぼ全ての諸芸大家がこの改良演芸会の発起人になっており、伯円も円朝らとともに名をつらねている。

国の方針に乗っただけでなく、伯円と円朝は真剣だった。彼らにとっては、上中流も大衆も関係なく、たるんできた芸を改良したかった。

近来寄席の方に種々なる弊風あり殊に猥褻聞くに堪へざる言を衆人稠座《ちゅうざ》の中に放ツて毫も顧みず終には古実に背き虚偽に流るゝを憂ひ（後略）（「讀賣新聞」明治二十六年五月二十二日付）

芸のないものが客のうけをとるために、下ネタや、卑猥な場面を多用に用いるようになり、それが次第にエスカレートして、いまや聞くに堪えないものになっていたのだ。

明治二十二年十月五、六日の両日、開業式が挙げられることになった。東京帝国大学総長、渡辺洪基《ひろもと》により「友楽館開館式祝詞」が読まれ、その後、諸演芸が披露された。伯円は舞台にあがらず、円朝、柳亭燕枝《りゅうていえんし》らとともに、両日とも後見としてひかえた。

鳴り物入りではじめられた改良演芸会であったが、芸の品位に変化をもたらせることは少なかった。改まらない弊風に嫌気がさして、円朝は引退を考えたほどだった。

一方、この改良演芸会時代、伯円はたたかわずに遊んだ。

伯円がまずこの友楽館で行った大きなもよおしは、講談大会ではなく芝居だった。明治二十四（一八九一）年九月二十七日から三日間、門派の垣根をこえた講談師による素人芝居を上演した。

水滸伝の豪傑、花和尚魯智深《かおしょうろちしん》を桃川如燕《ももかわじょえん》が、伯円は、『絵本太功記』十段目の初菊に扮した。『太閤記』は豊臣秀吉の物語だが、『太功記』の主人公は明智光秀である。とくにその十段目は哀切きわまりない場面として知られる。伯円が演じた初菊は光秀の息子十次郎の婚約者で、十次郎が必負の戦場に、あたら若い命を散らしにゆくと知りながら、出陣の直前に婚礼をあげ、重たい冑を袖に乗せて運び、夫の出陣の支度を助けた、いたいけない可憐な幼妻だ。その悲劇の幼妻を、女形の所作を身につけたわけでもない初老の大柄な男が演じる姿は、さぞかし爆笑を招いたに違いない。この日の伯円の艶姿は、藤島華僊《ふじしまかせん》による「松林伯円君の肖像」として『百花園』（二十号、明治二十五年六月二十日）に掲載されている。当時、生き写しと評判であったらしい。

伯円は、自分が女形を演じる滑稽さをよく知り、人に笑われるだけの余裕があった。

さらに、明治二十五（一八九二）年。伯円は、日頃愛顧を得ている客への感謝と、チャリティーのため、みずからの松林派の講談師一同および、落語家にも声をかけて「講談落語家芝居」を上演した。

ブラックにも声をかけた。演目は『鈴ケ森』。親の同僚を斬殺し江戸に逃亡してきた十八歳の白井《しらい》権八《ごんぱち》は、途中、鈴ケ森で雲助《くもすけ》と争い、たまたまその様子をみていた町奴、幡随《ばんずい》院長《いんちょう》兵衛《べえ》が、権八の水際だった戦いぶりを見込んで後見を買ってでるという物語。白井権八は百八十人にのぼる人を手に掛けた大悪党だが、美男というので、芝居などでは色悪として人気があった。

ブラックに割り振られた役は、幡随院長兵衛であった。ブラックは最初断ったが、「お前がいなければ芝居にならない」という伯円に押し切られて引き受けてしまった。

出演者に台本が配られた。ブラックは、江戸弁と英語の完璧なバイリンガルだったが、日本の文字は読めなかった。そこで台詞をすべてローマ字表記にして、専門家に読んでもらい、一言一

「松林伯円君の肖像」藤島華僊画
（『百花園』20号、明治25年6月）

句違えず、せりふ回しまですっかり覚えてしまった。

来たる本番は明治二十五年八月十七日、春木座。演目は、『雪中梅』『本朝二十四孝《ほんちょうにじゅうしこう》』『鈴ヶ森』。『鈴ヶ森』の主役、白井権八は伯知がつとめた。伯知は、十八歳の白面の美少年、白井権八を演ずるのに、トレードマークのもうもうとしたひげ面というわけにはいかず、あきらめきれないひげを、首につるした絹の袋に入れて隠し、顔と袋の境目を白粉でぬりつぶした。ひげをしまった絹の袋は、伯知の顔に同化して、二重アゴのようにみえた。ブラックもまた見事な大根ぶりを演出した。普段はよどみない江戸弁を話すのに、わざと舌足らずな英語なまりで台詞を発し、大受けをとった。本格的な演劇をしたいのではなく、ともかく客に笑ってもらいたいのだから、珍妙なら珍妙なほどよかった。

伯円は、またしても美女の役で出演した。『本朝二十四孝』で、伯円は、武田勝頼《たけだかつより》の許嫁、八重垣姫を演じた。

伯円師の八重垣姫、画像に向った後ろ姿は水の垂れそうな美しさ、但し首筋の太さは牛のよう、チョボにつれて向き直った顔は塗りも塗ったり造作も判らぬくらい、その上名代の鼻ッピー、それで台詞《せりふ》は持前の塩辛声、申し分なき珍妙さに満場どよめいて笑いの渦巻

（山本笑月「鼻ぺこの八重垣姫」『明治世相百話』中公文庫、昭和五十八年）

しかもこの八重垣姫は、向き直ったきり塩柱のように動かなかった。実のところ、動かなかったのではなく鬘や衣装が重たくて動けなかったのである。

そんなふうであったが、舞台演出には惜しみなく金をかけ、綾瀬太夫に出語りを頼み、八重垣姫が婚約者を救うため、諏訪明神の使いの白狐が乗り移って諏訪湖をわたる場面では、狐を二十匹も使った。

よほど強い印象を残したのだろう。伯円の八重垣姫と、『鈴ケ森』のブラックはその年秋の浅草花屋敷の菊人形となった。菊人形は、頭《かしら》と手足は人形師が手がける人形で、胴体や着物は菊で表現される。このとき、伯円の頭を手がけたのは、生人形の名人、初代安本亀八《やすもとかめはち》であった。亀八の生人形はその名のとおり、恐ろしいほど精巧で、表情も質感も、まるで血が通っているようにみえる。つまり、菊人形になった伯円の八重垣姫は、気持ちが悪いほど細部に至るまで現物そっくりに作られていたということだ。ところが実物をみた伯円が「僕の鼻だってこれでは低過ぎる」（山本笑月『明治世相百話』）と抗議した。そこで名人亀八は、伯円のもとを訪問した。そして、おもむろに物差しをだし、鼻にあてて計測していった「それこの通りたったの二分しかない」。名人は実測をもって、自分の見立て違いでも、欠点を誇張したのでもないことを証明したのであった。ちなみに、長さの単位分における一分は、約三ミリである。

春木座の演劇は、客も話題も集めたが、舞台に金をかけすぎたのか、出演者は毎日かなりの持ちだしを強いられた。多い人は日に十数円から二十円の出費があった。伯知などは、評判がいい

「東京改良演芸会之図」国立劇場所蔵

改良演芸館（友楽館）
『明治大正昭和建築写真聚覧』
（文生書院、平成24年）所載

のにうかれているうちに二百円も損していた。

　なぜ、伯円はこんなもよおしをたびたびおこなったのか。ただの遊び、道楽にしては手間と金がかかりすぎている。考えねばならないのは、伯円がとらえた改良の意味である。演芸相互の垣根をなくし、粗悪でも猥雑でもないが、ただただお客に楽しんでもらえるものを提供する。そしてそれこそが、伯円の考えた改良というものであったのではないだろうか。

女弟子たち

現在の講談界は女流真打ちの数が男子を上回って活躍めざましい。明治期、またそれ以前にも、女流講談師はたしかに存在はしていたが、じつに稀であった。

明治十（一八七七）年の寄席取締規則によって女性が芸人となることが法的に認められはしたが、講談ではさほど女性は歓迎されなかった。そんな時世にも、伯円の門には女弟子がいた。

ひとりは伯盛《はくせい》という芸名で、明治二十二、三（一八八九、九〇）年ごろ、伯円門にいた。当時、十七、八歳であったという。美人ではなかったが、前座に使えるくらいの技倆はあって、初席は浅草弁天屋の昼席の前座で「宮本二刀伝」を読んだ。伯円は、彼女のためにとくに丈長のさげビラをだしてやった。しかし、客の受けが悪く「女の声を聴くだけで嫌だ」とまでいわれた。結局、伯盛は講談師をやめてしまった。

小円《しょうえん》という女の弟子もいた。事績はわからないが、明治三十四（一九〇一）年、東京市庁参事会議事室内で、伊庭想太郎《いばそうたろう》によって暗殺された星亨《ほしとおる》が、代言人時代、銀行家殺人事件の冤罪を防いだ名弁護『星亨誉の弁護　兇行事件の顚末』（至誠堂、明治三十四年）の速記が残る。

もうひとりの女弟子は、円月《えんげつ》といった。「讀賣新聞」（明治二十五年六月二十六日付）に消息が記されている。本名は福原深雪。父はかつて会津藩で剣術師範をつとめた二百石どりの藩士で、彼女も鎖鎌をつかったという。十五歳のとき、父とともに上京し、青山あたりの英学校で学んだ。英学校を卒業した深雪は、しばらく教師をしていたという。

フランス人の洋妾《らしゃめん》であったという噂もあり、また伯知によるとクリスチャンであったともいう。本人が依田学海《よだがっかい》に語ったことによると彼女の本名は福原ではなく松田深雪。実父生駒某は元会津藩士で戊辰戦争を戦ったという。明治四（一八七一）年にうまれた彼女は幼くして松田家に養女にだされた。松田家には姉がいて、婿をとった。ところがその婿が、北海道に行って帰ってこない。姉は夫を追って北海道に行ってしまった。残された円月は、教師をして生活をしのいだ。

そして、明治二十五（一八九二）年四月、何を思ったか伯円に入門を申し出た。

円月は、入門した年の八月の東京春木座の講談師芝居で末広鐵腸《すえひろてっちょう》原作の『雪中梅』にお春の役で出演した。二十日、これを観劇した学海は、

講釈師演劇を春木座にみる。雪中梅にて（中略）淑女お春を、円月女といへる伯円が門人これに扮せり。歳はなほ十六、七にや、技芸もまた良し。
（『学海日録』第九巻）

と好印象を持った。幕間に、伯円の楽屋に立ち寄り、円月にも会った。

円月は米坡《べいは》とも心やすき中なるよしいひき。伯円は、これを己が女《むすめ》なりといひしかど、実子

にや養子にや、しりがたし　（『学海日録』第九巻）

もちろん、実子でも養子でもなく伯円の冗談だ。伯円は、この才気煥発たる女弟子に、幼くして亡くした娘の成長した姿を重ねていたのかもしれない。円月が親しくしているといった千歳米坡は、学海が援助した男女合同改良演劇・済美館の女優のひとり。

円月は、美人というほどではなかったが、色白で、黒髪が美しく、このとき二十歳だったが、どこかあどけなく、十七、八歳（舞台では十六、七歳）にみえた。学海は、少女の面影を宿した円月に、同時代の女優たちとおなじ燃えるような魂をみいだし、「久米八《くめはち》の月華及び米坡・円月いづれも〳〵一奇女子なり」（『学海日録』第九巻、明治二十五年九月二日。月華は学海が久米八にあたえた雅号）と日記に記した。

八月二十九日、円月は学海宅を訪問した。学海は外出中で、妻の淑が応対してくれた。女同士の気安さか、円月は、芸人になった理由から生い立ちのこと、例の春木座の芝居では、円月にも日に五円の出費があり、これ以上の出費にたえられないので出演契約した七日を終えるとのちの出演を断った。そのことで、誤解をともなったくさぐさの悪評が立ったことに対する忿懣《ふんまん》までうちあけた。

学海との面会の目的を果たせなかった円月は、九月二日、あらためて学海の家を訪問した。今度は、学海は在宅していた。学海は、

「かゝる技芸をもて世を渡る女子は身もちよからぬものなれば、よく心せよ、又婦人の貞徳を守りて、必ずはしたなきふるまひすな」（『学海日録』第九巻）と訓戒した。しかし、円月はのちに、同門の先輩の伯遊（後の若円）と恋愛した。伯円からそのはなしを聞いた学海は、「果たして我言の如くなりしはいとあさまし」（『学海日録』第九巻）と失望を記している。

学海は演劇のご意見番として知られるが、講談師にもたびたび講演の助言を与えている。漢学や史学の堅実な学問の薫り高い助言である。円月が学海に近づきを請うたのも、知的な助力を求めてのことだった。彼女の恋人、若円もいくども学海からネタとなる物語を授けられている。伯円もまた、学海の学識の世話になっている。明治二十六（一八九三）年十月二十九日、伯円は、白峯神社懇親会に学海夫妻を招待した。白峯神社は、慶応四（一八六八）年、明治天皇が即位式に際し、讃岐から崇徳院の御霊をまねいて鎮座させたまだ新しい神社だった。崇徳院は、平安末期、第七十五代の天皇で、権力闘争に端を発した保元の乱に破れ、讃岐に配流された。かの地で崩御ののち、怨霊になったと伝えられ、上田秋成の『雨月物語』には魔王的存在として登場する。崇徳院の事績ついて読むよう依頼をうけた伯円はこの講演を友楽館で行うに際し、学海に保元の乱について教えをうけ、また参考資料を借りた。それゆえの招待だった。

この講演の二日後の三十一日、伯円は学海宅をたずね、改良講談について語らった。楽しい語らいであったらしく、学海の日記には「松林伯円来る。講談師改良の話に及びて殊におもしろかりき」（『学海日録』第九巻）とある。

それにしても、伯円の女弟子たちの末路はどのようなものだったのだろう。

当時、稼げなくなった芸人の末路は寂しいものだった。たとえば、若き日、関西の開化講談の旗手として伯円とともに活躍した石川一口《いしかわいっこう》の晩年は不遇だった。肋膜炎にかかり、手術をして事なきを得たが、療養を必要とし、しばらく高座にでることができなかった。快癒してからも体力が戻らず仕事ができないまま、休業しているうちに客の趣味が彼を置いていってしまった。面倒をみてくれる人もいなかった。結局、妻とふたり東京に戻って、落語に転向して何とか露命をつないだ。が、体調が悪化し、生活に窮して売れるものはすべて売った。入歯まで質に入れた。あまりの窮状をみかねて義援金が集められた。男性をしてこれであるから、いわんや女性においてをや、であろう。

円月にとって講談とは何だったのだろう。なぜ講談師の道を選んだのだろう。彼女は講談師としてデビューしたのち、米国に留学をしている。どのレベルの留学であったかはわからないが、この時代、しかも女性の洋行がたやすいことでなかったはずだ。当時の女性に開かれていた門戸は狭いとはいえ、それだけの学問とバイタリティーがあれば講談師のほかに、選ぶ道もあっただろう。彼女は、明治三十五（一九〇二）年にいまだ速記があり、講談師として活動していた。明治二十五（一八九二）年、二十歳で初高座として、円月はすでに三十歳。芸歴も長くなり、美貌や物珍しさで客を集められるものではない。女講談師として実力で受け入れられていたのだろう。

だが、その晩年がどのようなものであったのかはつまびらかでない。伯円の孫弟子にあたる女弟子もいた。松林《しょうりん》伯鶴《はっかく》の弟子で潮玉といった。彼女はもともと丈国という講談師の妻であった。東京では受け入れられず、伯鶴の地方まわりについてまわって、前座を読んだ。そうしているうちに年をとった。伯鶴の歿後は、四国の遍路となったという。

対決・正論派対睦派

明治二十四（一八九一）年五月、講談界にはおもしろからぬ風が吹いていた。かねてから、数軒の一流講談の席亭主人らが「睦《むつみ》」という組合をつくっていた。どのようなきっかけか、睦派は、組合外の席亭（下谷竹町藤堂邸跡、本所緑町、八丁堀馬場等の講談定席）に出演した講談師を、満一年間、睦派の席亭に出演することを禁ずることを一方的に定めて講談師側に通達してきた。このとき睦組を結んだ席亭は、上野広小路の本牧亭、牛込の鶴扇《つるせん》亭、筋違の白梅亭、神田小柳町の小柳亭、両国の福本亭、馬場の常磐亭、瀬戸物町の伊勢本亭、土橋の大黒亭、浅草の金車亭、中橋の松川亭、八丁堀の住吉亭の計十二軒《ママ》（「朝日新聞」明治二十四年五月九日付）。

今村信雄《いまむらのぶお》（「講談盛衰記」『講談研究』）によると、ことの起こりは、婿舅間の喧嘩である。辻講釈師・蜻蛉切の平八という老人が、弟子の小平八を養女の婿にして、ともに稼ぎ、下谷佐竹原に宝集亭という寄席を建てた。しかし、金銭のことでもめて小平八は離縁になった。小平八はかつての舅へのあてつけですぐ近くに寿亭という寄席を開いた。かんかんに怒った平八は、たまたま宝集亭にでていた柴田南玉《しばたなんぎょく》と、右円に、寿亭に芸人がでないように取り仕切ってもらいたいといった。ふたりは面倒なことを頼まれたと思ったが、宝集亭は睦派の有力な席亭であったので、機嫌を取り結ぶ必要があると考えて引き受けた。そこで、寿亭に出演していた旭堂南慶《きょくどうなんけい》に、宝集亭の顔を立てて寿亭にはしばらくでないよう頼みに行った。ところが、これが南慶を激怒させた。右円らはひとまず引き下がって、宝集亭に報告した。平八は報復として、寿亭に出演した芸人、またその芸人と同席した者を睦の席にかけることを禁じることを講談師一同に告げた、というのだ。

実際はどうだったのだろう。睦派の席亭は、講談界で大場《だいば》と称される一流どころが多い。ターゲットにされた席亭の所在地三箇所のうち下谷竹町は、明治になって、繁華街としてさかえた場所で、講談席も多かった。ほかの二箇所は不明だが、「讀賣新聞」（明治二十四年五月八日付）には「下等の講談定席」とあるから、大衆向けの寄席が集まっていたのだろう。繁華街の大衆向けの娯楽の場だから、うけをとるために猥雑なことも語られただろう。もしかすると大場の席亭主らは、改良演芸会に賛同したつもりであったのかもしれない。

ともかく、この決定は講談師に相談もなく行われ、睦に指定された高座にでた桃川如燕《ももかわじょえん》、松林《しょうりん》伯鶴《はっかく》らは突然に睦の席亭に出演を拒否された。松林伯鶴は、師に上申した。伯円は激怒した。鑑札を持った芸人がどこで演じようと勝手であるのに、芸人の自由をうばい席亭に隷属させる行為だと断じたのである。

松林若円《じゃくえん》の記憶（「附録　円朝逸話」『塩原多助後日譚』芳村忠次郎、明治三十四年）によると、「睦」というのは、はじめ、三遊亭円朝《さんゆうていえんちょう》がはじめた総合演芸会の名であった。この「睦」には伯円も参加していた。それがいつのまにか、名を奪われ、席亭の談合の場となったことに円朝はたいへん憤って、一門の弟子たちともども、睦派の席にでることを拒絶したという。席亭の一方的な意思で出演の場を限定するということは、芸人の尊厳を傷つける、やってはならないことだったのだ。すぐさま講談界のおもだった人が集められ、対策が講じられた。そこで、正論派という一派を形成して対抗することになった。このとき、正論派に加わったのは伯円とその弟子伯知、伯鶴、若円、睦の寄席の出演を拒否された桃川如燕とその弟子燕林《じょりん》、一龍斎貞山《いちりゅうさいていざん》、小金井蘆洲《こがねいろしゅう》、三代目一立斎文車《いちりゅうさいぶんしゃ》と弟子の文勢《ぶんせい》。彼らは、逆に、睦の寄席への出演はこちらから断ろうとよびかけ、印刷物を刷って講談師全員に配った。睦に属した寄席でも、それほどの反発があるとは思いもしなかったのかもしれない。小柳亭と両国の福本亭がこれをうけて睦を脱し、とくに福本は、その後、正論派の本拠地として積極的に助力した。

一方、睦に与したのは、講談師の頭取をつとめていた神田伯山《かんだはくざん》、一門の神田伯鶴《はっかく》、伯龍《はくりゅう》、伯治《はくじ》、柴田南玉と弟子の小南玉《こなんぎょく》、伊東陵潮《いとうりょうちょう》、そして、松林右円。

右円は、睦に属す八丁堀の住吉亭の席亭主でもあった。しかし、今村信雄が述べたように婿舅の金銭トラブルのあおりをくって、あるいは席亭主の立場で、おつきあいでしかたなく加わったというわけではなく、かなり積極的な参画をしたようにいわれている。

睦の方の大将は初代柴田肇《しばたはじめ》当時の南玉で、参謀長格が後に三代目伯円になつた大宮庄次郎《おおみやしょうじろう》の右円です、馬喰町の常磐亭を本城にして此処が先方の寄合場所、此方の正論派は福本へ集まつて此処が本陣、すると先方は右円の指金で本所の上万、浅草の屋根屋の弥吉など、顔役

を味方に頼んだ　（四代目宝井馬琴「講談界昔話　百四十四」「都新聞」昭和三年六月二十二日付）

屋根屋の弥吉は、関口文七《せきぐちぶんしち》の芝居を上演するのに力を貸してくれた浅草の興行師にして侠客の親分だ。このときにはすでに引退し、跡目を継いだ鈴広が屋根屋をひきいていた。

屋根屋が登場するまでに、代議士や、東京府知事、東京全市の消防組頭、東京全市の博賭打の親分が仲裁しようとして失敗している。ついで、鳥越の警察署長が仲裁に打ってでようとしたところだった。

睦派は当初の要求を変えず、正論派も和解の条件として、睦の謝罪文を新聞に掲載することを要求して一歩も譲らなかった。

双方とも、感情的にねじれにねじれた。伯円らは、睦派と正論派の講談師の鑑札を分けてくれるよう、東京府庁に願いでた。東京府庁は、講談にだけ許せば、ほかの芸にも許さなくてはならなくなるからという理由で断った。すると伯円は、講談師の名を返上し、「大日本歴史読み」でも「御記録読み」でも何とでも変えていただいてけっこうだが、意見の添わない連中とはやっていけないといって反駁した。結局、役所は鑑札を分けることを認めなかったが、とめどもない争いがつづいて、もう泥仕合だった。

そうして、正論派と睦派の争いがはじまって、四年の歳月がたった。劣勢におかれた睦派は疲弊した。

ある日、右円は、伯円をたずねて詫び、どうか和解に力を貸してくれるようにと力添えを請うた。黙って弟子の話を聞き、暫時考えたのち、伯円はいった。

「だがなア右円、お前と乃公《おれ》は、長年の師弟の間だから、斯うして謝って来られてみりゃア、そりゃア許してもやりてえ、睦と正論の和解の出来るように骨を折ってもやりたいと思うが、そこだ、知っての通り、正論派じゃア初めっから云う事が極っている……」（今村信雄「講談盛衰記」『講談研究』）

新聞への謝罪文掲載のことである。右円もそれは心得ていて、睦派ではなく、自分の名で謝罪文をだす考えだという。伯円は納得して、正論派の中心人物たちに口をきいてやった。

こうして、明治二十七（一八九四）年九月七日、両国の中村楼において、厳粛な和解式が行われ、四年の歳月を費やした正論対睦の争いは幕を閉じた。しかし、師や同門と対立した右円に対しては、裏切りものの印象が残った。げんに、からいた（石谷華堤）「講談師五先生」（『文芸倶楽部』十一巻十一号、明治三十八年八月）では、「既に先年の正論睦の大葛藤も、騒動は先生（引用者注・右円）が源で、席亭と気脈を通じて出席芸人を株式組織の下に支配しやうとしたのである」と騒動の元凶のように扱われている。

還暦をむかえた伯円と、成長して、独自の芸風や考えを発揮しはじめた弟子たち。波乱の予感はすでにあった。そして、とくに、右円の強引な性格が、のちに松林派の運命を狂わすことになる。

最高の栄誉、御前講演

話は前後するが明治二十五（一八九二）年の初夏のこと、五十九歳の伯円に望外の栄誉が舞い込んでいた。

新築の普請が完了を祝して東京麴町区永田町の鍋島侯爵邸でもよおされる、明治天皇の臨御を仰いだセレモニーの余興として、鍋島家より天皇の御前での講談の依頼があったのである。内命を受けた伯円は、「身に余る面目に感泣して御受をし」（関根黙庵『講談落語今昔譚』）た。

当日の七月九日、伯円は「斎戒沐浴、仕損じ過失のなからん事を、神仏に祈り、今日を晴れなる身の誉れ、早くより鍋島侯邸へ伺候した」（関根黙庵『講談落語今昔譚』）。そして、鍋島邸の芸人控所で出番を待ちながら、四十年前、自分の将来を案ずる伯母と話したことを思い出し、胸いっぱいに思った。「何んでも私は必ず講釈で名を揚げますと、立派に対《こた》えたのを、反古にしないやうにと修業した甲斐あツて、今しも難有い御召に預かツたからには、最早私も死んでも宜い」（「松林伯円経歴談」『文芸俱楽部』第五巻第二号）。

『明治天皇紀』（第八巻、宮内庁編、吉川弘文館、一九七三年）によると、明治帝一行が宮城を出立したのは午後一時半。東京麴町区永田町鍋島邸に向かった。

ちなみにこの鍋島邸の場所に、今は、総理大臣官邸が建っている。この明治二十五年に建った煉瓦の洋館は、大正十二（一九二三）年の関東大震災で大破し、鍋島家はこの土地を政府の復興局へ売り払った。その後、大正十五（一九二六）年に現在の旧総理大臣官邸が建てられた。

その日、鍋島邸で用意されていた明治帝歓迎のもよおしは、講談だけではない。まずはホストのご挨拶があって、「皇宮警察及び府下警察署員の居合、小太刀形及び剣術試合数十番、柔術二番並びに東京大相撲協会の相撲等を順次ご覧あり」（『明治天皇紀』第八巻）と警察官による武芸、相撲の観覧。

それが終わると、今度は屋敷の三階にのぼって品川湾を見物した。海を眺めながら休憩といったところか。七時十分には親王たちや、内閣総理大臣及び、諸大臣等の貴顕高官とともに晩餐。食後に、春風蝶柳斎《はるかぜちょうりゅうさい》（のちの三代柳川一蝶斎《やながわいっちょうさい》）の奇術の披露があった。

そして、その日の最後のもよおしが、伯円と、初代桃川如燕による講談であった。少なくとも、このとき夜の九時をまわっていただろう。朝から伺候していたなら、ずいぶん待たされたことになる。

拝礼ののち、伯円が顔をあげると、七、八間を隔てて玉座がもうけられている。

かつて、天皇を「至尊」といった。もっとも尊いもの、という意味である。神仏のように、いや、もしかしたら、当時の人々がそれよりもさらに尊いと感じたものが、たった十数メートルさきにいて、自分の声に耳を傾けている。それは光栄であることを越えて恐ろしいことだ。しかもその「至尊」の御前で芸を披露するということは、己一人の誉れではなく、過去、現在、未来に至る講談に携わる、すべての人の栄誉をになうことである。

とはいえ、明治帝の御前で講談をしたのは、伯円が最初ではない。この日、伯円とともに召された桃川如燕《ももかわじょえん》は、すでに明治二十一（一八八八）年からたびたび御前講の栄誉によくしている。十七歳で真打になった天才如燕も、さすがに最初、この重たすぎる名誉に震えがとまらなくなり、気付けに酒を一杯所望して、ふすま越しに講演に及んだという。

この日、伯円が明治帝の御前で読んだのは、「豊臣秀吉」「赤垣源蔵《あかがきげんぞう》」そして「楠公桜井駅決別《なんこうさくらいえきのけつべつ》」。桃川如燕が読んだのは、「鳥居強右衛門《とりいすねえもん》」と「楠の泣男」という。天皇の御前で、世話物などの軽いものが読まれるはずがない。選ばれた読み物は忠と義に彩られた、男たちの汗と血のにおいのする闘いと死の物語だ。「講談師」ではなく「軍談読み」の格式で挑んだのだ。

赤垣源蔵は赤穂義士のひとり。吉良邸への討ち入りの前夜、降り積む雪のなか兄にそれとなく別れのあいさつに行ったがあいにく留守であった。そこで、兄の羽織を前に盃を交わして別れを告げた「徳利の別れ」が知られる。そして「楠公桜井駅決別」は、都に敵の足利軍を招き入れて新田義貞の軍勢と挟撃するという作戦を退けられた楠正成《くすのきまさしげ》は、死を覚悟し、神戸に転進した。そして、最後の出撃を前にして、息子政行《まさつら》に後事を託して別れを告げる場面である。これを読み終えて下がると、さらにもう一席のご所望があり、その後、正成がわずか七百騎で足利軍数万の軍勢を翻弄したが、ついに力尽き、残ったわずかな手勢と弟正季《まさすえ》と「七生報国」を誓い合って刺し違えて果てるまでを描いた「正成湊川の忠死」を読んだという。

渾身の力で読んだ。常日頃、高座で汗をかくことなどなかったのに、このときは総身に絞るほどの汗をかいた。侍従にこっそり、汗をふいてもよいと声をかけられるほどだった。

明治天皇は、おそらく、伯円よりも如燕のひいきだった。如燕は計三回の御前講のお召しがあり、天皇自身「如燕坊主の講演は面白い」（長井実、田中英一郎編『先帝と居家処世』九経社、大正元年）と上機嫌で周囲に語っていたという。

しかし、こと御前講に関しては、たった一度限りであった伯円の扱いの方が重い。『講談五百年』では、この日の伯円の講演をもって講談のひとつの完成としている。

道義を使命として発生したものが、芸に転化し、芸として一まづ完成され、それが明治の時代に至つて、道義と芸とが渾然たる一体となつて、日本独特の口話芸術として「講談」は完成されたのである。

その完成された形を、二代目松林伯円の『楠公桜井駅訣別』に見るのである。

（佐野孝『講談五百年』）

分刻みの日程を終えた明治天皇が、ホストの鍋島直大《なべしまなおひろ》夫妻と盃を交わして退出したのは、夜中の十二時である。

伯円は、この日の慰労に宮内省から十円の褒賞を送られた。

大事を終えた翌日、伯知がたずねてきた。伯知は、すでに世間で御前講のことが噂になっていたので、会えば伯円が何か話すだろうと期待したが、いつまでたってもそのことに触れようとしない。じれったくなって問い詰めると、

「実は昨日鍋島邸に於て恐れ多くも　天顔に咫尺《しせき》して楠公を口演いたしたが、然し是等は口にいたすも恐れ多い事であるからお前方にも話をせずに居た」（『御前講談』民友社、大正元年）。

と重い口を開いた。古参の弟子にさえ気軽に告げることができない、罪のように重い栄誉だった。

記念碑までは建たなかったが、この日のことを、講談界は記念した。

大正元（一九一二）年、この明治二十五年の御前講演を含め、如燕のこのときのほか二回の明治帝の御前で読まれた講談を再現し、速記本にして刊行しようという企画が民友社からでた。しかし、当事者であった伯円も、如燕もすでにこの世にいない。やったのは直弟子である。如燕の代わりは二代目桃川如燕。伯円の代わりは三代目松林伯円、となるべきところ、三代目を継いだ松林右円は講談界を追われていたので、伯円の代わりは伯知が読んだ。あの日の演題を、両名はかつて師に教わった通り、師の読み口をまねて読み、速記は、『御前講談』と題されて刊行された。

大正二（一九一三）年九月二十九、三十日の両日には牛込巴館夜席で、二十年前、如燕と伯円

が明治天皇の天覧にあずかった記念講演がもよおされ、やはり二代目如燕と、伯知が出演した。

その余興で、ふたりは「「十八ヶ條」の掛合」というものを行っている。「十八ヶ條」とは忠臣蔵の「大石良雄十八ヶ条申開」であろう。掛合というのは、明治末期にはやった講談や落語の余興で、芝居のように、登場人物ごとのセリフをふたりで掛け合うのである。講談では安宅の関の関守・富樫と、弁慶のあいだで交わされた「山伏問答」でよく行われた。

終わってわずか数年にして古きよき時代になってしまった明治の記憶である。

伯円の御前講を頂点に記念して、講談の全盛時代にかげりが生じていた。いや、講談というより、日本という国家が変質を遂げようとしていた。

乗り遅れたる渡船《わたし》かな

明治二十七（一八九四）年、日本は日清戦争に勝利した。このころから、日本の何かが変わったと岡本《おかもと》綺堂《きどう》はいっている。


明治の初年から二十七、八年の日清戦争までと、その後の今日までとで、政治経済の方面から日常生活の風俗習慣に至るまでが、おのずからに前期と後期に分たれていた。

明治の初期には所謂文明開化の風が吹きまくって、鉄道が敷かれ、瓦斯灯がひかり、洋服や洋傘やトンビが流行しても、詮《せん》ずるにそれは形容ばかりの進化であって、その鉄道にのる人、瓦斯灯に照される人、洋服をきる人、トンビをきる人、その大多数はやはり江戸時代からはみ出して来た人たちである事を記憶しなければならない。

（『江戸の思い出』河出書房新社、二〇〇二年）


何が、どう変わってしまったのか。綺堂の述懐を読むと、経済や風俗といった外面的なものだけとは思えない。

ちょうどそのころ、伯円が、佐藤私遊と竹本《たけもと》小住宛《しょうじゅう》に送った手紙が残っている。発見しえた伯円の唯一の筆跡である。竹本小住は女義太夫の太夫か（『女義太夫名花評判記　東都芸苑』永井政一、明治二十四年）。佐藤私遊はよくわからない。

目下支那御征伐我国者
大勝利ノ吉報ニ而も何ト無ク
淋しく各席ノ不入驚入候只々
川上ノ芝居ノミ可成ニ御座候流石
流行ノ娘上るりモ時節ニ的
当セヌよふす落語者皆無ノ
有様　我田引水論ニ似タレド
講談者少シ枯木ニ花咲の
景況ニ御座候夫も日支事件ヲ
講演スル者計り我松林派ニ
多数ニ御座候御休神可被下候早ク
貴君御帰京ニ相成候ハヽ、御相談ノ
上面白き工風仕度ト呉々も
存居候目下小生木原店ニて

昼席者日清ノ新談ニテ可成
ノ来客ニ御座候夜者明晩より
本牧亭へ出張仕候其他忙中
無異常候　間尊意易思めし
可被下候

（「松林伯円書簡：佐藤私遊・竹本小住宛」早稲田大学図書館所蔵）

戦争に勝ったというのに、寄席は不入りだった。これは、時勢をはばかった国民が、遊興の一切をみずから禁じて自粛したことによるのだが、そのため、行楽地に人が絶え、寄席はさびれ、流行りの娘浄瑠璃（女義太夫）も、落語もだめ。「川上ノ芝居ノミ」云々というのは、川上《かわかみ》音《おと》二郎《じろう》一座が、日清戦争をもとにした戦争劇を浅草座でかけて一人勝ちの大人気を得たことをさす。

講談はそれなりに客を集めているが、客が入るのは日清戦争物ばかり。伯円自身も松林派の弟子たちも日清戦争を読んでそれなりに客をよんでいながらも、文面からはどこか拭いされぬさみしさが漂う。これが世のなかが変わったということなのだろうか。何がとははっきりとはいえないが、吹いてくる風が変わった。風はもはや、かつての芝居のなかのまどろみを宿してはいない。潤いと夢の香りを失った現実の乾いた冷たい風だ。

実地を経験したということが重視され、芸人、役者のあいだで従軍が流行しはじめていた。この傾向を伯円は苦々しく思っていた。どれほど戦場に肉薄したかもあやしいのに、ほんの数日従軍した、という事実のみにあぐらをかいて客を集め、情報を分析・構成しなおし、臨場感をあたえて語るという本来の技術を磨こうとしない昨今の傾向に腹を立てていたのだ。戦地からじゅうぶんな情報がもたらされるようになると、伯円は、講談師がジャーナリストのまねごとに戦地に乗り込むなど愚の骨頂と考え、ややもすると戦場へ行きたがる弟子たちをいさめていた。

地図といふ有難い者があり、専門の戦争雑誌があるのに、態々《わざわざ》戦争を視ねば一席も読めず、いや実地見て来てさへ満足に読めるものがない、実に下手ほど恐ろしいものは無い

（「故松林東玉伝」『天鼓』第三巻）

伯円は公開された情報をすみずみまで利用した。地図をみて、里程をはかるために算盤をぱちぱち。あまりに熱心なので、事情を知らない人が金の勘定をしているものと思い、よほど暮れの支払いに苦慮しているらしいと勘違いされるという滑稽もあった。

明治三十七（一九〇四）年の日露戦争の折には、すでに隠居していた伯円は、弟子たちを集めていった。死の数日前のことだった。遺言といってよい。

近頃は動《やや》ともすると従軍講談師などゝ銘打つておどかすが、元来見ぬことを見たやうに喋舌《しゃべっ》て聞かせるのが我々の本色ではないか、其れを見て来なければ喋舌れないなどゝは実に不自

由千万な話だ。少し極論だが太平記や源平盛衰記などは、実地見ないのだから巧く喋舌れないと云つて済まうが、仮令《たとえ》見ぬ世の事までも、宛然《さながら》目に見えるやうに演《や》るのが伎倆《うで》なのだ……従軍講談師で候ふなど、大袈裟なことを云つて、戦地に僅か二三日しか居ぬ者に何で状況《ようす》が知れて堪るものか

（空板生「枯松葉」『文芸倶楽部』十一巻四号）

しかし、伯円の最後の教えは、弟子たちの心にさほど響かなかった。師の歿後、伯円の弟子たちの何人かは、勇んで戦場へでかけて行った。森林黒猿《もりはやしこくえん》は伯円の生前にも北清事変を観戦し、「日本の旗風」として講演、速記が「都新聞」に連載された（明治三十五年から三十八年にかけて田村書店より再刊。従軍講談師　森林黒猿とある）。先の伯円の言葉は黒猿をあてこすったわけではなかろうが、黒猿は日露戦争にも従軍した。ちなみに黒猿は長命に恵まれず、明治三十九（一九〇六）年、脳梗塞で死去。四十四歳。

松林伯鶴《しょうりんはっかく》も黒猿同様、盛んに従軍講談を行った。日清戦争では軍艦扶桑に乗船させてもらった。当時、従軍記者の身分が確立しておらず、戦いの役に立たない伯鶴は、邪魔者の犬のような扱いをうけた。が、副艦長がたまたま同郷の知人であったため、扱いはいささか改善した。日露戦争には「法律新聞」の通信員として従軍を果たした。戦場に向かう船中、無聊《ぶりょう》をかこつ同僚のために講談を披露して、事情を知らない人たちに「法律新聞」は講談師を連れて従軍するとは豪勢だと苦笑された。

働き盛りの弟子たちにとって、師の遺訓よりも、時代の流行のほうが重要だったのだ。

伯円の気分を沈ませたのは、気に入らぬ従軍講談の流行だけでなく、どうも体調がおもわしくなくなってきた。六十歳に近くなってから、持病が起こることがたび重なった。「脳充血」だという。現代、脳充血といえば、過労や、興奮、飲酒、あるいは心臓や肺の疾患のため、一時的に脳の血流量が増えて、頭痛や吐き気などを催す。重症の場合は、意識喪失や、けいれんを起こすこともあるという。発作がおこったときは、ともかく安静が必要という。症状はすでに数年前からあり、明治二十五（一八九二）年、脳充血の発作に襲われた伯円は、三十間堀の医者で治療を受け、症状が回復すると、療養のためのんびり旅にでた。このときは、奈良の吉野の里に観桜にでかけていることをみるとさほど重篤な症状とも思われないが、その後、脳の病で倒れることを考えれば、何か前兆のようなものであったのかもしれない。

明治三十（一八九七）年九月、伯円は京橋区木挽丁九丁目六番地に転居した（「東京朝日新聞」明治三十年九月三十日付広告）。

伯円の家は賑やかで、犬を二匹に、猫を十二匹も飼っていた。こどもがいないなぐさみにかわいがっていたが、猫は放置するままに増えてしまった。

やってきた記者に、「講談界の泰斗《たいと》、「年は老つても芸に皺は寄せない」と、相変らず気燄万丈、虹の如くである」（増永徂春『当世楽屋雀』盛林堂、明治三十五年）と書かれた。本人の意気込みどおり、その身にたたき込んだ至芸は、加齢ごときで衰えるものではなかった。

ただし、肉体は衰える。もともとさほど丈夫でもない。

壮年から初老のころの夏の湯治は、休養半分、消暑の遊山半分のことであったろうが、年をとると、さらに寒さが苦手になって、十一月から一月の三カ月間はほとんど高座を休んだ。つまり、夏の一、二カ月に冬の三カ月を休んで、一年の半分ほどしか高座にでられなくなった。

このころのことだろうか。興行のため岐阜に行ったとき、ともなっていた円玉に、ふと伯円がこぼした。

「自分はこれ迄金といふものをなんとも思はなかつた。要るといへば人が持つて来るものだと思つてゐたが、老境に入つても子供は無し、今後どうなるか分らぬ。今年になつて始めて金はまさかの時に必要なものであることが判つたから今年から少し貯えといふものをする」（「講談中興の名人　松林伯円」『国本』第十五巻第十号）

一貫して強気の人生を送ってきた伯円も、体の衰えとともにどこか心細さを感じるようになっていた。

また、長く年齢をかさねれば、必然的に多くの人をさきに見送らねばならなくなる。明治二十六（一八九三）年一月には河竹黙阿弥《かわたけもくあみ》が七十八歳で世を去った。翌年十一月八日には、仮名垣魯文《かながきろぶん》が六十五歳をもって卒去した。ともに御前講の名誉をわかちあった桃川如燕《ももかわじょえん》も、明治三十一（一八九八）年、富竹の系列亭、丸竹で講演中に急病を発し、本所横網の自宅にたどりつくことができず、途中の木挽町にあった弟子の家で亡くなった。息を引き取るまで、得意の『百猫伝』をうわごとに弁じていたという。天保三（一八三二）年うまれの如燕とは、ほぼ同い年で、ともに明治の講談を支えた。かつて年に二度の講談の大家の集まりで同席した。そして、芸を磨き合う充実した時間を共有していたこともあった。出席者たちは「曽我物語のどこを先生は斯う読むが、私は斯う読む、イヤ其方が時代に合ふとか、其時勢に然う云ふ風采は無いとか云ふやうな事の話を為《す》るのを楽みにして居りました」（桃川燕林講演「桃川如燕の伝」『名家談叢』第三十九号、明治三十一年十一月）という。

そして、またひとり。

明治三十三（一九〇〇）年の夏、三遊亭円朝が死の床についていると知り、伯円は、下谷広徳寺前の円朝宅に出向いて病床を見舞った。

伯円と円朝は、無名時代の若いころ、おなじ貧乏長屋に壁一枚をへだてて暮らしていた。講談と落語の違いはあれど、おなじく芸にはげむふたりは、やがて義兄弟のちぎりを結んだ。しかし、貧乏がつのって二朱三百の家賃を払うことができず、ついに立ち退きを要求された。ふたりは、互いに芸の道に精進することを誓い合って別れた。という伝説がある。松林若円は、「円朝と伯円、両人は壮年時代一つ長屋に壁を隔てヽ住居を同じうし何れも貧を託ち居りたるが其頃両人は兄弟分の水盃をなし義を結びたるやにて間もなく僅か二朱三百の家賃延滞の為め両人共に店立《たなだて》を喰も泣々袂を別ちたるも交情は数十年後の今日迄少しも変らず」（「附録　円朝逸話」『塩原多助後日譚』芳村忠次郎、明治三十四年）といっている。また、速記者の若林玵蔵《わかばやしかんぞう》の証言があり、また「朝日新聞」（明治三十三年八月十四日付）にもおなじような記述がある。事実ならば講談と落語、頂点をきわめたふたりの無名時代を飾る麗しいエピソードだが、残念ながら真実ではない。

伯円と円朝のあいだには七歳の年の差がある。円朝が真打となった安政二（一八五五）年、伯円は二代目伯円を襲名して人気絶頂であった。かけだしの円朝からすれば、すでに見上げるような巨匠だった。

道具噺（舞台装置や鳴物を使った芝居仕立ての落語）で人気をとってどうにか真打になったばかりのころ、道具、鳴物の準備をしてあったネタをさきに素噺（道具や鳴物をもちいない落語）で演じてしまうという師匠円生から嫌がらせをうけた円朝は、家に帰って母親に「お母さん私は落語家《はなしか》はやめます、講釈師になります、伯円の弟子にならうと思ひます」（「円朝遺文」『円朝全集　巻の十三』春陽堂、昭和三年）といった。若いころの円朝にとって、伯円は、そういう存在だった。

また、空板生「松の朽葉」（『文芸倶楽部』十一巻五号、明治三十八年四月）には、「二人は少壮時代から互に親交を結んで、殆ど兄弟の如く近しく相往来して居た。嘗《かつ》て徳川十三代将軍家定《いえさだ》公が薨去せられて、六十日間鳴物停止の令が下つた時、円朝の方は色物の事であるし殊に当時芝居咄をして居たので、此間休席して非常に弱り返つたが渠《かれ》の方は講談故依然興行を続け得られたので、円朝の窮乏を気の毒に思つて、日々揚高《あがり》の幾分を割て円朝に送つたのは稼業柄に似ぬ殊勝な話である」とある。実際このご停止《ちょうじ》中、伯円はみずからも暮らしに窮して川に身を投げようとしたくらいであるから、円朝を援助していたというのが事実であるかすこぶる怪しい。実際にどれほどの交流があったのか、伝説ばかりで書簡も記録も残らない。

とはいえ、こんな伝説が、まことしやかに語られつづけたからには、ふたりのあいだにはかつて苦楽をともにしたかのような親しげな空気があったのだろう。

それぞれ斯界の泰斗として、同席する機会は多かった。新聞に残る最初の交流は、明治八（一八七五）年二月十一日。円朝が師匠円生の法要のため、所蔵の幽霊画五十余幅に、会場を貸した柳橋の柳屋所有の品を加えて百幅の幽霊画をかけて、幽霊会と称する展覧会を行った。このとき、伯円も参加して怪談を読んだ。

怪談といえば、明治二十六年、条野採菊《じょうのさいぎく》主催で行われた「百物語」の会に、円朝らとともに招待をうけている。伯円は体調不良のため参加はできず、速記のみ送った。

伯円が送ったのは、下野国河内郡薬師寺の富裕の郷士、野口伝五左衛門に嫁いだ伯円の姉が経験したという物語だ。ある晩、ひとりの尼が野口家にやってきて一夜の宿をこうた。彼女はもとの名を雪子といって、さる大名家の妾だった。その大名の奥方が死に瀕して、殿様の寵愛深かった雪子を枕頭に招き、自分の亡き後のことを託したのち、最後に庭の桜がみたいという。死にゆく人の望みをかなえるため、雪子が奥方をおぶって庭にいくと、奥方は突然、病みやつれた両の手で雪子の乳房を摑んだ。そして、哄笑して息絶える。奥方の両の手は死しても雪子の乳房を離さず、止むを得ず亡骸を切り離したが、手は死なず、数十年の歳月が経ってもなお雪子の乳房を苦しめつづけているという。この物語は、のちにラフカディオ・ハーンの心を摑んで「因縁話」という

『奇談』の一編となった。

円朝の高座は伯円も聞きに行っており、『牡丹灯籠』では幽霊に下駄を履かせたところがいいと円朝を誉めた。また口調が丁寧なのがさすがだという。伯円は円朝を真の名人と認めていた。

かりにも名人と呼ばれ、上手と云はれるものはあやふやの修業で成られるものではない、今で申《もう》せば三遊亭円朝とか、春風亭柳枝とかは真の名人ですが、もう此後は此位の名人は出ますまい、それで私は平生憚からず謂ふのです、これからは器用な人、上手な人はいくらも出ませうが、真の名人と名《なづ》くるものは出来ないと思ひます。

（「松林伯円」『文芸倶楽部』第四巻第一編）

伯円と円朝の、困窮時代、苦楽をともにしたかのような親しげな雰囲気は、苦心に苦心を重ね、艱難に艱難を積んで名人になったもの同士の共感のようなものであったかもしれない。

この明治時代を代表する落語と講談の巨匠はしばしば比較されるが、作品と芸の優劣は知らず。ただ、末期に及んでの幸福は、伯円は円朝に及ばなかったかもしれない。円朝は、稀にみるほど弟子たちに献身的に看取られ、幸福に逝った。

円朝の病は進行性麻痺であったという。大脳に生じた障害のせいで脳機能が低下、歩行困難を生じ、言語障害、やがて呼吸、嚥下に故障が生じる。現代に至るまで発症の原因は不明。この病気には認知症の併発もみられるが、障害は軽微という。円朝も、最後まで弟子たちの名や顔を記憶していた。ただ、意識が混濁することがあり、うわごとや妄言をいうことがあった。

伯円が見舞いに来たとき、円朝は、「だれかが私を殺しに来るようだ」とか「だれかが懸け合いに来る」などと話したという。

弟子たちは誠心誠意、献身的に師を看病した。仰臥しているのが厳しくなると、手製の寝椅子をこしらえた。師匠が季節外れの夏みかんが食べたいといえば、町中をかけずり回って探しだした。下谷広徳寺前に移り住んだ年、円朝は両国川開きの花火がみたいといった。弟子たちは、師匠をおぶって二階にのぼり、庭で小さなおもちゃの花火をあげて、手製の川開きを行って師匠をよろこばせた。

八月十一日の深夜二時、円朝は息をひきとった。高弟の円生《えんせい》、竜生《りゅうせい》、円楽《えんらく》らは、臨終の瞬間まで師の手をとっていた。

伯円は、長年の盟友の死に対し、哀悼の一句を霊前に捧げた。

花の友乗り遅れたる渡船《わたし》かな

（空板生「松の朽葉」『文芸倶楽部』）

円朝をさきに送った伯円は、その後、なお五年の余命を保った。

余生

幕末以降、講談の人気を築き、支えてきた伯円の胸にも、これまでの前のめりの活躍とは相容れないうすら寂しい思いが去来していた。

明治七八年頃から、私は改良講談の旗を樹《た》て福澤さんから、堀龍太《ほりりゅうた》といふ人や其外一二の人を頼んで戴いて……尤《もっと》も自分は学問も何にもありませんから、澤太郎左衛門《さわたろうざえもん》さんや、田辺《たなべ》太一《たいち》さんを問屋にして、西洋の面白い譚《はなし》や、日本の昔譚を種に、張扇を廃して、椅子テーブルとして改良講談をおッはじめて見ました……其内心と云ふは私からさうしたら、外の者も自然について来るだらうと思ツたので、処が誰れもついては来ない、ついて来る者は一人もなかツた

（酔如来「緑蔭茗話　松林伯円」「讀賣新聞」明治二十九年五月二十一日付）

高座にテーブルを用いることはひところ流行ったようだ。「郵便報知新聞」（明治十一年十二月八日付）には、席亭が客うけが悪いからといって、伯円や円朝にテーブルを用いるのはやめてくれるように談判したとあるほどだ。だが、椅子テーブルを用いて演説口調でやれば改良講談が実現するというわけではないだろう。形のみ真似しても、よくて二番煎じ、多くは、へたくそな模倣

にしかならなかっただろうが、伯円は時代をもっとリードすることができると思っていた。結局は、何を変えられたというでもなく、伯円の芸とキャラクターがあって成立していたのだ。

老境をむかえ、伯円の心にきたした、疲労とも、徒労感ともいえる感情が、言葉の端々にみられるようになる。明治三十二（一八九九）年の暮れ、明けて六十七歳になる伯円は、「初春の速記」のインタビューで、日本橋区久松町十五番地の伯円宅を訪れた速記者の小野田翠雨《おのだすいう》に、こしかたを振り返り、こういった。

横文字一ツ読めない身体でありながら、生意気にも西洋風の講釈師だと名乗り掛け、椅子を扣《ひか》へテーブルを前に置き、先づ今云へば多くのお客を瞞着《まんちゃく》して、種々の材料を集め、開化講談と看板を上げましたら、僥倖《さいわい》にも大層の人気にかなひ、一時に虚名を売りました、高慢な事を言ふやうだが、拙者の出席する席の八町四方の客は、みんな拙者の方へ吸取ると云ふ勢で、自分でも不思議に思ふ位でした（中略）併し是れは一時世間を瞞着して、早く言えば大山師です。

（小野田翠雨「松林伯円の談話」『文芸倶楽部』第六巻第三編、明治三十三年二月）

客をおどらせていると思っていた伯円も、夢から覚めてみれば、客と同様、文明開化という名の狐狸に化かされ、一緒におどらされていたのかもしれない。だが、夢はもう破れてしまったのだ。

明治三十年代にはいると、全盛であった講談の人気はあきらかに衰えてきた。講談の最盛期であった明治二十四、五（一八九一、二）年には、東京府下に講談席は約八十軒。講談師は八百人を数えた。一年じゅう昼夜二席の興行を行っていつも満員だった（佐野孝『講談五百年』）。それから十年を経た明治三十六（一九〇三）年には、廃業したり、浪花節などに転職して、講談席は四十五軒に減少した（空板生「講談師社会」『文芸倶楽部』第九巻第十六号、明治三十六年十二月）。

そして、講談の人気のかげりとともに、伯円の芸人としての人生の終わりが予感されるようになった。明治三十四（一九〇一）年になると、新聞でちらほら伯円引退の噂がささやかれるようになる。山県有朋から「富嶽」の名をもらって、三代目伯円の名は右円《うえん》にゆずると、まことしやかに報じられた（「二六新聞」明治三十四年八月二十四日付）。実際は、引退についても、後継者についても何も決まっていなかった。が、こうした噂がひろまること自体が「終わり」が近いことの兆候だった。

さしもの伯円も、七十歳を間際にして、体の衰えが目につきはじめた。足下がおぼつかなくなり、席亭まではかならずおまんが付き添って来たが、小柄なおまんは大柄な伯円を支えきれず常に難儀していたという。

その頃稍《やや》老体で、晩年であったためか、声もだみており白髪で大柄、芸人らしいスマートさはありませんでしたが、話はまことに面白く、芝居げたっぷりであったことが、記憶に残っております。しかし、老年のこと、少し長くなると、尿を催すことが多く、度々講演を中止して便所に立ち、時に廊下に洩らすことさえありました。

（天沼雄吉翁の思い出『講談研究』第百五十二号、『二代目松林伯円年譜稿』吉澤英明、眠牛舎より再引用）


その年の十二月、横浜の富竹に出演中、伯円は、突然倒れた。幸いにも命に関わるような重篤な症状ではなかったが、脳卒中に類した病であったと思われる。桃林亭東玉《とうりんていとうぎょく》や、師父の初代伯円とおなじように、身体麻痺の後遺症がのこり、数十年かけて磨きあげた舌がもつれるようになってしまった。

後継者選びを急がねばならなかった。

なりうる高弟は四人いた。伯知《はくち》、伯鶴《はっかく》、若円《じゃくえん》、そして右円だった。伯円は心にだれと決めていたわけではなかった。

伯知は、さきに述べたように、かつて師に三代目をゆずるといわれたことがあった。しかし、いざ実際に襲名問題が眼前につきつけられたとき、伯知はその名跡を欲しがらなかった。

若円は小伯円とよばれ講談界で未来を嘱託されていたが、まだ若すぎるというので候補からはずれた。伯鶴は、同門中で、芸といい、存在といい、三代目襲名の可能性が高かったが、候補者のうち一番継承に熱心だった右円に競り負けた。そして、結局、右円が名跡を継ぐことになった。

破れた伯鶴は、伯円歿後、亭号を本姓の大島に改めた。伯円の名跡は継がなかったが、実子の大島保利《やすとし》に二代目伯鶴を譲ったのちは、大島東玉を名乗った。伯鶴ははじめ、息子が講談師になることには大いに反対であった。「芸人として一人前になるには並大抵の事ではない。況んや名を成すといふのは、百人に一人、千人に一人、あるかなしであるから、おまへは、なまじ講釈が好きだなどと云つて、講釈師になつてはいかん」（「辛かつたあの頃の修業」『雄弁』二十五巻十一号、一九三四年十一月）といって、簡単に許そうとはしなかった。苦労がつくづく身にしみていたのだろう。結局、息子の熱意に負けて、十五歳のとき、旭堂南慶《きょくどうなんけい》に弟子入りさせた。伯鶴の息子は、息が強く、大胆な読み口で、伯円は「悪小僧」（『新小説』第十六年第二巻、明治四十四年二月）とよんでいた。

この二代目伯鶴が、昭和になって、長老となっていた伯知や円玉の支持をうけて四代目伯円襲名を噂されたことがある。実現しなかったのか、もともとガセであったのか不明だが、このようなことが話題にのぼる自体、右円の伯円襲名に世間が遺恨を残していた証拠であろう。

明治三十四年十二月二十七日、右円の三代目伯円襲名披露が下谷区同朋町の伊予紋で行われた。伯円は引退を決意し、自分は先代伯円が敬愛していた桃林亭東玉にちなんで、名を松林東玉と改めること決めた。亭号を松林のままにとどめたのは、だれだか知らないドサ回りの講談師が勝手に桃林亭東玉を名乗っているのを知ったからだ。

そして、静かな地で養生するため、神奈川県鶴見町百番地（現在・神奈川県横浜市鶴見区鶴見二丁目）に隠居所をもうけて移り住んだ。なぜこの地を選んだのか。みずから選んだのか、だれかがはからったのかわからないが、鶴見町はかつて東海道筋に栄えた町村で、漁業が盛んであったが、とくに名勝として知られた場所ではない。曹洞宗の総持寺の近くであるが、総持寺が鶴見に移住してきたのは明治四十四（一九一一）年のことだから、伯円が住んでいた当時は、とりわけた名所のない静かな漁村であった。伯円の隠居所は、鶴見の停車場に近く、さほど遠からぬところに鶴見川が流れていた。玄関には、なおも誇り高く「大講義松林伯円」の大提灯が捧げられていたという。

年の瀬を前にして、右円、伯知、伯鶴、黒猿《こくえん》、円玉の五人の主立った弟子たちが揃って、年末の挨拶をかねてお見舞いに来た。にぎやかなところに住みなれた伯円には、さみしい漁村の鶴見での生活に、世のなかから忘れ去られたかのような寂寥を感じていたのだろう。弟子たちの訪問をよろこんで、夜になるまでよもやま話に花を咲かせた。

すっかり隠居するつもりで、しばらくは、皇太子（のちの大正天皇）のお話し相手として伺候するほか、病気を養いながら、ただ後進の育成に心を砕いて、のんびり過ごしていたが、静養をとって体調が回復してくると、芸に対する情熱もまた復してきた。完全に引退するのではなく、高座ほど声量がいらないお座敷と口述筆記だけはつづけることにした。

創作の意欲ももどってきた。ただし、調査しようにも自分の身体がきかないので、円玉を代理におくって、群馬県の侠客、大前田英五郎《おおまえだえいごろう》について調べさせた。年が明けた明治三十五（一九〇二）年の元日から「やまと新聞」では伯円（あらため東玉）口述の「大前田英五郎」の連載が開始された。

三月には、弟子たちの励ましもあって伯知の席のトリをつとめて高座復帰を果たした。

そうはいっても、芸人人生の終わりは着実に近づいていた。名人伯円に去り際の花を咲かせてやろうというのであろう。多くのすすめがあって、三月十五、六日の両日、馬喰町の常磐亭で一世一代の演芸会を催すことになった。出演者には、松林派の弟子たちに加え、講談界、落語界の著名人が加わった。なかにブラックの名もある（「讀賣新聞」明治三十五年三月十一日付）。

この講演と重なって、明治三十五年三月、日本演芸改良株式会社の巡業が計画され、伯円も参加する予定であった。

日本演芸改良株式会社というのは、明治三十三（一九〇〇）年、寄席芸の衰退を危惧した松林若円らがよびかけて資本金十万円で株式会社をおこし、東西京阪の各都市の芸人を株主に取り込み、ともに演芸の改良と、顕彰につくす目的という名目で開業した。かつてともに演芸の改良に取り組んだ義太夫の竹本播磨太夫（四代目、大和田伝四郎か）と、伯円を社長として戴いた。ただし両者とも高齢であったから、あくまでも看板であって、実際は若円の起業であった。

日本演芸改良株式会社の出だしは順風満帆とはいえなかった。今度の巡業についても、主催した若円自身が愚痴半分、意欲半分の弁明をしている。

出過ぬは人も芳ばし蕗《ふき》の薹《とう》で、出る釘は兎角打たれ勝ちなもので、若円《てまえ》も演芸の改良に付いて、どうにかして堕落いたしました、この演芸を、非境の底から救ひあげやうとして、種々奔走尽力の結果、大々的改良を施して、美術の名に背むかざる、完全無欿の演芸を養成いたさんと、余りに力瘤を入れ過ぎたものと見えまして、大きに旧弊固守主義の、演芸者並に席亭等と、大衝突を来たしまして、終に若円は謀反人呼ばはりに会いました、斯くの始末ですから、縁なき衆生は度し難しと、此処に決心致しまして、いつかは蒔たる種の咲かぬ時節もあるまじと、花の束を跡にいたしまして、瓢然地方行きを思ひ立ち、今や盛んに改良演芸の旗を各地方に押立て、初一念を貫かんといたしつゝをります　（『菅公』博文館、明治三十五年）

理想はともかくとして、若円がやろうとした芸人を株式組織下に管理しようとした試みは、いってしまえば、数年前、睦派、正論派の大騒動を巻き起こした右円が目指したこととさほどかわらない。反発はあっても講談界を割って争わせるほどのことにならなかったのは、正論派、睦派のときほど強引ではなかったからか、改良の名のもとに行われ、我欲がみえなかったからか。それでも、若円の試みは時期尚早、かつ、自由独立を愛する多くの席亭、演芸人に受け入れられず、結局、理解者を求めて地方まわりを決意せざるをえなかった。

伯円は、引退興行ともいえる大舞台のあと、この地方まわりに付き合ったのである。老い、病んだ伯円を長旅にかりだしたのは、若円の志を援護してやりたいという弟子への愛情であっただろう。大演芸会を終えてから、伯円らは遅れて東京を出発した。途中、若円の故郷、伊勢に立ち寄ってしばし滞在し、講演予定の熊本へ移動。四月一日から興業を開始した。弟子たちは、声量が落ちた伯円のため、高座から蜘蛛の巣状に針金を張って音声が通るように工夫した。

目的地の福岡へは菅公祭にあわせて行くのだ。興行は別としても、伯円は筑紫行きを楽しみにしていただろう。伯円は若いころから天神を信仰していた。菅原道真の月命日にあたる例祭の毎月二十五日には亀戸天神への参拝を欠かさず、鶴見に隠遁してからは、詣でることはできないから自宅で菅公に酒を供えて拝んだ。

これが、伯円の生涯で最後の旅となった。そして、高座にあがったのもこれが最後であった。こののち、伯円が高座にでた記録はない。

翌明治三十六（一九〇三）年の三月二十二日は菅公一千年祭で、六日間にわたって盛大な神事があった。これにあわせて、伯円の速記本『菅公』が明治三十五年三月十六日、博文館から刊行されている。『菅公』の校閲は依田学海《よだがっかい》、速記は松林若円とある。円玉だけでなく、若円も速記の技術を身につけていたのか。あるいは、若円が伯円の講演を記憶していて「書いた」のか。

最後の仕事は「二六新報」の月曜附録「徳川十五代」の速記であるが、この連載は、健康なころに最後まで読んでもらっていたとのことで、伯円の歿後もつづいた。

ある日、病床で、伯円は好物の鰻が食べたいといった。おまんは神奈川の鰻屋に行ったが、口の肥えた夫が満足しそうな品はなかった。そこで、汽車に乗って東京にでて、かねてから伯円がよく通っていた霊岸橋《れいがんばし》の大黒屋の鰻を入手した。大黒屋は食通として名高い谷崎潤一郎や、北大路魯山人《きたおおじろさんじん》も好んだ店である。おまんは、冷めないように重箱を二重にして下に湯を入れて持って帰った。伯円はよろんだ。よろこぶ夫をみておまんも共によろこんだ。その後もおまんは、伯円が望めば苦にすることもなくいくどでも買いに行った。

ときには、弟子たちもたずねてきた。ある日、円玉は、手土産に弁松の伊達巻と具足煮を持ってきた。円玉は師がどんなによろこんでくれるかとわくわくしていた。しかし伯円は、「是れは意気な物で結構だが、然し是れは俺が世に在る時の食物だ、今ぢやア岡野の金鍔《きんつば》の方が有難い」（森暁紅「どろぼう伯円」『文芸倶楽部』第十七巻第六号）といって志に感謝しつつも、口にしようとはしなかった。

弁松は現在もつづく仕出し弁当の老舗。具足煮とは、伊勢エビを殻のついたまま輪切りにしてさっと煮たもの。伊達巻きとともに、しばしば正月に供される華やかな料理だ。金鍔は餡を薄い小麦粉の皮で包んで焼いた和菓子、岡野は岡埜榮泉《おかのえいせん》であろう。

歳をとり、仕事を引退した男性によくある、世の中から少しずつ忘れ去られてゆく侘しさと、拗ねたような気持ちに、伯円もまたとらわれていた。

伯円も一度《ひとたび》ビラを撒布《まく》時には、八町四方の席を皆潰してしまつたと云ふ位ゐの勢ひでありました。夫が当今では見る影もなき、神奈川県下鶴見村の茅屋《ほうおく》に引込んで、ホンの生きて居ると云ふ名ばかり、先づ彼方此方《あちらこちら》の新聞の講演でも致して、講演料を頂きまして其日を送つて居ると云ふ、見るに甲斐なき身体とはなりました（後略）

（「故東玉改名談」『文芸倶楽部』第十一巻第四号）

と鶴見まで改名にちなんだ話を聞きに来た小野田翠雨《おのだすいう》に、老いの繰り言をもらしている。世においていかれ、芸も満足にできない自分が、あまりにみじめに感じられていたのだろう。

明治三十六年五月、松林派の存亡をおびやかす事件が起こる。

三代目伯円を襲名した松林右円が、講談師たちの賭博を卑怯にも匿名で警視庁に密告したというのだ。日本社会において、場を読まない過ぎた正義感は小さな悪事よりも疎まれる。すぐに報復を受け、右円は講談組合を除名された（「万朝報」明治三十六年五月二十一日付）。この事件は警視庁におくられた密告書の筆跡から右円の字と知れたという。が、なぜそのような書簡が外部にでたのだろう。犯罪を知らせてくれた人物を危険にさらしかねないものを、警察が軽率に部外者に、まして当事者にみせるとはまず思えない。どうも冤罪の匂いがする。だが、当時、右円のために弁護してやる人物はいなかった。

師匠伯円を鶴見へ隠居させ、己れ代つて首尾能く三代目松林伯円と成り澄ました手際は、天晴甘茶の大出来であつたが、幾干《いくばく》もなく友を売つた不埒の一条露顕して、遂に講談師組合から除名処分の憂き目に遇ひ、今や八丁堀住吉亭の孤城に拠《よ》つて、纔《わず》かに余喘《よぜん》を保ちつゝある先生の境遇は、憐れ愍然《びんぜん》のつゝべらぼう如何にもお気の毒の次第ではあるが、畢竟《つまり》は身から出た錆、誰を恨まんやうもなく、自業自得と諦むるの外は御座るまいテ

（空板生「講談師五先生」『文芸倶楽部』第十一巻第十一号）

と、石谷華堤《いしがやかてい》の調子も実に冷たい。

しかし、右円も負けてはいなかった。右円は、新派講談として、伊藤痴遊を頭にすえ、浪花節、落語家を集めて自由演芸会を立ちあげ、講談協会に対抗し、一部の席亭の賛同を得たが、その年のうちには立ちゆかなくなり、講談組合への復帰を願いでた。講談師諸派の代表者と席亭主ら、百名ばかりが集まって会合が持たれた。そのときの松林派の代表は、伯円（東玉）ではなく、伯知であった（「朝日新聞」明治三十六年十一月十九日）。問題は、右円ひとりの復帰如何ではなく、彼に賛同して、組合をぬけてしまった席亭らの死活の問題であった。話し合いの結果、結局、右円および、それに結託した席亭らの組合復帰は認められなかった。

現在の松林伯円たる右円は、師のごとく、世にセンセーションを引き起こすどころか、世のな

かとのたたかいにあっさりと敗れてしまった。自由演芸会の旗頭とされた伊藤痴遊は、

新派の講談師として、松林伯円なる者は、古今に絶したる名人といふことに、なつて居たのだ。それが松林右円に依つて、襲名されてからの伯円の名は、果して何んなことになつたのであらうか（「先代を辱めた講談師」『痴遊随筆　思ひ出のまゝ』）

と、右円の芸のまずさが伯円の名を地に堕としたといって、と容赦がない。

芸の腕前は、最終的には伯円が三代目の継承を許したのであるから、諸方がいうほどひどくはなかったはずだ。伯知は、同門の松林若円や伯鶴や、この先輩を「当今の名人」に加えている。

「松林右円は古い丈けありまして講釈は大丈夫でございます（中略）此人は一席の講談を一時間位読まないと其旨味が分りませせむ、お客の方も聞込めば聞込む程面白くなるので……今迄夫れでお客を取つて居たのでございますから矢張一軒の席に居据つて沢山読むだ方が此人には宜いのでございます、夫れに此人は流山の生れですから言葉の仮名違ひが多いのでドイツをドエツ、アタゴをアタグ抔《など》と云ふのが一ツの疵瑕《きず》でございます」（松林伯知の物語「時事新報」明治三十三年九月十八日付）これは、事件以前の言であるが、なにやら予言的でもあり、「名人」としながらあまり誉めてもいない。むしろ、にじみでるような悪意が感じられる。

この悪評には右円が、同業者から勝ち得ることができなかった人望や、信頼感といったものが

多く関係していよう。だが、これによって、「松林伯円」の名は、初代、二代目と同等の価値を持って継承される可能性をなくした。幹である長《おさ》が腐れば、その末葉は枯れてゆく。松林派の派としての未来は閉ざされたのだ。現に、弟子たちの多くが、伯円の死後、松林の名を捨てた。さらに、このとき、松林派を支えて立つべき若手の実力者のひとり、松林若円が死去した。明治三十七年（一九〇四）十一月十七日、肺患であった。

しかし、伯円に、弟子の死を悲しむいとまも、松林派の危機に対処する気力もすでになかった。

明けて明治三十八（一九〇五）年二月五日夜、伯円は危篤となった。そして八日、早朝三時、息を引き取った。行年七十二。末期の様子は伝わらない。枕頭で見守っていたのは、妻のほかだれかいたのか。弟子たちはどうしていたのか。

世間からは、金銭を失った末の零落の死だと思われた。

伯円は、那《あ》れ丈の大家であり乍《なが》ら、賭博好の癖があり、老後になつてから、折角の貯へもみな賭博の為めに失ひ、万事不如意のうちに、七十歳の高齢を以て、此世を逝つた。

（『痴遊随筆　それからそれ』）

贅沢と幸福というものは、人によってまったく価値基準が違う。少なくとも円玉は、師の死にざまを讃えた。

鶴見に地所を買ひ家を建つて悠々晩年を送り、七十三で此世を去るまで、他人から何等の補助も受けず、死んだ跡に一銭の借財もなかつたのは流石に伯円で偉いものであつた。

（「悟道軒茶話」『娯楽世界』十巻第三号、大正十一年三月）

伯円は、金銭的にも生活もだれにも援助を求めず、誇り高く死んだ。「借金に鱧《はも》は大嫌い」（『江戸趣味　傑作情話集』）と語っていたとおり、亡くなったときには、一円の借金も残さなかった。伯円に老いの面倒をみてくれるような実子はいなかった。三代目を継いだ右円の娘を養子としてもらっていたが、伯円が亡くなったとき、おていというその子はまだ十三歳の少女であった。

伯円の辞世として伝わる句は「我心さぐる人なし霧の海」（「朝日新聞」明治三十八年三月一日付）である。これが辞世というのが本当ならば、自分の思いはだれにも理解されない、知ろうという人さえいないといい残して逝ったことになる。生を突き抜けた清明さもなく、死を笑う諧謔もない。あるのは霧の海のにひとり取り残されたような行き場のない孤独だ。

死の翌日、鶴見で仮葬儀が行われ、伯円のなきがらは、弟子たちが立ち会うなか茶毘にふされた。

死亡記事は、日露戦争の戦況報道にまぎれて、各紙ともそれほど目立つものではないが、本葬儀は、華やかなことが好きであった伯円に似合う盛大なものであった。

二十八日、右円が三代目伯円継承者として責任を果たし、葬列は、右円が経営していた八丁堀仲町の寄席住吉亭から出発した。

縁の深い落語家、講談師、そして方々の寄席から送られたたくさんの花が先導し、養女のていとまんのあと、数名の僧侶がつづき、伯円の遺骨が納められた総檜の寝棺を喪主をつとめた弟子たちが囲んだ。

さらにその後を会葬者の講談師、落語家、浪花節の芸人たちが従って数百名の長い長い行列となった。葬列は、時間をかけて初代伯円が眠る浅草の覚音寺に入った。

雨上がりのまばゆいばかりの晴天で、沿道にたくさんの見物が立った。


伯円に先立たれたのち、まんは右円が経営する住吉亭にひきとられた。

住吉亭は、昼は講談で、夜は浪花節を定席としていた。おまんは、ただ遊んでいるのはもったいないと昼はすすんで木戸番をしていたが、夜は「妾は瘠せても枯れても伯円の後家だから浪花節の木戸番ばかりは死んでも出来ない」（「中央新聞」明治四十年十月十七日付）といって夜席の手伝いは一度もしなかった。その後、右円の大森の別荘で肺患で死去した。五十八歳であった。

右円は、みずからが経営する八丁堀の住吉亭で講談をつづけた。それなりに客を集めたが、結局、二度と浮かびあがることはできなかった。「伯円」の名を、さる大阪の芸人に金銭でゆずろうとしたことさえあったが、交渉がまとまらず頓挫したことがあったという。単なる悪意あるゴシップかもしれないが、右円にとって、もはや「伯円」の名など持っていてもしかたがなかったのだろう。

伯円の七回忌の法要に、右円は顔をださなかった。死者に対する無関心か、かつての同門と顔を合わせたくなかったのか。右円は大正八（一九一九）年十月十九日に六十五歳で歿した。

こうして、幕末から明治、隆盛を誇った松林派は、三代で絶えてしまった。現在松林の名を継ぐ講談師はいない。

そのせいではないだろうが、伯円の墓は一度行方不明になった。三代目を継承した右円が覚音寺ともめたためだとも、長く無縁になっていたためだともいう。ともかく伯円の墓は、ながらく行方知れずになっていたのである。

発見されたのは戦後になってからのことだ。伯円の墓は、にぎやかな谷中銀座の商店街を一本入った南泉寺（東京都荒川区西日暮里）にあった。本人の墓は、明治十八（一八八五）年の建立である。伯円数え五十二歳の年にみずら建てた。生前墓というのはめずらしくもないが、老いを感じていた風でもない死の二十年前（自分がいつ墓にはいるかだれにもわかり得ないが）に何を思って墓を建てたのか。「二世松林伯円事　若林義行類世墓」とあり、伯円のほかにふたりの女性と「童」のつくこども六人の戒名が刻まれている。左側面に刻まれたひとりの女性の戒名は、おまんのものだろうか。戒名のみで、俗名も生没年もわからない。中央伯円の墓碑の向かって右どなりは、養師父初代伯円の墓で、墓石には、紀元二千五百三十三年（明治六年）九月再建と刻まれている。左どなりの女児墓とあるのは娘おこまの墓である。三基とも伯円が生前建てた。

初代の墓が最初、覚音寺にあり、南泉寺に移されたのはたしかである。東都掃墓会の『見ぬ世の友』（巻十、明治三十四年五月）には初代伯円の墓の図がある。向かって左側面には「紀元二千五百三十三年五月再建　施主二代目伯円」と刻まれており、現在、南泉寺に残る墓石とおなじものであることがわかる。初代の墓は、覚音寺本堂のうしろにあった。そして、戦時中、昭和十五（一九四〇）年に著された『東京掃苔録』（藤浪和子、東京名墓顕彰会）の記述では初代伯円の墓は、すでに南泉寺にあるとある。つまり、東都掃墓会の調査が行われた明治三十四年以降、昭和十五年以前に南泉寺に移されたことになる。しかし、どちらの書にも、記されていてしかるべき二代目の墓については何も触れられていない。

この墓に関する永井啓夫《ながいひろお》の調査（『講談研究』第二十二巻第六号、昭和四十九年）によると、埋葬に関する法規改正のため、市内の寺院での土葬が禁止された。伯円の墓をあずかる者は土葬にこだわりがあった。そのため、土葬が許されていた南泉寺に墓所を移した。しかし、その後、関東大震災、さらに第二次世界大戦で東京の町は戦災で焼きつくされた。寺同士の縁が絶え、また直接の子孫がないことから、伯円の墓は行方不明のまま無縁となり、寺の管理でこれまで残っていたのだという。

伯円の墓は永六輔《えいろくすけ》の父で最尊寺（東京都台東区元浅草・最尊寺は覚音寺とおなじく、称名寺の塔頭のひとつであった）の住職永忠順《えいちゅうじゅん》がみつけたとされる。初代伯円について調べていた息子の永六輔が、実家の最尊寺となりの覚音寺に、その墓があることを知り、父の永忠順に調べてくれるよう依頼してきたのだった。しかし、覚音寺にたずねたところ、「ウチの檀家だけれども、日暮里の南泉寺に埋葬してあるので法名も分からない」（永六輔「金鶯と伯円」『街＝父と子　おやじ永忠順との優雅な断絶』毎日新聞社、一九六九年）といわれた。ちなみに、伯円の葬儀を報じた当時の「朝日新聞」（明治三十八年三月一日付）に記された伯円の戒名は「釈高誉東玉居士」である。

覚音寺で南泉寺にあるといわれた永忠順は、あらためて南泉寺をたずねた。たしかに墓はあった。だが、南泉寺の過去帳に伯円一族の情報は記されていなかった。覚音寺の過去帳は、戦火に焼かれもはや残ってはいない。永忠順は、覚音寺に遺された古い帳面を繰って、明治三十一（一八九八）年二月三十一日付で、伯円が覚音寺経由で南泉寺に墓掃除代を支払ったという書き付けをみつけたとある。ということは、明治三十一年の段階で、すでに南泉寺に掃除を頼むべき墓があったということになる。じつに不思議な話である。

南泉寺のご住職にお話をうかがったところ、南泉寺の墓地の一部、ちょうど伯円らの墓がある区画は明治七（一八七四）年から覚音寺の貸借地として使われていたことがあり、伯円らの墓もその関係で南泉寺にあるのだろうということ。その貸借地に伯円は、生前、だれか類縁ために墓を建てていたのだろうか。

土地は昭和になって南泉寺に返却された。その地区に埋葬されていた人たちはあらためて南泉寺の檀家となるか、他所に墓所を移したのだという。檀家でもなく、供養する子孫もなく、伯円らの墓は、無縁となって南泉寺にとり残された。

じつは伯円の墓の行方は、それ以前、直弟子《じきでし》らが存命のころから不明になっていた。大正十五（一九二六）年七月二十日付の「讀賣新聞」には、伯知と円玉が二代目伯鶴に四代目伯円を襲名させ、それにあわせて「市区改正等で不明となつた亡師二代目伯円の墓碑建設を営なまふと相談をすすめてゐるといふ」とある。この両人は、おそらく、月命日のたびに師の墓に詣でて香華を手向け、墓石を磨くようなタイプの人間ではなかったように思われる。伯円歿後、伯知と円玉は、師が生前深く信奉していた亀戸天神に、師の記念碑を建てようと運動したという（「講談中興の名人　松林伯円」『国本』第十五巻第十号）。この記事を読み、亀戸天神に確認にでかけたが、伯円のための碑は建立されていなかった。おそらく大正十五年の時点で伯円一族の墓の移転はすんでおり、久しぶりに詣でたが師の墓がなく、寺に事実を確認することなく、失われたと早合点したのかもしれない。伯円の死から大正十五年のあいだには、東京を壊滅させた大正十二（一九二三）年の関東大震災をはさむ。また、追悼のしかたはそれぞれで、墓に詣でた回数が多いから哀悼の気持ちが強いともいえない。どういう事情で、いつ墓が移転されたのか、結局は藪のなかなのだ。

しかし、いかなる事情にせよ、さらに時が諸々の記憶を褪せさせたとしても、せめて死者の終の棲家は残って欲しい。そう願う。

昭和五十四（一九七九）年二月二十八日、伯円らの墓は東京都教育委員会によって「文化財」

に指定された。

保護樹のクヌギの古木と、伯円の命日ごろには毎年清雅な香りを漂わせる紅梅に挟まれて、三基の墓が並ぶのは、墓地のなかでも高台の、風さわやかな場所だ。

おわりに

本書は、二代目松林伯円の生涯をひとつづきの物語として追うことを目的としている。

まずは、伯円という人物の生涯を印象にとどめていただきたかった。そのため、細かな作品解説はしていないし、重要な作品でも言及さえしていないものもたくさんある。情報量が多すぎると印象が残りづらいので割愛した面白いエピソードも多い。とりあげ得たエピソードにも、じつはたくさんのバリエーションがある。証言者が、伯円からじかに話を聞いた人、又聞きした人、また、伯円を敬愛していた人か、よい印象を抱いていなかった人かによって違いがある。伯円本人が語ったことでも時期や場で違っている。うち、物語に都合のよいものをある意味「恣意的」に選んだ。本文中、煩瑣であるし、物語の進行の妨げにもなるのでいちいち述べなかった。伯円が係わった同業の芸人の年代や履歴など、諸説ある人もいるが、これも伯円自身の回想につじつまをあわせた。

伯円に興味を持ったのは、演芸を通じてではない。明治の文化史を記した文章に、たびたび文明開化の空気をきらびやかにまとってちらりと登場するこの人物がいったい何者なのか気になったのが出だし、高座やマスコミを前にした押し出しの強さと、ひとりの人間としての気の弱さのギャップに惹かれ、芸にかけた真の厳しさに惚れたのが評伝を書くまでになった理由だ。

執筆中、どうして、伯円の評伝がこれまで書かれなかったのか考えた。明治末から戦後、一時講談が下火になったことがあるとはいえ、これだけ名のあった人が現代まで手つかずで残っていることが不思議だった。手をだしてはいけないと、通人や専門家のあいだで不文律の決まりがあるのかと疑ったくらいだ。

　そんなこともあって、伯円の評伝を執筆するのに通であることが最低必要条件のように思われた。どうやったら通になれるのだろうと、ひところ真剣に思い悩んだ。一生懸命速記本を読み、音源を聞いた。高座にも月一度程度だが行ってみるようになった。だが、当然、そんな付け焼刃に何の意味があろうはずもなく、ただ、講談でとりあげられる物語の筋をいくつか知ったというだけだ。通になど一朝一夕でなれようはずもなく、もしかしたら、一代では不可能で、孫子の代までかけてようやく達成できるのかもしれない。と考え、馬鹿げた望みをあきらめたが、努力の結果は、講談という一生の趣味を得たというおまけがついた。

　本書は、二代目松林伯円の作品と人物を愛する演芸の素人が、ただ伯円という人間を知っていただきたくて書いた。明治の文化を築いた人々のなかにこんな人物がいたという印象を残していただきたい。力不足は承知。講談を愛好される諸氏からみれば、もろもろ遺漏もあろうが、おめこぼしをいただければ幸いである。

　末筆になるが、文学通信にご紹介の労を賜った日本古書通信社の樽見博さん、文学通信のみなさま、編集をご担当いただいた渡辺哲史さん、お力添えくださった西内友美さん、本書の刊行をお決めくださった岡田圭介さんに心からの感謝を申しあげたい。

二〇二一年五月　　　目時美穂

略年譜

年齢はすべて数え年とする

天保五（一八三四）年　一歳
下館藩郡奉行手島助之進の四男としてうまれる
天保十三（一八四二）年　九歳
八月、彦根藩二十俵三人扶持向谷家に養子に行く
弘化三（一八四六）年　十三歳
十一月二十二日、彦根藩より隠居願を受理。隠居
嘉永四（一八五一）年　十八歳（暫定）
向谷家をでて、伯父、若林市左衛門義籌の世話になる。若林義行を名乗る
嘉永六（一八五三）年　二十歳（暫定）
伊東潮花に弟子入りする。芸名、花郷
伊東潮花のもとを破門される
東流斎琴調の弟子となる。芸名、調林
このころ、市川小団次と知己を得る
神田今川橋の席亭松本で、創作講談「鬼神お松」を読んで名をあげる
※伯円の芸歴談から計算するとこの年代になるが、一年間の出来事とは思われないので、暫定とする
安政元（一八五四）年　二十一歳
初代伯円の芸養子となって二代目松林伯円を襲名
安政二（一八五五）年　二十二歳
十月二日、安政の大地震に罹災。初代伯円死去
このころ、どろぼうを主人公にした講談を読み、市川小団次、河竹黙阿弥とともに「どろぼう三幅対」とよばれて、巷の人気をさらう
明治元（一八六八）年　三十五歳
明治維新。「八丁あらし」の異名をとる人気
明治二（一八六九）年　三十六歳
『安政三組盃』をはじめて講演する
明治五（一八七二）年　三十九歳
四月、明治政府、教部省から三条の教憲を布達
明治六（一八七三）年　四十歳
七月三十日、浅草奥山での新聞訓読に訓読師として参加する
十一月、『天保六花撰』をはじめて講演する
このころから、ざんぎり頭、洋装で、高座にテー

ブルを置き、新聞ネタをもとに講演をはじめる

明治九（一八七六）年　四十三歳

九月一日より横浜富竹亭で「米櫃事件」を読む

十二月十日、妻滝川錦蝶との娘、こまジフテリアにより死去、四歳。滝川錦蝶とはのち離婚

明治十（一八七七）年　四十四歳

二月、西南戦争勃発

明治十二（一八七九）年　四十六歳

三月、小説『新編伊香保土産』（松延堂）刊行

明治十八（一八八五）年　五十二歳

四月十七日、神道大講義に任じられる

九月、吉原引手茶屋下駄万字の次女まんと結婚

十月、上野広小路の本牧亭で『安政三組盃』の速記が行われる

明治十九（一八八六）年　五十三歳

二月、山県有朋の沖縄視察に随行する

明治二十二（一八八九）年　五十六歳

十月五日、改良演芸会（友楽館）落成

明治二十五（一八九二）年　五十九歳

七月九日、鍋島侯爵邸にて明治天皇の御前で講談を披露

明治二十九（一八九六）年　六十三歳

『百花園』に「明治叛臣伝」の速記を連載

明治三十一（一八九八）年　六十五歳

『有喜世の花』に「上野の戦争」の速記を連載

明治三十四（一九〇一）年　六十八歳

富竹亭に出演中たおれる

十二月二十七日、松林右円三代目伯円襲名披露

芸名を松林東玉と改め、神奈川県鶴見町に隠居所をもうけて移り住む

明治三十五（一九〇二）年　六十九歳

三月十五・十六日、常盤亭で大演芸会を開催

明治三十六（一九〇三）年　七十歳

五月、三代目伯円を襲名した右円が講談師なかまの賭博を密告したとされ、講談組合を除名される

明治三十八（一九〇五）年　七十二歳

二月八日、早朝三時、死去。翌日、鶴見で仮葬儀

二十八日、本葬儀。浅草の覚音寺に埋葬される

著　者　目時美穂（めとき・みほ）

1978年静岡県生まれ。2003年明治大学文学部フランス文学専攻修士取得、2009年同博士後期課程単位取得満期退学。専攻研究のかたわら明治時代の文化風習、文学等に興味を持つ。在学中、古書情報誌『彷書月刊』へ。2010年の休刊号まで編集に携わる。著書に『油うる日々―明治の文人戸川残花の生き方』（芸術新聞社、2015年）。

たたかう講談師
――二代目松林伯円の幕末・明治

2021（令和3）年11月10日　第1版第1刷発行

ISBN978-4-909658-66-1 C0095

発行所　株式会社 **文学通信**
〒114-0001 東京都北区東十条1-18-1 東十条ビル1-101
電話 03-5939-9027　Fax 03-5939-9094
メール info@bungaku-report.com　ウェブ https://bungaku-report.com

発行人　岡田圭介
印刷・製本　モリモト印刷
装幀　屋良事務所　http://www.yara-office.jp/

ご意見・ご感想はこちらからも送れます。上記のQRコードを読み取ってください。